# URLAUBSGLÜCK
## *mit Kids*



»Wie die Welt von morgen aussehen wird, hängt in großem Maß von der Einbildungskraft jener ab, die gerade jetzt lesen lernen.«

*Astrid Lindgren*

# URLAUBSGLÜCK mit Kids

Top-Ideen für Ferien mit Kindern in Deutschland, Österreich & der Schweiz

BRUCKMANN

# Inhalt

## Deutschland: vom Taunus bis zum Allgäu 116

## Österreich und Schweiz 198

Ferien auf und im Wasser: mit dem Hausboot unterwegs auf dem Mirower See

# Deutschland: von Amrum bis zum Bergischen Land

# 1 Pellworm, Amrum und Föhr

TOLL FÜR KINDER

**Lammtage.** Von Mai bis Juni mit Veranstaltungen rund um die kleinen weißen Deichbewohner, Schafschur, Spiel und Spaß. Infos bei den Kurverwaltungen

**Krabben vom Kutter.** Ein bisschen Übung braucht es, doch Krabbenpulen gehört einfach dazu. Steenodde Mole, Amrum

**Reiten.** Das Glück der Erde bei einem Ausritt ins Watt finden: Islandpferdehof Stianood Amrum, www.islandpferdehof-amrum.de; Appelhof Pellworm, www.appelhof-pellworm.de; Ponyhaus Lerchenhof auf Föhr, www.ponyhaus-lerchenhof.de

TOLL FÜR ELTERN

**Schmuck.** Von Meer, Muscheln und Strandgut inspirierten Schmuck gibt es in den Geschäften auf Amrum und Föhr, www.rickmers-schmuck.de

**Blaue Maus.** Legendärer In-Treff auf Amrum. Bis spät abends legt Wirt und DJ »Janniemaus« auf, www.blauemaus-amrum.de

**Museum Kunst der Westküste.** Kunst zwischen Meer und Küste. Hauptstr. 1, Alkersum/Föhr, www.mkdw.de

Salzwasser, Sonne, Sand und eine Schaumkelle – so macht man Kinder am Strand von Amrum glücklich!

**Feinste Sandstrände, Wasser oder Watt. Buddeln, baden und im Strandkorb lümmeln: Das sind die Sonnenscheinaktivitäten auf den Nordseeinseln. Bei »Schietwetter« toben Große und Kleine in Spielscheunen, erforschen Museen oder besuchen spannende Kinderveranstaltungen.**

## Pellworm: grüne Perle im Watt

Gebannt starren die Passagiere in die Wellen, blicken auf die großen, grauen Ungetüme, die sich schäumend aufbäumen. Der Kapitän knarzt: »Gleich fahren wir über Rungholt, das die schwere Sturmflut 1362 mit Mann und Maus in die Tiefe gerissen hat. Manchmal, bei stillem Wetter, kann man die Kirchturmglocken hören.« Schon die Überfahrt nach Pellworm ist ein Erlebnis. Nach dem Anlegen drängen sich die Reisenden aufgeregt vor dem Ausgang der Fähre. Natürlich ist Pellworm kein weißer Fleck auf der Landkarte, aber dennoch verspüren die Passagiere einen Hauch Abenteuerlust.

Die Insel liegt mitten im Wattenmeer, und der stete Wechsel der Gezeiten macht sie so besonders. Ist das Wasser weg, werden **Wattwanderungen speziell für Kinder** angeboten. Im Gegensatz zu den anderen Nordseeinseln hat Pellworm keinen Sandstrand. Bunte Strandkörbe säumen den Deich, und bei Flut wird am **»grünen Strand«**, an Badestellen direkt vom Deich aus, gebadet. Aber auch bei

Ebbe gibt es einige Stellen, an denen Priele zum Planschen und Matschen einladen.

Ein Muss ist es, die Insel auf dem 25 Kilometer langen **Außendeich** mit dem Fahrrad zu umrunden. Keine Bange, die Strecke kann man abkürzen und innendeichs weiterfahren. Von oben ist der Blick über das weite Wattenmeer, die Halligen und Inseln atemberaubend schön. Perfekter Aussichtspunkt ist der höchste Punkt Pellworms, der rot-weiß gestreifte **Leuchtturm**. In seinem Inneren schrauben sich 140 Stufen in luftige Höhe. In Sachen Energie ist Pellworm Trendsetter. E.ON Hanse betreibt hier ein großes **Hybridkraftwerk** und im Infozentrum erfahren Neugierige, wie aus Sonne und Wind Strom produziert und gespeichert wird. Früher bevölkerten Piraten die Insel, und Kinder können noch heute ihr Handwerk lernen und unter Kapitän Einauge das **Piratenpatent** machen.

## Amrum: Sandkiste, so weit das Auge reicht

Amrum gilt als Geliebte des Blanken Hans, der tobenden Sturmfluten der Nordsee. Denn im Gegensatz zu anderen Inseln gibt ihr das Meer, was es anderswo mit sich nimmt: feinsten Sand. Gleich hinter dem **Hafen von Wittdün** liegt Europas größter Badestrand, der **Kniepsand**. Superfein und schier endlos. Weit gehen muss niemand, von allen Orten sind die Wege dorthin kurz. Wer vom historischen Dorf Nebel nach Norddorf läuft, trifft auf **Panchos Burg**, eine bunte Konstruktion aus Stangen, Wimpeln, Bändern und Kugeln. Strandgut, das der Berliner Künstler Otfried Schwarz geschaffen hat und das er nach jeder Sturmflut neu und immer etwas anders aufbaut.

Amrum ist die waldreichste und vielleicht ursprünglichste Nordseeinsel. Reetgedeckte Friesenhäuser, blühende Stockrosen und mit Lavendel bepflanzte Feldsteinwälle bestimmen die Dörfer. Cafés locken mit duftenden Torten, Kuchen und selbst gemachter Eiscreme. Ein Stück **Friesentorte** sollte sich jeder mindestens einmal gönnen. Unglaubliche Geschichten vom Schicksal der Seefahrer erzählen die 90 **sprechenden Grabsteine** auf dem Friedhof der St.-Clemens-Kirche in Nebel. Etwa die von Hark Oluf, der als Teenager entführt und nach Algier verschleppt wurde, aber elf Jahre später als reicher Mann zurückkehrte.

Bunte Fischkutter in Tammensiel, dem Hafen von Pellworm

### Nicht verpassen

**BIIKEBRENNEN AM 21. FEBRUAR**

Knisternde Flammen zungeln in den dunklen Nachthimmel, glimmende Hölzer brechen und knacken. Funken fliegen, wenn übermannsgroße Puppen, die Peter, ins Feuer geworfen werden und unter dem Gejohle des Publikums verbrennen. Das Biikebrennen, das immer am 21. Februar stattfindet, ist ein uralter nordfriesischer Brauch: um den Winter zu vertreiben, die Götter gnädig zu stimmen, ein feuriges Fruchtbarkeitsopfer zu bringen und die Männer zu verabschieden, die einst zum jährlichen Walfang aufbrachen. Heute steht das Biikebrennen für Zusammengehörigkeit und Traditionsbewusstsein. Alle packen mit an und errichten die meterhohen Scheiterhaufen und basteln Peter-Puppen, die den Winter symbolisieren und in Flammen aufgehen sollen. Dazu gehören heißer Punsch und Grünkohl »klassisch«, mit deftiger Wurst und Schweinebacke. Wer es etwas weniger fett mag, greift zu Skrei, dem Winterkabeljau, der gerade Saison hat. Kinder genießen Narrenfreiheit und dürfen ungestraft Streiche spielen.

*Mitmachen!*

WATTWANDERUNG

Natürlich sind Wattwanderungen von allen Inseln möglich: einmal über den matschenden Meeresboden laufen, mehr oder weniger tiefe Priele durchwaten, Seehunde sichten und die sonst verborgen lebenden Wattbewohner entdecken. Die vielleicht schönste Wattwanderung führt aber von Amrum nach Föhr. Kinder sollten etwa zweieinhalb Stunden laufen können. Los geht es in Norddorf, von wo aus man in einem großen Bogen die Küste entlangläuft. Der direkte Weg zur nahen Nachbarinsel ist versperrt wegen des Schlickwatts und des Mittellochs, dem größten Priel, den es zu durchqueren gilt. Seine Höhe ist von Wind und Wetter abhängig. Mal werden nur die Knie nass, ein anderes Mal reicht das Wasser bis zur Hüfte, gelegentlich bis zur Brust. Am besten geht man die Route mit Badekleidung. Handtuch nicht vergessen. Etwa eine halbe Stunde nach der Prielquerung wartet ein weiteres Highlight: das Wrack der »City of Bedford«, ein alter englischer Salpeterfrachter. Bis Dunsum auf Föhr geht man ab hier noch gut eine Stunde.

www.wattwandern-amrum.de

Wattführer erklären, welche Tiere sich im nassen Sand tummeln.

Typisches Friesenhaus auf Amrum

## Föhr: Friesische Karibik

Im **Wyker Hafen** herrscht geschäftiges Treiben: Fähren, Kutter und Ausflugsschiffe legen dort an und ab, bringen Besucher, Badegäste und Delikatessen aus dem Meer. Im 17. Jahrhundert stachen von hier aus die Walfänger in See. Später kamen Könige und Künstler, um das einzigartige Flair der grünen Insel inmitten des Wattenmeers zu genießen. Wyk, die einzige Stadt der Insel, ist eines der ältesten Seebäder Deutschlands. Doch heute promenieren keine feinen Damen mehr durch die Fußgängerzone und am Strand entlang, sondern Familien mit Kindern. Als schönster Strand der Insel gilt der 15 Kilometer lange **Sandstrand von Utersum**: goldgelb leuchtend, dazu türkisfarbenes Wasser und ultramarinblauer Himmel. Wegen ihrer wundervollen Farben heißt die Insel auch Friesische Karibik.

Eine **Fahrradtour** rund um die Insel bringt Spaß für alle. Geübte fahren die 36 Kilometer komplett. Steigungen gibt es keine, dafür fordert manchmal der Gegenwind kräftiges Treten. Anfänger probieren erst einmal die **kleine Geestrunde**, die sich über 13 Kilometer erstreckt. Garantiert in Erinnerung bleibt ein **Schiffsausflug zu den Seehundsbänken**. Nicht nur die Kinder beobachten fasziniert, wie die knopfäugigen Gefährten sich in der Sonne aalen, schlafen und zwischendurch baden.

# Pellworm, Amrum und Föhr

## Infos und Adressen

### ANREISE:

**Pellworm:** Ab Nordstrand geht es mit der Fähre auf die Insel. www.faehre-pellworm.de

**Amrum und Föhr:** Die Fähren legen in Dagebüll ab. www.faehre.de

### BESTE REISEZEIT

Juni bis August

### FÜR REGENTAGE

**Dampferschuppen Pellworm.** Alles über die Arbeit der Fischer und Seeleute im alten Hafen von Pellworm.

**Abenteuerland Amrum.** Riesiger Indoorspielplatz. Hoofstich 3, Norddorf/Amrum, www.abenteuerland-amrum.de

**Amrum Badeland.** Wellenbad, Wasserfall, Kinderbecken und Thalassozentrum. Am Schwimmbad 1, www.amrum.de/wohlfuehlen

**PelleWelle.** Wasserspaß auch für die Kleinsten. Uthlandestr. 6, Pellworm

**Aquaföhr.** Wellenbad, wohlfühlen und Anwendungen genießen. Stockmannsweg 1, Wyk, www.aquafoehr.de

**Carl-Häberlin-Friesenmuseum.** Geschichte Föhrs von der Steinzeit über die Wikinger bis heute. Rebbelstieg 34, Wyk, www.friesen-museum.de

**Öömrang Hüs.** Museum in einem der ältesten Friesenhäuser, ganz so, wie es früher war. Waaswai 1, Nebel, www.oeoemrang-hues.de

### ESSEN UND TRINKEN

**Deichblick.** Saisonale Leckereien aus »Pott und Pann« serviert das Café Restaurant Deichblick. Kaydeich 9, Pellworm, www.restaurant-deichblick-pellworm.de

**Friesen-Café.** Im Strandkorb lümmeln und selbst gebackene Kuchen- und Tortenkreationen genießen. Uasterstigh 7, Nebel/Amrum, wp.friesen-waffeln.de

**Stelly's Hüüs.** Ein altes Kapitänshaus für alle Sinne: Kuriositaten aus aller Welt, Teeladen, Töpferei und ein Café mit göttlichem Milchreis, Waffeln und Kuchen. Haus 38, Oldsum/Föhr, www.stellys-cafe.de

### ÜBERNACHTEN

**Friesenhof.** Ein echter Bauernhof, auf dem Kinder von Februar bis April beim Füttern der Lämmer helfen können. Alte Kirche 7, Pellworm, www.friesenhof-pellworm.de

**Sternhagens Laura.** Schöner Reetdachhof auf einem alten Tingplatz. Buurnstraat 49, Oevenum auf Föhr, www.sternhagenslandhaus.de

**Ekke Nekkepenn.** Charmantes kleines Frühstückshotel im alten Ortskern von Nebel. Waasterstigh 19, Nebel/Amrum, www.ekkenekkepenn.de

### WEITERE INFOS

**Alles über die Insel**, das Wetter und den Veranstaltungskalender gibt es auf den Webseiten der Inseln: www.pellworm.de, www.amrum.de und www.foehr.de

**Ausflugsfahrten zu den Seehundsbänken:** www.wdr-wyk.de

**Piratenfahrt mit der »Störtebeker«:** www.wdr-wyk. de

**Fahrten durchs Wattenmeer:** www.eilun.de

Kulinarische Souvenirs gibt es in Stelly's Hüüs auf Föhr.

# 2 Sankt Peter-Ording

TOLL FÜR KINDER

**Dünen-Therme.** Spaß im richtigen Nordseewasser mit tollen Wasserspielen

**Kinderspielhaus.** Bad in Bällen und vieles mehr im ehemaligen Feuerwehrgerätehaus St. Peter-Dorf

**Tierpark Westküstenpark.** Von Kinderscheune mit Mäuseküche über Streichelzoo und Robbarium bis zum Tag im Leben eines Tierpflegers

**Drachenfestival.** Bunter Farbenzauber am Himmel über dem Strand, alljährlich Anfang August

TOLL FÜR ELTERN

**Hochdorfer Garten.** Tating, Barockgarten im französischen Stil von 1764 mit Haubarg, Schweizer Haus von 1873 mit Galerie-Café und umwerfender Birnen-Schoko-Torte

**Schiffsausflug ins Weltnaturerbe Wattenmeer.** Die Fahrt führt ab Tönning zu den vorgelagerten Seehundsbänken, Erkundung der lokalen Seetierwelt

**Grachtenfahrt durch Friedrichstadt.** Das »holländische Dorf« gilt als Venedig des Nordens.

**Klassischer Burgenbau ist out, kreatives Schaffen am Strand von Sankt Peter-Ording ist angesagt. Bewaffnet mit bunter Plastikschippe und Eimerchen üben sich Klein und Groß darin, statt schlichter Burg mit Türmchen kunstvolle Figuren, Reliefs oder gar Büsten in den Sand zu formen.**

## Europas größte Buddelkiste

Der erste Blick über den grasbewachsenen Deich ist ernüchternd: Das ersehnte Meer liegt in scheinbar endloser Entfernung, geheimnisvolles Hitzeflimmern über dem Wasser der Nordsee noch weit dahinter. Davor breitet sich eine imposante Sandfläche aus, deren Dimensionen einer Wüste ähneln, aber die frische Brise erinnert an die Westküste Schleswig-Holsteins: die **Halbinsel Eiderstedt**. Hölzerne Pfahlbauten, die wie urzeitliche Tiere aussehen, ragen in die Höhe. Im dortigen Café lässt sich bei einer Tasse Tee oder heißer Schokolade und dem obligatorischen Stück Friesentorte – viel Sahne, Blätterteig, frisches Pflaumenmus – die überwältigende Aussicht trefflich genießen. Für die ungeduldigen Kinder reicht meist das große Eis am Stiel, denn sie zieht es zurück in die Sandkiste.

Am Strand breitet sich ein farbenfrohes Meer aus Windschutzkonstruktionen, Zelten, Luftmatratzen und Handtüchern aus. Jung und Alt im Badedress, kleine Kinder planschend in den heranrollenden Wellen und schrill johlend,

Ein breiter Bohlenweg führt durch die Dünen zum Strand.

Der Leuchtturm wird auch gern für Hochzeiten genutzt.

## Infos und Adressen

ANREISE
Mit der Nord-Ostsee-Bahn von Husum aus, mit dem Auto über die A23 bis Heide, B5 nach Tönning, danach die B202 entlang

BESTE REISEZEIT
ganzjährig/ Badesaison Juni–Sept.

VERANSTALTUNGEN
**Biike-Brennen.** Austreiben des Winters mit dem rituellen Verbrennen von Strohpuppen und Scheiterhaufen am 21. Februar, dazu gibt es traditionell Grünkohl.
**Kitesurf WorldCup.** Alljährlich Anfang August mit spektakulärem Wassersport, kitesurfworldcup.de

ESSEN UND TRINKEN
**Olsdorfer Krug.** Gegenüber des Museums im Ortsteil Dorf, sehr typisch und gemütlich, regionale Spezialitäten zu günstigen Preisen. Olsdorfer Str. 13, www.olsdorferkrug.de
**Strandbar 54° Nord.** Pfahlbau am Strand mit tollen Ausblicken und großer Terrasse, Produkte aus der Region. Am Deich, www.strandbar-54grad-nord.de

ÜBERNACHTEN
**Hotel Kölfhamn.** Stilvoll-charmantes Haus in typischer Klinkerbauweise mit großem Garten, Liegewiese und Spielplatz. Kölfhamm 6, Ording, www.koelfhamm.com

WEITERE INFOS
**Tourismus-Zentrale St. Peter-Ording:**
www.st-peter-ording.de

wenn ein Brecher etwas zu nahe kommt. Es gibt Platz genug für alle, niemand fühlt sich eingeengt oder gestört, selbst wenn mal ein Ball gefährlich nahe an die vorübergehend besetzte Familienkrume gerät. Und überall wird gewerkelt im heimlichen Wettbewerb um das schönste Sandkunstwerk.

Der nördliche Ausläufer des Strandes, wo in der Ferne der ikonische rot-weiße Leuchtturm **Westerheversand** aus der flirrenden Luft aufragt, bleibt das Dorado für Spaziergänger und Väter, die mit ihrem Nachwuchs Drachen steigen lassen. Gen Süden liegt der Ortsteil St. Peter-Bad, der über einen endlos langen wie kunstvoll geformten Holzsteg mit der Nordsee und dem besonders weichen weißen Sandstrand verbunden ist. Charakteristische Strandkörbe laden zum Verweilen, Spielen und Ausspannen ein.

### *Nicht verpassen*

DAS WAHRZEICHEN EIDERSTEDTS

157 Stufen führen hinauf zur gläsernen Kuppel des Leuchtturms Westerheversand. Das mag viel erscheinen, doch der unvergessliche Panoramablick aus den 41,5 Metern Höhe dieser unverwechselbaren Landmarke entschädigt für alle Mühen und Anstrengungen. Die Turmbesichtigung ist mit gleichzeitiger Führung für Erwachsene und Kinder ab acht Jahren zwischen Ostern und Ende Oktober jeweils Mo, Mi und Sa mög lich. Über die breiten Radwege entlang des Deiches und der Tümlauer Bucht nördlich von Sankt Peter-Ording ist das 1908 in Betrieb genommene und 1979 automatisierte Bauwerk recht schnell erreicht. Lediglich Gegenwind kann das sportliche Erlebnis etwas trüben. Dafür entschädigen die Begegnungen mit reichlich neugierigen Schafen, mit im Wind gaukelnden Austernfischern und zahllosen kreischenden Möwen. Der geklinkerte Pfad »Stockenstieg« war einst der einzige befestigte Zugang zum Leuchtturm und steht heute unter Denkmalschutz. Er darf nur vom Leuchtturm aus begangen werden.

www.westerhever-nordsee.de/leuchtturm-info.html

# 3 Mit dem Esel entlang der Schlei

TOLL FÜR KINDER

**Event Nature.** Die Jugendabteilung der Globetrotter-Akademie hat eine Station mit Tipi in Sundsacker, z. B. Paddeln und Segeln und jeden Freitagnachmittag Lagerfeuer mit Schnitzen und Stockbrot. Hier geht es mit der Fähre über die Schlei nach Arnis, www.eventnature.de

**Tolk Schau.** Der familiengeführte Erlebnispark nahe Schleswig begeistert schon seit Generationen, www.tolk-schau.de

**Wikingersiedlung Haithabu.** So lebte Wickies Seefahrervolk, www.schloss-gottorf.de/haithabu

TOLL FÜR ELTERN

**Fischersiedlung auf dem Holm.** Hier trifft man noch echte Fischer. Mit Museum und schönen Cafés, tolle Fotomotive!

**Landarzthaus Café Lindauhof.** In der ehemaligen Praxis des TV-Arztes kann man nun Kaffee trinken, sehr romantisch, www.cafelindauhof.de

**SchleiuferTörn.** Mit dem Drahtesel zu den Drehorten der Fernsehserie, www.sh-tourismus.de

Auch im Camp von Event Nature kann man Bogenschießen probieren.

**Sie haben große Ohren, tragen ein Picknick oder auch ein Kind und sind wahre Freunde: Mit Wanda, Willy, Sultan oder Käthe macht eine Wanderung entlang der Schlei der ganzen Familie Spaß. Auf der Koppel von Barbara Becker kann man sogar den »Esel-Führerschein« machen.**

## Unterwegs mit gutmütigen Gefährten

Wenn Kinder dabei sind, kommt Sultan mit, eine kleine Eselstute, die für jeden Schabernack zu haben ist. Gibt es einmal etwas mehr zu tragen bei einer Wanderung mit Picknick, so ist Wanda mit dabei. Die stämmige Eseldame ist auch eine wahre Trekking-Expertin und hat einen maßgeschneiderten Packsattel.

Mit Esel wird die Exkursion zu einem besonderen Erlebnis. Wohltuend ist die Ruhe, die das gutmütige Tier ausstrahlt, das zufriedene Schnauben, das von der Sonne gewärmte Fell, der sichere Tritt. Von der Eselkoppel bis zum Wasser sind es nur wenige Schritte. Es geht durch die Idylle von **Brodersby**, auf sandigem Weg am alten Kapitänshaus vorbei und bald ist schon die glitzernde Schlei zu sehen, die im Sommer auch einen **Badestrand** hervorzaubert. Hier zu wandern lohnt sich aber auch zu den anderen Jahreszeiten. Die Pfade führen durch die Baumsäume der **»Knicks«** entlang der Felder, durch verträumte

## Infos und Adressen

ANREISE

**Mit dem Auto** über die A7 bis Ausfahrt 5 Schleswig/Schuby, dann über die B201 und die Schleidörferstraße nach 24864 Brodersby (Achtung, es gibt in der Region zwei Orte, die Brodersby heißen!) und dort in den Strandweg abbiegen. Die Eselkoppel ist ausgeschildert.

BESTE REISEZEIT

Mai bis September, Wanderungen an der Schlei sind zu jeder Jahreszeit ein Erlebnis.

FÜR REGENTAGE

**Gottorfer Globus.** Wie zu Zeiten der Gottorfer Herzöge eine Reise in der sich drehenden Himmelskugel unternehmen. Auch sonst lohnt sich das Schloss mit seiner echten Moorleiche, www.schloss-gottorf.de

ESSEN UND TRINKEN

In der **Fischersiedlung auf dem Holm** in Schleswig kann man wunderschön Kaffee trinken.

ÜBERNACHTEN

**Hotel Waldschlösschen in Schleswig.** Familienbetrieb mit vier Sternen, www.hotel-waldschloesschen.de

WEITERE INFOS

www.eselkoppel.de

Dörfer und Wälder, über Steilküsten und oft hinab zum Wasser.

Mit der **Fähre von Missunde** geht es bis auf die Schwansener Seite der Schlei – der Fährmann kennt die Brodersbyer Langohren schon. Wer möchte, übernimmt den Führstrick oder macht einen Esel-Führerschein bei Barbara Becker, zu deren Herde auch Wallach Willi und die junge Stute Käthe gehören. Die Hauswirtschafterin und ausgebildete Pädagogin organisiert auf der Eselkoppel auch **Kindergeburtstage** mit Stockbrot, eine Kürbis-Weltmeisterschaft oder »Gourmetküche« aus dem Dutch-Oven am Lagerfeuer. Auch für kulturelle Erlebnisse ist die Region gut: Nicht weit ist es bis nach Schleswig mit dem **Schloss Gottorf**, der Wikingersiedlung **Haithabu** und vielen anderen Highlights. Auch Arnis, die **»kleinste Stadt Deutschlands«**, sollte man besucht haben. Romantisch wird es in der *Landarzt*-Region rund um **Lindaunis**. Bis hinauf zur Hafenstadt Kappeln ist die Schlei daher auch mehrere Ausflüge wert.

Statt Pferden mal einen Esel streicheln – die gutmütigen Langohren lieben Kraulen.

### *Unbedingt probieren*

DEN NASCHI-KÖNIG BESUCHEN

Die knallrote Bude am Schleiufer ist bis zum Bersten gefüllt mit rund 400 Sorten Naschereien: süße, saure und salzige Schätze, fein säuberlich sortiert in gestapelten Dosen und aufgereihten Gläsern. Es gibt Zauberstäbchen und Veilchenpastillen, Honigwaben und Heavy-Metal-Gitarren aus Fruchtgummi, aber auch »Gefährliches« wie Monster-Shots und Warning-Bonbons, außerdem dänisches Stangenlakritz, Salmiak-Brocken und für die Eltern Eierpunsch-Elche oder Rumkugeln mit sechs Prozent Jamaica-Rum. Damit das Taschengeld gut angelegt ist, erhält jeder Gast eine persönliche Audienz beim Naschikönig Peter Viergutz. Fachkundig rät er zu passenden Sorten, warnt bei viel Schärfe und kennt jede Lieblingstütenkombi junger Stammkunden. Lakritz ist sein Spezialgebiet. Seine Frau Hannelore serviert heiße Bockwurst und Waffeln und Berliner Weiße mit Waldmeister. Ein herrliches Ziel zum Einkehren nach einer Tour entlang der Schlei!

Naschi-König, Tannenweg, Kosel-Weseby (am Ortseingang), 1. Apr.–30. Sept. Mo–Fr 15–18 Uhr, Sa/So 8–18 Uhr, in den Schleswig-Holsteiner Sommerferien tägl. 11–18 Uhr

# 4 Nationalpark Rügen

TOLL FÜR KINDER

**Tierpark Sassnitz.** Tiere aus der Region, die einem auf der Safari vielleicht entgangen sind. Darunter sind auch Wölfe.

**Hanomag-Jeep-Safaris.** Im offenen LKW führt die Safari in die schönsten Landschaften der Insel.

**Karls Erlebnisbauernhof.** Schöne Anlage, auf der Kinder viel lernen, sich aber auch ebenso gut auf Karussells oder im Maislabyrinth amüsieren können.

**Rügenpark.** Wenn der Strand langsam an Reiz verliert, hilft vielleicht ein Tag im Freizeitpark, die Laune der Kleinen wieder aufzufrischen.

TOLL FÜR ELTERN

**Hofladen des Erlebnisbauernhofes.** Ein kommerziell ausgerichteter Konsumtempel für heimische Köstlichkeiten, der allein wegen seiner Aufmachung einen Besuch lohnt, während die Kinder draußen Trecker fahren.

**Aquamaris Piratenland.** Wenn die Kinder basteln, malen oder Sandburgen bauen, können sich die Eltern im Wellnessbereich erholen oder Sport treiben.

**Große Entdecker wie Winnie Puuh, Indiana Jones oder Christopher Columbus haben auf den Leinwänden der Kinos bereits den Hundertmorgenwald, die Sahara und Nordamerika erforscht. Auf der Insel Rügen helfen die Ranger der Nationalparkgesellschaft unseren Jüngsten beim Einstieg in die Welt der Abenteurer.**

## Mit einem Ranger durch die Natur

Die atemberaubende Natur, die Menschen, die Geschichten von Piratenschätzen und verwegenen Seefahrern faszinieren seit jeher die Besucher der Insel. Doch nicht jeder kleine Mensch wagt sich ganz allein auf Entdeckungsreise. Trotzdem müssen auch die Schüchternen nichts missen. In den Nationalparks kümmern sich ehrenamtliche und hauptberufliche Ranger in schmucken Uniformen um den Nachwuchs. Allein das Erscheinungsbild macht schon Lust auf eine Safari. Wer, wie die Vorbilder von Indiana Jones, standesgemäß anreisen möchte, macht sich mit der Dampflokomotive, dem **Rasenden Roland**, auf zur Abenteuerreise. Mit Fernglas und Probefläschchen bewaffnet, geht es vom **Beach Camp** aus mit den Mitarbeitern des NABU (Naturschutzbund) zur Bestandsaufnahme raus in die Natur. Es werden Vögel beobachtet sowie Wasserproben genommen und die Ranger erklären, wo die vielen großen und kleinen Steine her-

Blick auf die berühmten Kreidefelsen im Westen

## Infos und Adressen

ANREISE
**Mit dem Auto** über die E22 von Stralsund über die Rügenbrücke
**Per Schiff:** mit der Fähre von Stralsund, Glewitz oder Warnemünde

BESTE REISEZEIT
Sommer

FÜR REGENTAGE
**Erlebnisbad Inselparadies.** Sauna, Wellness, Badespaß mit Regenbogenrutsche. Badstr.1, Ostseebad, Sellin, www.inselparadies.de
**Bernsteinmuseum.** Funkelndes Gold der Wikinger. Granitzer Str. 43, Sellin, www.bernsteinmuseum-sellin.de

ESSEN & TRINKEN
**Nautilus.** Hier fühlt man sich wie bei Kapitän Nemo in der Messe. Deftige Speisen und Fisch. Dorfstr.17, Putbus, www.ruegen-nautilus.de

ÜBERNACHTEN
**Schwimmhäuser** »Im Jaich«. Mal ganz was anderes. Marina Lauterbach, Putbus/Rügen, www.im-jaich.de

WEITERE INFOS
www.ruegen.de

kommen und wie sie ihren weiten Weg aus dem fernen Skandinavien genommen haben. In den **Kreidefelsen** haben nicht nur die Piraten ihre Schätze versteckt, sondern kleine Kostbarkeiten lassen sich dort in Form von Fossilien entdecken. Die Freitagabende klingen am **Lagerfeuer** mit Stockbrotbacken aus.

Bei schlechtem Wetter hält die Welt der Experimente in **Putbus** für die Theoretiker unter dem Forschernachwuchs oder die kleinen »Laborratten« eine Vielzahl an Versuchen bereit. Doch Vorsicht Eltern, da können einem die Kleinen schon mal ein Loch in den Bauch fragen, und es bedarf zumindest einiger Grundkenntnisse in Chemie und Physik. Es sei denn, man hat selbst Freude daran, zu experimentieren, um allen Wissensdurst zu stillen. Man muss schließlich nicht alles wissen, man muss nur wissen, wo es steht. Gleich daneben steht zwar nicht die gesamte Welt, aber immerhin ein Einfamilienhaus Kopf – das **Haus über Kopf**. Da kann man nicht nur, da wird man an bzw. auf der Decke gehen und sich wie ein Gecko auf Erkundungstour fühlen.

Schaufel und Gummistiefel gehören hier zur Grundausstattung.

### Nicht verpassen

STÖRTEBEKER FESTSPIELE

Für Kinder wie für Eltern sind die Störtebeker-Festspiele ein besonderes Erlebnis. Die Geschichte von dem berühmten Sohn der Insel, Klaus Störtebeker, findet auf der Naturbühne in Ralswiek ihren Höhepunkt. Dort kreuzen die Piraten ihre Klingen mit den schwer bewaffneten Knechten der Hanse. Schiffe feuern ihre Kanonen ab, Reiter preschen durch die mittelalterliche Kulisse, und Adler schwingen sich in die Lüfte. Seit über 20 Jahren findet das Schauspiel nun schon am Jasmunder Bodden statt und scheint nie an Attraktivität zu verlieren. Ganz im Gegenteil: Wer sich einen Platz mit guter Sicht auf die über 150 Mitwirkenden und deren Abenteuer sichern möchte, sollte rechtzeitig Karten reservieren. Im Anschluss wartet der mittelalterlich gestaltete Gasthof Zum Störti mit deftigem Piratenschmaus und süffigem Bier auf Abenteuerhungrige.

stoertebeker.de

Badespaß auf Rügen bis in die Dämmerung

# 5 Strandabenteuer auf Usedom

TOLL FÜR KINDER

**Kletterwald Neu Pudagla.** In den Baumwipfeln auf Parcours mit unterschiedlichen Schwierigkeitsgraden klettern. www.kletterwald-usedom.de

**Wassersport.** Kinder lernen auf dem Achterwasser schnell Segeln oder Surfen. Macht süchtig! kitesurfusedom.de

**Tauchgondel Zinnowitz.** Die Ostsee ist nicht die Karibik, und dementsprechend ist das Wasser trüb, und bunte Fische schwimmen auch nicht vorbei. Trotzdem ein Erlebnis. www.tauchgondel.de

TOLL FÜR ELTERN

**Wellness.** Anwendungen speziell für Familien im Travel Charme Strandhotel. Bergstr. 30, Bansin, www.travelcharme.com

**Kulm-Eck.** Kräuter- und Blütenküche. Kulmstr. 17, Heringsdorf, www.kulmeck.de

**Atelier Otto Niemeyer-Holstein.** Skurriles Atelier des norddeutschen Landschaftsmalers. Lüttenort, Koserow, www.atelier-otto-niemeyer-holstein.de

**Baden, buddeln, Burgen bauen gehören zu einem Urlaub auf der Sonneninsel Usedom ebenso dazu wie im Strandkorb entspannen. Doch manchmal will der Nachwuchs mehr. Gut, dass die Ostseeinsel neben traumhaften Sandstränden tolle Aktivitäten wie Paddeln, Kinderyoga oder Kräuterwanderungen im Programm hat.**

## Abenteuer und Yoga am Strand für die Kleinen

Aus der Vogelperspektive offenbart sich der Schatz von Usedom am besten: Wie ein goldenes Band glänzt der über **40 Kilometer lange Sandstrand** in der Sonne. Flache Wellen laufen langsam aus, und ihre weißen Schaumkrönchen kitzeln die nackten Füße. Großes Gekreische, denn gerade im Frühjahr kann die Ostsee noch mächtig kalt sein. Kinder stört das wenig, selbst mit blauen Lippen planschen sie noch durch die Wellen. Irgendwann ist es genug, und die Eltern rubbeln sie rot, warm und trocken. Zum Aufwärmen kuscheln sich alle unter eine dicke Decke im Strandkorb. Die geflochtenen Holzhäuschen mit den gestreiften Markisen sind nicht nur ein Markenzeichen der Insel, sondern auch das Zuhause am Strand.

Rückenlehne einstellen, auf Kissen betten und die Seele baumeln lassen. Dazu strahlt die Sonne fast immer vom azurblauen Himmel, denn mit über 1900 Stunden Sonnen-

In der Tauchgondel in Zinnowitz geht es auf den Meeresgrund.

schein zählt die Insel zu den sonnigsten Regionen Deutschlands. Schäfchenwolken ziehen vorbei, die Augen fallen langsam zu, und das Buch rutscht in den Sand. Doch lange hält das himmlische Dösen nicht an. Irgendwann haben Baden, Buddeln, Burgenbauen ihren Reiz verloren und es tönt: »Mama, mir ist so langweilig. Was machen wir jetzt?«

Gut, dass man auf der zweitgrößten Insel Deutschlands die Wünsche der Kleinen nicht nur kennt, sondern auch erfüllt. Neben attraktiven **Abenteuer- und Wasserspielplätzen** können Kinder sich an verschiedenen Aktivitäten beteiligen. Wie wäre es etwa mit **Strand-Yoga**, das Claudia Lippert am **Strand von Koserow** anbietet? Knallorangefarbene Matten drapiert die Yogalehrerin um ein meerblaues Tuch. Mit Bewegungsgeschichten rund um das Meer und ihre Bewohner begeistert sie die Kinder. Braungebrannte Körper, Arme und Beine dehnen, biegen und strecken sich. Werden zu Schildkröte, Seepferdchen oder Seejungfrau. Ausgepowert und ausgeglichen stürmen die Sportler anschließend zur Eisbude. Besonders lecker: Sanddorneis.

## Zu Besuch bei der Kräuterhexe

Auch Kindern fällt der »putzige«, einzigartige Baustil der Häuser und Hotels mit ihren Türmchen, Säulen, Erkern und verzierten Balkonen auf, der als **Bäderarchitektur** bekannt ist. Daneben geben die verschnörkelten **Seebrücken** den Badeorten ihr einzigartiges Gesicht. Sie stammen aus der Zeit, als die Insel noch nicht ans Festland angebunden und nur auf dem Wasserweg zu erreichen war. Heute dienen die Brücken, je nach Alter und Temperament der Benutzer, als Flaniermeilen oder Rennstrecken.

Das Landesinnere der 445 Quadratkilometer großen Insel ist saftig grün. **Wälder, Wiesen und Felder** breiten sich in sanften Wellen aus, gespickt mit **Boddengewässern** und **Binnenseen**. Mitten im Wald, irgendwo zwischen Heringsdorf und Stolpe, wohnt die **Kräuterhexe** Ina Schirmer. Die Ernährungsberaterin und Kräuterspezialistin hat neben ihrem Haus einen Garten Eden angelegt, der nicht nur herrlich duftet und wunderschön blüht, sondern auch essbar ist. Ina Schirmer verkauft Wildkräuter für die Haute Cuisine der Usedomer Hotels, wo sie für interessierte Gäste auch **Kräuterkochkurse** gibt. Daneben macht sie mit Kindern **Kräuterwanderungen**. »Hier lernen die Kleinsten, dass Essen aus der Natur kommen kann und nicht aus der Dose.«

Seine schönsten Seiten zeigt Usedom vom Wasser aus.

*Mitmachen!*

### PADDELN AUF DEM ACHTERWASSER

Eigentlich muss man eine Insel vom Wasser aus erkunden. Aus dieser Perspektive zeigt die Insel ihr anderes, ansonsten verborgenes Gesicht: wispernde Schilfwälder, verwunschene Fischerdörfer und einsame Strände. Für Einsteiger und Familien ist das Achterwasser ein ideales Revier. Das zum Festland gelegene und dadurch geschützte Gewässer gleicht einem riesigen See, der nur durch die Peenemündung und das Stettiner Haff mit der Ostsee verbunden ist. Für Kinder ist eine Kajaktour eine wunderbare Sache. Sie schlüpfen in Neoprenanzüge und Schwimmwesten, bekommen ihr kurzes Kinderpaddel und ein Spielzeugboot an einer langen Leine. Nach einer Sicherheitseinweisung stechen die Kanus in See. Die Guides geben Tipps, retten abhanden gekommene Spielzeugboote und schleppen müde gewordene Paddler. Zum Mittag legen die Paddler an und genießen ein Picknick am Strand. Länge, Dauer und Schwierigkeitsgrad der Tour werden individuell auf die Teilnehmer abgestimmt, sodass niemand überfordert wird.

www.sail-away-usedom.de

## Toller Ausflug

### SCHIFFSTOUR ZUM POLNISCHEN NACHBARN

Für kleine Landratten ist eine Seefahrt mit den weißen Adler-Schiffen ein Erlebnis – etwa ab Ahlbeck über die Seebäder Heringsdorf und Bansin nach Swinemünde. Man schippert vorbei an Kränen, Containerschiffen und anderen Ausflugsdampfern in den wuseligen Hafen von Swinemünde. Den Weg dorthin weist der hell geklinkerte Leuchtturm. Gut 300 Stufen führen zur Aussichtsplattform, und der Aufstieg ist jede Mühe wert: Der Blick von oben ist gigantisch. Danach flaniert man über die Strandpromenade und bummelt durch die Altstadt. Zur Stärkung schmecken Gofrys, riesige frisch gebackene Waffeln mit Puderzucker, Sahne und Früchten. Die sind lecker und günstig. Eines darf nicht fehlen: ein Abstecher zum legendären Polenmarkt. Händler bieten Kurioses, Praktisches und Nützliches an: Gartenzwerge, Waschmittel, Textilien etc. Dazu je nach Jahreszeit Maronen, Pilze, Beeren und Gemüse. Feilschen nicht vergessen!

Zur Begrüßung gibt es Limonade. Natürlich bitzelt in den Glaskrügen keine klebrige Fertigbrause, sondern eine prickelnde Mischung aus Minze, Melisse, Holunderblüten und selbst gebrautem Rosensirup. Dann geht es auf **Entdeckungstour in den Wald**. Mit Gebrüll rast die wilde Meute los, und es dauert nicht lange, und ein Kind weint bitterlich und hat ein aufgeschlagenes Knie. Ein Pflaster hat natürlich niemand dabei. Die Kräuterfrau bückt sich und hält einen breiten Stängel hoch. »Indianerpflaster, besser bekannt als Breitwegerich«, erklärt sie, zerreibt die Pflanze und tupft den Brei vorsichtig auf die Wunde. Schmerzen und Schrecken sind verschwunden, und der Kleine flitzt wieder los.

Breitwegerich ist ein Alleskönner. Er vertreibt nicht nur Schmerzen, als Tee lindert er auch Husten. Seine Blüten hübschen jeden Salat auf und schmecken wie Champignons. Aber nicht nur der Breitwegerich hat ungeahnte Fähigkeiten. Fast jedes Kraut, das am Wegesrand wächst, hilft gegen ein Zipperlein oder ist essbar. Nicht nur die Kinder staunen, und mit einem bunten Strauß Blumen, Blätter und Kräuter geht es nach Hause.

Beim Kinder-Strand-Yoga geht es um den Strand, das Meer und seine Bewohner.

Gegen fast jedes Wehwehchen wächst ein Kraut in Inas Kräutergarten.

# Strandabenteuer auf Usedom

## Infos und Adressen

### ANREISE

Informationen zur Anreise unter: www.usedom.de

### BESTE REISEZEIT

Der Mai ist meist der sonnigste und trockenste Monat. Allerdings ist die Ostsee noch kalt. Am wärmsten ist das Meer im August, in der Regel ist die Luft dann auch noch sehr warm.

### AKTIVITÄTEN

**Strand-Yoga.** Claudia Lippert bietet nicht nur Kinder-Yoga am Strand an, sondern auch Kurse für Erwachsene.

**Kräuterverbena.** Allein der Kräutergarten und der kleine Laden sind einen Besuch wert. Auf einer Kräuterwanderung mit Ina Schirmer erfährt man alles über die Wirkung von Blüten, Blättern und Wurzeln. Stolper Str. 9, Dargen/OT Prätenow, www.kraeuterverbena.de

**Insel-Safari.** Die etwas andere Inselrundfahrt. Im klassischen Abenteuer-Auto Defender tauchen große und kleine Gäste in die Geheimnisse der Ostseeinsel ein, wandeln auf verborgenen Pfaden, bestehen Abenteuer und genießen ein Picknick in der Natur. www.insel-safari.de

### FÜR REGENTAGE

**Hangar 10.** Die Erlebniswelt zeigt nicht nur historische Flugzeuge, mit denen man auch Rundflüge machen kann, sondern hat auch einen großen Indoor-Spielplatz. Gutes Restaurant. An der Haffküste 1, Hangar 10, Zirchow, www.hangar10.de

**Schmetterlingsfarm Trassenheide.** In der großen, warmen Halle fliegen bis zu 2000 tropische Schmetterlinge. Daneben gibt es eine große Käferausstellung. Wiesenweg 5, Trassenheide, www.schmetterlingsfarm.de

**Phenomenta.** »Ausprobieren ausdrücklich erwünscht!«, lautet hier das Motto. An über 200 Stationen kann ausprobiert, geforscht und entdeckt werden. Da stemmen sogar kleine Jungs ganz locker einen Trabi. Museumsstr. 12, Peenemünde, www.phaenomenta-peenemuende.de

**OstseeTherme.** Gleich in drei Orten, in Ahlbeck, Heringsdorf und Bansin, gibt es die OstseeTherme. Verschiedene Becken, Saunen und Wellnessbereiche laden bei »Schietwetter« zum Planschen und Entspannen ein, www.ostseetherme-usedom.de

### ESSEN UND TRINKEN

**Restaurant & Café Schloss Mellenthin.** Vom Bier über den Kaffee bis zum Kuchen wird in den ehrwürdigen Gemäuern alles selbst gemacht. Großes Spektakel versprechen die mittelalterlichen Ritterbüfetts mit Livemusik und Gauklern. Dorfstr. 25, Mellenthien, www.wasserschloss-mellenthin.de

**»Poffertjes« – das Pfannkuchenhaus.** Hier findet jeder seinen Pfannkuchen, ob mit Lachs und Frischkäse oder klassisch mit Puderzucker, Apfelmus und einer Kugel Vanilleeis. Poffertjes im Kurhotel, Heringsdorf, www.kurhotel-heringsdorf.de

**Strandcafé Utkiek.** Traumhafter Ostseeblick. Strandstr. 16, Ückeritz, www.utkiek-ueckeritz.de

### ÜBERNACHTEN

**Hotel Kaliebe.** In einem Kiefernwald und doch direkt am Strand von Trassenheide liegt das Kaliebe. Gäste nächtigen in Zimmern, Ferienwohnungen oder Blockhäusern, www.kaliebe.de

**Seeklause.** Kinder kommen wegen des Piratenparks nach Trassenheide, dem wohl größten und spannendsten Kinderspielplatz der Insel. Aber auch Restaurant und Hotel sind empfehlenswert, www.hotel-seeklause.de, www.piraten-insel-usedom.de

**Casa Familia.** Im Casa Familia in Zinnowitz ist immer etwas los. Viele hauseigene Angebote für Kleine und Große, www.casafamilia.de

### WEITERE INFOS

Informationen von Ahlbeck bis Zinnowitz sowie Tipps zu weiteren Ausflugszielen unter: www.usedom.de

Strandkörbe werden auf Usedom schnell zur zweiten Heimat.

# 6 Unterwegs auf dem Weserradweg

TOLL FÜR KINDER

**Universum Bremen.** Wissenschaftliche Phänomene entdecken und erforschen. Wiener Str. 1a, Bremen, www.universum-bremen.de

**Hörspaziergang.** Alles über die wichtigsten Sehenswürdigkeiten Bremens sowie Stadtmusikanten & Co. als Download für das Smartphone. Extra-Tour für Kinder unter: www.bremen-tourismus.de/audioguide

**Zoo am Meer.** Mit Nordseeaquarium: Eisbären, Robben und Pinguine beobachten. Mit Kinderbeschilderung, www.zoo-am-meer-bremerhaven.de

TOLL FÜR ELTERN

**Bremer Rathaus.** Führung durch das von der UNESCO zum Welterbe ernannte Schmuckstück der Stadt mit der Rolandstatue.

**Deutsches Auswandererhaus Bremerhaven.** Bewegende Geschichten von Auswanderern seit dem 17. Jahrhundert in einer spannenden Zeitreise mit modernster Museumstechnik, www.dah-bremerhaven.de

Untrennbar mit Bremen verbunden: die Stadtmusikanten

**Die Weser ist einer der größten Flüsse Deutschlands. Der weitgehend flache Radweg an ihren Ufern gehört zu den am besten ausgebauten in unserem Land. Die Etappe von Bremen bis zur Küste ist abwechslungsreich und für Kinder gut zu schaffen. Kleine Forscher und Entdecker kommen hier voll auf ihre Kosten.**

## Von Bremen bis zu den Ozeanriesen

Schon Bremens **Weserpromenade** bietet viel zum Staunen: Fans der Seefahrt werden das rustikale Pfannkuchenschiff, den Dreimaster »Admiral Nelson« und den Nachbau der »Hanse Kogge« bestaunen. Das vielfältige Angebot der grünen Metropole Bremen lässt sich wunderbar mit dem Rad auf verschiedenen Rundtouren erleben. Der **Bremer Stadtweg** beispielsweise führt auf gut 20 Kilometern an Sehenswürdigkeiten wie Marktplatz, historischer **Böttcherstraße** und dem mittelalterlichen **Schnoorviertel** vorbei. Wer mag, kann bei der Gelegenheit auch das **Weserstadion** besichtigen und hinter die Kulissen dieses Fußballtempels blicken. In jedem Fall empfehlenswert ist ein Abstecher ins **Universum Bremen**, in dem Kinder und Erwachsene naturwissenschaftliche Phänomene mit allen Sinnen erforschen können. Das **Science Center** bietet interessante Exkursionen durch die Fantasiekontinente Mensch, Erde und Kosmos, und der **EntdeckerPark**

## Infos und Adressen

ANREISE
**Mit dem Auto** über die A1 oder A27 nach Bremen. **Mit der Bahn** ist Bremen gut zu erreichen. Fahrradmitnahme nicht in allen Zügen möglich. www.bahn.de

BESTE REISEZEIT
Mai bis September

TOURVERLAUF
Bremen–Elsfleth: 38 km, Elsfleth–Nordenham: 44 km und Nordenham–Bremerhaven: 10 km plus Fähre. www.weserradweg-info.de

ESSEN UND TRINKEN
**Concordenhaus im Schnoor.** »Knipp statt Kaviar«: Bremer Spezialitäten in historischem Ambiente. Hinter der Holzpforte 2, Bremen, www.concordenhaus.de

**Teestübchen im Schnoor.** Klein, fein, mit selbst gebackenem Kuchen. Wüste Stätte 1, Bremen

ÜBERNACHTEN
**Hotelschiff Perle.** Übernachten auf dem Wasser, direkt an der Weserpromenade, Reservierung nötig. Anleger 3a, Bremen, www.hotelschiff-perle-bremen.de

WEITERE INFOS
Alles zur Route mit Karten und Einkehrmöglichkeiten:
www.weserradweg-info.de
www.nordseejadeweser.de
www.bremen-tourismus.de
www.bremerhaven.de

setzt diese spielerische Wissensvermittlung mit viel Bewegung im Freien fort. Nördlich von Bremen beginnt der rund 100 Kilometer lange Unterweser-Abschnitt. Wer die Radstrecke bis Nordenham im **Wesermarsch-Gebiet** abkürzen möchte, kann die Bahn nehmen. Die kurze Tour von Nordenham bis Bremerhaven ist abwechslungsreich, denn sie beinhaltet eine Fahrt mit der Fähre. In Bremerhaven erwarten die kleinen und großen Pedalritter die faszinierenden **Havenwelten** mit ihren gigantischen Ozeanriesen, das **Klimahaus Bremerhaven**, der **Zoo am Meer** und viele weitere Attraktionen. Wer noch Zeit und Kraft hat, kann die Route bis **Cuxhaven** weiterfahren, durch die Moor-, Weide- und Wattenmeer-Landschaft und immer in Sichtweite der Riesenschiffe, die ihre große Fahrt antreten.

Historisches Hanseschiff am Martini-Anleger in Bremen

*Unbedingt probieren*

KLEINE PAUSEN IM MELKHUS

Wer Bremen, die traditionelle Handels- und Kaufmannsstadt, über die Neustädter Häfen und das Ochtum-Sperrwerk in Richtung Wesermarsch hinter sich gelassen hat, erreicht eine der größten zusammenhängenden Grünlandregionen in Europa. Schwarz-bunte Kühe weiden hier. Schafe und Pferde prägen das Bild ebenso wie die Luxusjachten und Spezialschiffe, die hier in den Traditionswerften gebaut werden. Die zehn »Melkhüs« (hochdt.: Milchhäuser), die man hier am Wegesrand findet, lassen einen die Landschaft sogar geschmacklich erleben: In kleinen grünen Holzhäuschen servieren Landfrauen zwischen Mai und Oktober täglich Leckereien aus Milchprodukten. Quarkspeisen, Käsebrote, Milchkaffee oder einfach ein frisches Glas Milch, um müde Radlerbeine wieder in Schwung zu bringen. Wer sich ein paar weitere Tipps für die Besichtigung der Region abholen möchte, ist hier ebenfalls genau richtig. Zum Teil werden auch Hofführungen und Übernachtungen angeboten.

www.nordwestreisemagazin.de/radrouten/melkhus.htm

# 7 Inseltouren auf Norderney

TOLL FÜR KINDER

**Reiten.** »Mit Perd ant See up Nördernee«: Weitläufige Strände und Dünenlandschaften sind wie gemacht für Ausritte. Zum Beispiel bei der Reitschule Junkmann, Lippestr. 23, www.reitschule-junkmann.de oder Reiterhof Harms, Am Leuchtturm 11, www.reiterhof-harms.de

**Hochseilgarten Norderney.** Wacklige Hängebrücke, rasante Seilrutsche, Panoramaparcours. Ab ca. acht Jahren, www.teamotion.de/hochseilgarten-norderney.html

**bade:haus.** Das älteste Meerwasser-Wellenschwimmbad in Europa, www.badehaus-norderney.de

TOLL FÜR ELTERN

**Bademuseum.** Interessantes und Lehrreiches zur Insel – von der Werbung bis zur Bademode. Am Weststrand 11, www.museum-norderney.de

**Fischerhaus-Museum.** Das Heimatmuseum ist ein originalgetreuer Nachbau eines Hauses von 1800 und zeigt Norderneys Weg vom Fischerdorf zum Staatsbad. Im Argonnerwäldchen

**Norderney ist mit seinen 14 Kilometern Länge die zweitgrößte der ostfriesischen Inseln. Viele Gäste besuchen die Insel für einen Tagesausflug. Dabei hat sie genug für einen längeren Aufenthalt zu bieten. Neben der sagenhaften Natur des Weltnaturerbes Wattenmeer locken zahlreiche Aktivitäten.**

## Ein Eldorado für Strandbuddler und Sturmpiraten

Norderney ist ein Mix aus Alt und Neu: Hochhäuser und Biedermeierhäuschen stehen hier nahe beieinander, und man sieht der Insel an, dass sie im 19. Jahrhundert Treffpunkt der »besseren Gesellschaft« war. Bevor die Fähre aus Norddeich am Inselhafen anlegt, fährt sie am **Weststrand** mit seinem großen Badestrand vorbei, der ideal für Kinder geeignet ist, denn der **Abenteuerspielplatz** mit seinen Burgen und Schiffen, Schaukeln, Trampolinen und Rutschen bietet alles für bewegungshungrige Kinder und verschafft den Eltern das ein oder andere Ruhestündchen am Strand.

Im Osten der Insel, der **Heller** genannt wird, erstreckt sich unberührte Natur. Nur wenige Wege führen durch diese **Nationalparkzone** mit ihren tiefen Dünentälern. Im modernsten **Nationalparkhaus** der Ostfriesischen Inseln gibt es Wissenswertes über die schützenswerte Landschaft und ein interessantes Gezeitenmodell. Im Heller liegt auch das **Wrack eines Muschelbaggers** im Sand, das man im Rahmen einer Wanderung besuchen kann.

Bunt wird es beim Internationalen Drachenfestival auf Norderney.

## Infos und Adressen

ANREISE
Täglich mit der **Fähre** ab Norddeich. Die Überfahrt dauert ca. 55 Min.

BESTE REISEZEIT
Mai bis August

FÜR REGENTAGE
**Ocean Wave.** Erlebnisbad mit Baby- und Familiensauna. www.ocean-wave.de
**Spielpark Kap Hoorn.** Große und kostenlose Indoor- und Outdoor-Spielflächen, Kletterleuchtturm, Seilbahn und Halfpipe für Skater

ESSEN UND TRINKEN
**Frieseneis Norderney.** Mit Milch von der Küste: Küstenkaramell, Inselkrokant und als Spezialität das Frieseneis im süßen Brötchen. Bülowallee 7, www.frieseneis.de
**deLeckerbeck.** Schlemmerstube mit Kinderspeisekarte und großen Familientischen. Schmiedestr. 6, www.leckerbeck-norderney.de

ÜBERNACHTEN
**Inselhotel Bruns.** Kinder- und familienfreundliches Hotel. Lange Str. 7, www.norderney-hotels.de
**Strandhotel Georgshöhe.** Komfortables Haus direkt am Wasser mit Familienzimmern, eigenem Kinderspielzimmer, Sport- und Wellnessangebot. Kaiserstr. 24, www.georgshoehe.de

WEITERE INFOS
**Führungen des Nationalparkzentrums.**
www.nationalparkhaus-norderney.de
www.norderney.de

Wer hierherkommt, sollte das Fernglas nicht vergessen, denn oft lassen sich **Seehunde beobachten**. Unter dem Titel **»Watt für Kids«** bietet das Nationalparkzentrum Ausflüge an, bei denen viel Wert auf altersgerechte Naturbegegnungen gelegt wird. Zum Beispiel die eineinhalbstündige Führung **»Piepmätze«** zu den typischen Vogelarten Norderneys in der Surferbucht und am Spülfeld.

Schön sind auch die **Familienführungen** zu Willi Wattwurm, Herta Herzmuschel und Anna Auster. Für Kinder ab zehn Jahren bietet die **Sternwarte am Kap** interessante Führungen an. Eine schöne Einstimmung ist der **Spaziergang auf dem Planetenpfad**, der das Sonnensystem maßstabsgetreu nachbildet und viele interessante Informationen über Sonne, Mond & Co. bereithält.

Nur der Kopf schaut noch heraus: Strandglück kann so einfach sein!

*Toller Ausflug*

MIT DEM RAD UM DIE INSEL WANDERN

Die rund 20 Kilometer lange Inselrunde ist auch für Untrainierte gut zu meistern. Mitunter muss man das Rad eine Zeit lang schieben. Start ist am Hafen von Norderney, von wo aus wir in westlicher Richtung losfahren. Vorbei am Südstrandpolder, an dem sich Seevögel beobachten lassen, geht es via Golfplatz zum Ostheller. Von hier aus kann man auf einer Strecke von ca. vier Kilometern bis zum östlichen Inselende mitten durch die Natur wandern. Wer sich dafür entscheidet, sollte den Hinweg am Strand entlang wählen. Der Weg endet an einem Wrack, an dem man wunderbar picknicken kann. Wir fahren heute aber weiter bis zum Leuchtturm und erklimmen die 252 Stufen. Der Blick ist einfach atemberaubend schön! Weiter geht's über die Weiße Düne zur Strandpromenade. An der Milchbar tanken wir verlorene Energie wieder auf, und dann ist das letzte Stück bis zum Hafen nur noch ein Klacks.

# 8 Stadtentdeckungen in Hamburg

TOLL FÜR KINDER

**Planten un Blomen.** Wunderschöner Park mit einem der beliebtesten Spielplätze der Stadt, Hangel-, Kletter-, Balanciergeräte, Wasserspiele, Matschanlage, Buddelsand und Spielhäuschen

**Wildpark Schwarze Berge.** Streichelzoo, Führungen für Familien zum »Erfassen« von Pflanzen und Tieren – das ist wörtlich gemeint!

**Theater für Kinder.** Mit professioneller Bühnentechnik der Großen werden Kinderklassiker, Musicals und Opern für die Kleinen aufgeführt – preisgekrönt.

TOLL FÜR ELTERN

**Musical.** Hamburg ist Hauptstadt der Musicals, Sie können stets zwischen mehreren Stücken wählen, da ist für jeden Geschmack etwas dabei.

**Zentrum.** Mit dem prächtigen Neorenaissancerathaus, den Alsterkolonnaden und dem Jungfernstieg als feine Shoppingadresse

**Schanzenviertel.** Ausgehviertel mit vielen Bars und Restaurants

**Hamburg begeistert! Denn die Stadt mit der wunderschönen Architektur hält eine Fülle von Attraktionen für Familien bereit. Zu Wasser und zu Lande. Zum Schauen und Staunen, zum Bewegen und Spielen. Die Frage ist nicht, ob man Hamburg besucht, sondern nur noch, wann ...**

## Zu Wasser: spannende Welten rund um den Hafen

Ein Muss für Hamburg-Touristen ist eine **Hafenrundfahrt**. Auge in Auge mit den Ozeanriesen und hochhausgroßen Containerschiffen, eintauchen in die geschäftige Vergangenheit der Speicherstadt, sich einweihen lassen in die Funktionsweise einer Stromregulierungsschleuse oder die Arbeit auf dem Trockendock – das sind faszinierende Welten für Landratten. Als preisgünstige Alternative zur Hafenrundfahrt empfiehlt sich die **Fähre** von den Landungsbrücken nach Finkenwerder. Die kostet nicht mehr als ein Ticket der HVV und bietet jede Menge Impressionen vom Hafen und vom Elbufer. Auch genießt man hier die Sicht auf Hamburg mal von der anderen Elbseite.

Nicht weit von **Finkenwerder** entfernt liegt der **alte Elbtunnel**, der zu Fuß begehbar ist. Die 1911 erbauten Röhren des Tunnels werden von vielen Fußgängern und Radfahrern als kurze Verbindung zur anderen Elbseite genutzt. Es ist schon ein besonderes Gefühl, tief unter den Wassermassen

St. Paulis Landungsbrücken. Der Tuffsteinbau (1907–1909) mit den markanten Kuppeln weckt Fernweh.

der Elbe zu sein, insbesondere morgens oder abends, wenn der Tunnel fast leer ist. Am Kuppelbau an den **Landungsbrücken**, der die Technik des Tunnels beherbergt, gelangt man wieder in die Oberwelt.

Wer noch mehr über Schiffe wissen möchte, dem sei der **Museumshafen in Övelgönne** empfohlen. Jachten, Kutter, Schlepper, Barkassen, Feuerschiff, Festmacherboot, Eisbrecher, Polizeiboot – dort sind sie alle zu sehen und teils auch zu besichtigen. Sie mögen es noch spannender? Wie wäre es mit einer Führung durch ein echtes ehemaliges **Spionage-U-Boot**? Das U-434 liegt an der Haltestelle Hafentreppe und wurde bis 2002 für Spionageeinsätze der russischen Marine genutzt. Das 90 Meter lange und 8,72 Meter breite Schiff bewegte sich dank einer Gummibeschichtung für Ortungsgeräte nahezu unsichtbar durch die Meere. Der Hamburger Hafen war seit dem 19. Jahrhundert der »Port of dreams« für Tausende Auswanderer. In der **AuswandererWelt BallinStadt** können sich die Besucher selbst in einen Auswanderer verwandeln und in einem interaktiven Spiel die Stationen durchlaufen, die Menschen auf dem Sprung in ein neues Leben von 1850 bis 1938 absolvierten, inklusive der Ankunft in Ellis Island in New York – ein außergewöhnliches Erlebnis.

## Zu Lande: schier unerschöpfliche Möglichkeiten

Das **Miniatur Wunderland** lässt Kinder- (und Eltern-)Herzen höherschlagen. Die zahllosen Züge der Modellbaubahnen fahren auf 13 000 Metern Schienen durch die auf 1300 Quadratmetern detailgetreu nachgebauten Miniaturwelten, darunter ein Flughafen, die Stadt Hamburg, die Alpen, Las Vegas oder Cape Canaveral sowie das schneebedeckte Skandinavien und die umgebenden Meere. Für diese Welten sollten Sie unbedingt online Tickets reservieren.

Im alten **Wasserturm im Stadtpark** sind erstaunliche Blicke in den Himmel möglich. Das **Planetarium** veranstaltet für Kinder abenteuerliche »Reisen« ins Weltall mit modernster Technik und als 3-D-Rundum-Erlebnis. Große und kleine Fragen rund um unser Sonnensystem werden kindgerecht und sehr unterhaltsam beantwortet. Ein Geheimtipp ist der Besuch der Dachterrasse des Turms. Von dort oben genießt man eine tolle Sicht auf Hamburg.

Grüne Idylle am Alsterlauf

### Mitmachen!

AUF DEM WASSER

Sommer in Hamburg und das Wasser lädt ein! Einmal nicht zur Hafenrundfahrt und auch nicht zum Trip mit dem Ausflugsschiff über die Außenalster. Nein, Paddeln ist angesagt! Boote gibt's rund um die Alster oder an den Alsterkanälen zu mieten. Paddeln ist nicht schwer, eine kurze Einweisung macht es auch für Kinder leicht, sich einzufinden. Und dann geht's los. Nicht wie all die anderen Segel- und Motorboote auf die Außenalster, sondern in den Alsterlauf! Dort ist es ruhiger, man gleitet gemütlich entlang feudaler Gärten und Parks, schaut direkt durch die Hintertür hochherrschaftlicher Villen – mal eine ganz andere Sicht auf Deutschlands zweitgrößte Stadt. Begeben Sie sich auf Entdeckungstour in einen der vielen kleinen Seitenkanäle, sie sind immer für eine Überraschung gut. Eine empfehlenswerte Route ist die durch den Leinpfadkanal über den Rondeelteich in den Goldbekkanal bis zum Stadtpark. So macht Sightseeing auch Kindern Spaß. Ein weiteres Highlight ist ein Picknick am Ufer.

## *Nicht verpassen*

### VOM EISMEER IN DIE TROPEN

1850 Tierarten aller Kontinente in einer der schönsten Parkanlagen der Welt, eine japanische Insel, originalgetreue asiatische Bauten, Indianer-Totempfähle aus Nordamerika, riesige, täuschend echte Dinosaurierskulpturen – was Carl Hagenbeck vor 100 Jahren schuf, ist auch heute noch eine Attraktion, nicht nur für Kinder. Auf dem 25 Hektar großen Gelände des »Tierpark Carl Hagenbeck« hatten Besucher erstmals die Möglichkeit, Tiere in den natürlichen Lebensbedingungen nachempfundenen Gehegen kennenzulernen. Inzwischen kann man sich dort auch auf Expedition ins Eismeer begeben und die Welt der Pole und ihre Bewohner entdecken. Wem das zu kalt ist, dem sei das Tropenaquarium empfohlen. Auf dem Dschungelpfad über vier Ebenen begegnet man seltenen Säugetieren, Reptilien, Amphibien, bunten Vögeln und Insekten. In der Unterwasserwelt ziehen Haie und Rochen zum Greifen nahe vorbei. Und als Sahnehäubchen für die Kinder gibt es einen großen Spielplatz im Tierpark.

Lockstedter Grenzstr. 2, www.hagenbeck.de

Im Sommer gelangt man per Schiff von den Landungsbrücken aus nach **Wittenbergen** am rechten Elbufer gegenüber der Elbinsel **Nesssand**. Nahe am malerischen alten Leuchtturm (1900) erstreckt sich der schönste **Strand** Hamburgs – bei Sonnenschein Urlaubsfeeling pur. Sonnenbaden, Strandburgen bauen, spielen und herumtollen – und das nur einen Steinwurf von der zweitgrößten Metropole Deutschlands entfernt! Und immer wieder ziehen große Schiffe vorbei. Für Regentage bietet sich das **Zoologische Museum** an, in dem kleine und große Forscher Tigerfelle berühren, Walfischzähne anheben oder ein Haigebiss untersuchen können. Die gefährlichsten Tiere der Erde hautnah – keine Angst, nur ausgestopft. Im **Völkerkundemuseum** reisen Kinder und Eltern in fremde Kulturen, sie werden selbst zum Indianer, erleben den Alltag in Afrika oder erfahren Wissenswertes über die Kultur der Maori oder der Maya. Man vergisst beinahe, dass man in Hamburg ist ...

## Viel Spaß auch bei Regenwetter

Für den kindlichen Bewegungsdrang und Hamburger Schietwetter ist das **Rabatzz** die richtige Adresse. Der 3000 Quadratmeter große Indoorspielplatz hält von der Bobbycar-Rennstrecke über eine 32 Meter lange Rutsche bis hin zum schwindelerregenden Hochseilgarten für jede Altersklasse etwas bereit. Nass werden die Kids dann doch noch, im unsinkbaren Boot auf dem 80 Quadratmeter großen Teich – allerdings nur beim Nassspritzen, denn ins Wasser fallen gibt es dort nicht.

Der alte oder St.-Pauli-Elbtunnel unterquert die Norderelbe auf 426,5 Metern Länge.

Täuschend echt: die Eisenbahnen und Landschaften im Miniatur Wunderland

# Hamburg

## Infos und Adressen

### ANREISE

**Mit dem Flugzeug** per Direktflug von vielen deutschen Städten, dann mit öffentlichen Verkehrsmitteln. **Mit der Bahn:** IC/ICE nach Hauptbahnhof oder Altona, weiter öffentlich oder über die Autobahnen A1, A7, A24. **Tipp:** freie Fahrt mit dem ÖPNV und ermäßigte Eintrittspreise mit der Hamburg CARD (www.hvv.de)

### BESTE REISEZEIT

Hamburg ist ganzjährig eine Reise wert.

### FÜR REGENTAGE

**Internationales Maritimes Museum.** 3000 Jahre Schifffahrtsgeschichte, Simulator, mit dem man ein 300 m langes Containerschiff steuern kann. Koreastr. 1, www.internationales-maritimes-museum.de

**Chocoversum.** Genussreise durch die Welt der Schokolade und selbst eine der Köstlichkeiten kreieren – Schokolade macht glücklich, bei Regen also genau das Richtige. Meßberg 1, www.chocoversum.de

**Planten un Blomen.** Tropengewächshäuser sorgen für ein trockenes, warmes Erlebnis. St. Petersburger Str. 28, plantenunblomen.hamburg.de

**Arriba-Erlebnisbad.** Etwas außerhalb, aber einen Besuch wert. 14 Becken und Saunadorf. Am Hallenbad 14, 22850 Norderstedt, www.arriba-erlebnisbad.de

**Schwarzlichtviertel.** Schwarzlichtwelten mit tollen Licht- und Soundeffekten, z.B. Minigolf und Geschicklichkeitsparcours. Kieler Str. 571, www.schwarzlichtviertel.de

### ESSEN UND TRINKEN

**Osterdeich.** Café und Bistro mit tollen Frühstücksvariationen, Kuchen, Tapas und Häppchen zum Abendbrot. Im »Lütten Salon« Spielecke für die Kleinen. Müggenkampstr. 35, www.osterdeich.net

**Beach Center Hamburg.** Sonntags Family Brunch, die Kleinen spielen im Sand, die Großen genießen, Extra-Kinderbuffet. Unbedingt vorher reservieren. Alter Teichweg 220, www.beachhamburg.de

**Schwerelos.** Restaurant mit Achterbahn für ein abgefahrenes Essenserlebnis. Hamburger Schloßstr. 22, www.schwerelos-zeitlos.de

**Mongo's.** Aus frischen Zutaten, mit fantasievollen Marinaden und Gewürzen stellt man sich sein eigenes Mongolian Barbecue zusammen. Straßenbahnring 15, www.mongos.de

### ÜBERNACHTEN

**Hotel Novotel Hamburg City Alster.** Vier-Sterne-Hotel mit Familienzimmern für zwei Erwachsene und zwei Kinder, kostenloser Aufenthalt für Kinder bis 16 Jahren im Zimmer der Eltern, Spielbereich für Kinder, Babysitter auf Anfrage. Lübecker Str. 3, www.novotel.com

**YoHo Hotel Hamburg.** Urban und stylish, Kinder bis 18 Jahren übernachten umsonst, Kinder bis zwölf Jahre frühstücken auch umsonst. Moorkamp 5, www.yoho-hamburg.de

**B&B Hotel Hamburg-Altona.** Modern designtes, preisgünstiges Hotel mit Familienzimmern, Kinder bis zwölf Jahren frühstücken ermäßigt. Stresemannstr. 318, www.hotelbb.de

**Superbude.** Zwei preisgünstige Hotels mit Familienkomfort, Vier- bis Sechsbettzimmer, Haus-Turnhalle, Spielmöglichkeiten, eigene Verpflegung möglich. Spaldingstr. 152 bzw. Juliusstr. 1–7, www.superbude.de

### WEITERE INFOS

**Tourist-Information am Hafen,** St. Pauli Landungsbrücken, Brücke 4/5, www.hamburg-tourism.de

Uralte Bäume, gepflegte Parkanlagen – mitten in der Millionenstadt Hamburg. Die Ufer der Alster stehen der Öffentlichkeit weitestgehend zur Verfügung.

RATHMANN

Die Elbphilharmonie ist nicht mehr aus der Hamburger Alstersilhouette wegzudenken.

# 9 Rund um die Elbmetropole

TOLL FÜR KINDER

**Garten der Schmetterlinge.** Schmetterlingsgarten mit Tropenhaus, Singendem Wassergarten, Libellenteich u.v.m. Am Schlossteich 8, Friedrichsruh, www.garten-der-schmetterlinge.de

**Naturfreibad Sachsenwald-Bad Tonteich.** Ein Riesenspaß für die Kinder und viel Ruhe und Erholung für die Eltern. Am Tonteich 35, Wohltorf, www.tonteichbad.de

**Museumseisenbahn Lokschuppen Aumühle.** Sa/So 12–18 Uhr. Eintritt: frei – außer bei Sonderveranstaltungen, www.vvm-museumsbahn.de

TOLL FÜR ELTERN

**Blankenese.** Das ehemalige Fischerdorf mit dem Treppenviertel bietet etwas für Auge, Herz und Gaumen. Vom Elbe Camp Wittenberge ist Blankenese auch zu Fuß erreichbar, www.blankenese.de

**Sachsenwald.** Das größte Waldgebiet Schleswig-Holsteins lädt zu (romantischen) Spaziergängen ein und birgt auch Kultur mit dem Bismarck-Museum und dem Bismarck-Mausoleum, www.sachsenwald.de

**Gründe, als Familie die Hansestadt zu besuchen, gibt es reichlich, doch genauso lohnen sich Ausflüge in das nahe Umland. Etwa das kinderfreundliche Elbe Camp, das See-Freibad »Am Tonteich«, der Schmetterlingsgarten in Aumühle – und die Insel Neuwerk, die zu Fuß oder per Kutsche erreichbar ist.**

## Von der Elbe bis zur Nordsee

Einer der schönsten Familien-Campingplätze befindet sich nahe der Großstadt: Schon nach kurzer Radtour gelangt man zum **Elbe Camp**, einem Paradies am Elbufer, mit Mitmachzirkus, Feuertonnen zum Ausleihen, Abenteuer-Umgebung und Spielplatz – auch ohne Zelt oder Wohnwagen ein lohnendes Ziel für einen Tagesausflug oder wenn man dem hektischen Großstadttreiben für eine Weile entfliehen möchte. Die Einnahmen kommen dem Verein Kinderschutz und Jugendwohlfahrt e.V. zugute.

Das **Sachsenwaldbad am Tonteich**, mit Sprungturm und Spielbereich, ist ein Spaß für Kinder und Erholung pur für die Eltern: Sein heilsames Wasser wirkt auf die Haut, die Umgebung auf die Seele, und die Pommes schmecken nirgendwo sonst so gut. Am Rande des Sachsenwaldes gelegen, entführt die nostalgische **Seebadeanstalt** in eine Zeit, in der man Badekappen trug und der Regen nie sauer war. Vom Tonteich sind es nur wenige Kilometer bzw. eine S-Bahn-Station bis **Aumühle**.

So lässt sich das Badevergnügen mit einem Waldspaziergang verbinden oder mit einem Besuch im **Schmetterlings-**

Ein schönes Ziel mitten in Hamburg ist die Außenalster.

## Infos und Adressen

### ANREISE
Hamburg ist mit allen Verkehrsmitteln gut zu erreichen: über die Autobahnen A1 und A7, zahlreiche Bundesstraßen, den Flughafen Fuhlsbüttel sowie die Bahnhöfe HH-Hauptbahnhof, Hamburg-Altona, Dammtor und Harburg.

### BESTE REISEZEIT
Das Elbe Camp hat von April bis Mitte Oktober geöffnet. Ausflüge in das Hamburger Umland sollte man am besten in den Sommermonaten unternehmen.

### FÜR REGENTAGE
**Bäderland.** Betreibt in allen Stadtteilen Schwimm- und Erlebnisbäder mit unterschiedlichen Attraktionen, www.baederland.de

### ESSEN UND TRINKEN
**Lukullus.** Der bunte Biergarten im Elbe Camp ist auch Tagesgästen zugänglich und toll für die ganze Familie – mit dem Spielplatz direkt daneben.

**Forsthaus Friedrichsruh.** Rustikal schwelgen im Sachsenwald, www.forsthausfriedrichsruh.de

### ÜBERNACHTEN
**Junges Hotel.** Zentrale Lage nahe dem Hamburger Hauptbahnhof. Kinder bis zehn Jahren übernachten in den Zimmern der Eltern kostenfrei – Frühstück inklusive, www.jungeshotel.de

Siehe auch S. 31.

### WEITERE INFOS
www.tonteichbad.de
www.garten-der-schmetterlinge.de
www.elbecamp.de
www.wattwandernneuwerk.de
www.wattwagen-cux.de
www.wattenpost.de

**garten** in Friedrichsruh. Das tropische Schmetterlingshaus beherbergt frei fliegende Schmetterlinge aus aller Welt und liegt inmitten einer Gartenlandschaft mit Seen, dem Singenden Wassergarten und der Insel der Besinnung. Kinder können auf dem Abenteuerspielplatz toben oder die niedlichen Kaninchen besuchen.

Auch in Richtung **Nordsee** locken spannende Ziele, die sich zum Beispiel mit der An- oder Abreise verbinden lassen. Wie wäre es mit einem Spaziergang zu einer Insel? Das geht von **Cuxhaven** aus (über die B73, ca. 1,45 Std. ab Hamburg) bei einer Wattwanderung, denn die **Insel Neuwerk** ist dann zu Fuß erreichbar – und wer nicht laufen möchte, kann sogar in eine Pferdekutsche steigen.

Kutschfahrt durch das Watt: eine tolle Möglichkeit, die Insel Neuwerk zu besuchen

## Mitmachen

### HAMBURG CITY SAILING
So schön der Hafen und die Elbe auch sind, Hamburgs anderes Vorzeigegewässer sollte man nicht übersehen. Herrlich ist ein Segeltörn auf der weiten Außenalster, vorbeigleiten an der Feenteichbrücke oder am Schwanenwik, lautlos und nur vom Winde bewegt. Perspektiven genießen, die Hamburg nur vom Wasser aus offenbart. Seit der Saison 2014 benötigt man dazu noch nicht einmal ein eigenes Boot und auch keine Segelkenntnisse: Die Alsterskipper schippern einen zu überschaubaren Preisen über den großen Stadtsee. Wer möchte, darf das Segeln dabei auch einmal ausprobieren und mit anpacken. Auf Wunsch und gegen Aufpreis mit Verpflegung an Bord. Tipp: ein Special wie »Family Sailing« buchen!

www.hamburg-city-sailing.de

# 10 Im Braunschweiger Land

TOLL FÜR KINDER

**Planetarium Wolfsburg.** Zur Ferienzeit gibt es ein spezielles Kinderprogramm für Nachwuchs-Astronomen, www.planetarium-wolfsburg.de

**Gruselspaß auf der Oker.** Auf dem Floß spannende Geschichten über Braunschweig erfahren und einer gruseligen Lesung lauschen. Für Kinder ab acht Jahren in Begleitung eines Erwachsenen, www.braunschweig.de

TOLL FÜR ELTERN

**Mittelalterliches Braunschweig.** Stadtführung aus der Vogelperspektive des Rathausturmes oder mit dem Nachwächter durch das Magniviertel, www.braunschweig.de

**Wind- und Wassermühlenmuseum in Gifhorn.** Hier stehen die ältesten Kraftmaschinen der Welt, www.muehlenmuseum.de

**Lessingstadt Wolfenbüttel.** Elf Jahre lebte der Dichter hier, eine Führung per Segway begibt sich auf seine Spuren. Es gibt auch spezielle Familien- und Kinderführungen.

Bei einer Tour auf der Oker kann man Braunschweig und das Umland der Stadt vom Wasser aus kennenlernen.

**Im Braunschweiger Land kann man entlang der Zeit-Orte auf eine spannende Reise durch die Epochen der Geschichte der Region gehen. Von Ausgrabungen über mittelalterliche Bauten bis hin zu modernen Industriestädten und Museen der Zukunft ist der »Tisch« hier reich gedeckt.**

## Spaß und Experimente rund um die Löwenstadt

Braunschweig ist nicht nur ein wunderbarer Ausgangsort für Entdeckungen im umliegenden Land, es hat auch viel für Familien mit Kindern zu bieten. Einen ersten Überblick verschafft eine **Bootsfahrt auf der Oker**, die die Stadt wie einen Ring umschließt. Wer Tiere liebt, sollte sich den **Zoo** nicht entgehen lassen und das **Aquarium des Naturhistorischen Museums** besuchen. Beim anschließenden Bummel durch die historische Innenstadt sollten Kinder die Augen auf den Boden richten, denn dort weisen kleine Steine mit der Narrenkappe von Till Eulenspiegel den Weg zu Spielmöglichkeiten.

Mindestens zwei Tage sollte man für die Attraktionen des nahe gelegenen **Wolfsburg** einplanen. Feuertornados bestaunen, Wolkenringe selbst erzeugen, sich den Weg durch einen Dunkelraum bahnen oder wie ein Fakir »bequem« auf einem Nagelbett ruhen: Das futuristische **phæno** in Wolfsburg lüftet Geheimnisse der Natur in einer einmaligen Experimentierlandschaft, die Besucher jeden Alters ganz nach Neugier entde-

## Infos und Adressen

ANREISE

**Mit dem Auto** über die A2 und die Westtangente A391. Nach Wolfsburg sind es von hier gut 35 km, bis Hannover ca. 65 km. Mit der Bahn sind alle Städte gut zu erreichen.

BESTE REISEZEIT

Mai bis September

FÜR REGENTAGE

**BadeLand Wolfsburg.** Riesen-Badelandschaft mit Sauna- und Wellnessbereich, www.badeland-wolfsburg.de

**Eintracht Stadion.** Der Blick hinter die Kulissen für Fußballfans, www.eintracht.com/stadion/stadionfuchrungen

ESSEN UND TRINKEN

**Riptide.** Café und Plattenladen mit Auszeichnung vom »Rolling Stone Magazin«. Handelsweg 11, Braunschweig, www.cafe-riptide.de

**Micky und Molly.** Veganes Café und Katzenmuseum. Altewiekring 20a, Braunschweig, www.mickyundmolly.de

ÜBERNACHTEN

**Hotel Deutsches Haus.** Zimmer Nr. 67 ist extra für Eintracht-Fans gestaltet. Fanartikel, wo man hinsieht! Ruhfäutcherplatz 1, www.deutscheshaus24.de

**CVJM Hotel am Wollmarkt.** Ruhig, zentral und familienfreundlich, www.hotelamwollmarkt.de

WEITERE INFOS

www.braunschweiger-land.org
www.zeitorte.de
www.geopark-harz.de

cken. Am Wochenende gibt es spannende Mitmachlabore. Sternegucker kommen im **Planetarium Wolfsburg** auf ihre Kosten. Virtuelle Reisen in entfernte Galaxien und Musikshows machen den Besuch zu einem besonderen Erlebnis. Im **Paläon** am **Schöninger See** reisen Besucher zurück in die Welt der ersten Bewohner Norddeutschlands. Das Besucherlabor steht ganz unter dem Motto: Mitmachen, Erleben und Ausprobieren. Im Park gibt es einen Erlebnisparcours und ein **Gehege mit Wildpferden**. Eine schöne Abwechslung bietet der Besuch des **GeoParks Braunschweiger Land**. Die **Einhornhöhle** zum Beispiel beherbergt fossile Reste Tausender Höhlenbären und war von Neandertalern besiedelt. An der Höhle vorbei führen verschiedene Wanderwege mit Erlebnis- und Spielstationen.

Futuristischer Bau: das phaeno Sciene Center in Wolfsburg

### *Nicht verpassen*

FABRIKBESUCHE IM PEINER LAND

Pelikan, Rausch Schokolade und die Brau-Manufaktur produzieren alle im Peiner Land. Spannend für Kinder ist eine Füller-Führung im Werk in Vöhrum, bei der sie erfahren, wie die Schreibgeräte entstehen. Das Rausch SchokoLand ist ein Eldorado für kleine und große Naschkatzen. Hier gibt es nicht nur Infos zu Geschichte, Anbau und Verarbeitung von Kakao, sondern auch die Möglichkeit, unter Anleitung eines Chocolatiers feine Schokolade selbst herzustellen – und natürlich direkt zu genießen. Und nicht nur spannend für Eltern ist die BrauManufaktur, in der es in Sudhaus und Gärkeller Wissenswertes zur Braukunst zu erfahren gibt. Im angeschlossenen Braustübchen kann bei leckeren Mahlzeiten das Pils gleich verkostet werden (natürlich nur von den Eltern!).

www.pelikan.com
www.rausch-schokolade.de
www.braumanufaktur-haerke.de

# 11 Lüneburger Heide

## TOLL FÜR KINDER

**Mit Eseln wandern.** Z. B. mit Arno Virkus Halbtages- und Tageswanderungen unternehmen. Auch kombinierte Esel- und Kanuwanderungen. Kanuesel-Tours, Vahlde

**Magic Park Verden.** Freizeitpark, der auf aktives Erleben setzt. Mit Schmusezoo, Zirkus und Märchenwald, www.magic-park-verden.de

**Serengeti-Park Hodenhagen.** Mit angeschlossenem Freizeitpark, www.serengeti-park.de

## TOLL FÜR ELTERN

**Quadbahn am Brunausee.** Für Erwachsene und Kinder ab acht Jahren. An der Straße von Bispingen nach Behringen

**Filmmuseum Bendestorf.** Das »Heide-Hollywood« mit Infos zum Deutschen Nachkriegsfilm mit Willi Forst und Marika Rökk. Poststr. 4, Bendestorf

**Schlossführung Celle.** Die Stadt war fast 300 Jahre lang Residenz der Herzöge von Braunschweig-Lüneburg.

Wacholder und blühendes Heidekraut verwandeln die Landschaft am mystischen Totengrund nahe Wilsede in ein impressionistisches Gemälde.

**Südlich von Hamburg, zwischen Elbe und Aller, erstreckt sich die Lüneburger Heide, ein einmaliger und schützenswerter Naturraum. Was nur wenige wissen: In der Heide gibt es bundesweit die meisten Freizeit-, Erlebnis- und Tierparks. Besonders schön ist das Land während der Heideblüte ab Mitte August.**

## Schnucken streicheln, Rehe füttern, mit Eseln wandern

Die Heide ist »von Natur aus« kinderfreundlich. Freizeitparks, **Reiterhöfe** und nahezu **steigungslose Radwanderwege** gehören zu den besten Argumenten für einen Familienurlaub. **Wanderungen mit Eseln** machen Kindern Spaß und lassen keine Langeweile aufkommen. Um die typische Heidelandschaft mit Wacholder, Wald und Moor zu bewahren, wurden der **Naturschutzpark Lüneburger Heide** und der **Naturpark Südheide** eingerichtet. Zu Fuß, mit dem Fahrrad oder der Kutsche kann man die Gegend zwischen Undeloh und Wilsede entdecken, das Naturschutzgebiet ist bis auf die Anfahrtswege autofrei. Der nahe gelegene **Wilseder Berg** im gleichnamigen Naturschutzpark bietet mit seinen 169 Metern einen grandiosen Blick, besonders wenn die Heide in kräftigem Lila erblüht. Durch den Park führt eine leichte, 13 Kilometer lange **Rundwanderung**, kreuz und quer durch die Heideflächen und über den Wilseder Berg zum Stein- und Totengrund. Wer nicht so gern wan-

## Infos und Adressen

ANFAHRT

**Mit dem Auto** über die A7, **mit dem Zug** sind Städte wie Celle, Lüneburg und Uelzen per ICE zu erreichen.

BESTE REISEZEIT

Mai bis September

FÜR REGENTAGE

**Heidewitzka Soltau.** Spielmöglichkeiten, Kletteranlage, Trampoline und Mini-Fußballplatz, www.heidewitzka.com

**Norddeutsches Spielzeugmuseum Soltau.** Spielzeug aus vier Jahrhunderten mit Puppenstuben und Puppen, www.spielmuseum-soltau.de

ESSEN UND TRINKEN

**Bauerncafé Ole Müllern Schün.** Sagenhafte Torten und ein Ambiente wie zu Omas Zeiten. Müden, www.ole-muellern-schuen.de

**Thaers Wirtshaus.** Unkonventionelle Atmosphäre mitten in Celle. Besonders lecker: die Kartoffelpizza. Thaerplatz 1, www.thaers.de

ÜBERNACHTEN

**Schnuckenhof.** Kleiner Hof mit Heidschnuckenherde, Imkerei und Hofcafé. Schneverdingen-Wesseloh, www.schnuckenhof-wesseloh.de

**Imkershof.** Ferienwohnungen auf dem Bauernhof mit Spielplatz und Spielhaus. Direkt am Wald. Schneverdingen, www.imkershof.de

WEITERE INFOS

www.lueneburger-heide.de

dert, nimmt den **Ameisenbär**, eine Eisenbahnlegende aus dem Jahr 1937. Die nostalgische Bummelbahn pendelt zwischen Soltau und Döhle und bietet Platz für 71 Personen.

Sehr zu empfehlen ist ein Ausflug zum **Serengeti-Park Hodenhagen**, den man auf einer Safaristrecke durchfahren kann. Im **Wildpark Lüneburger Heide** leben Tiere wie Luchse, Wölfe, Braunbären, Elche und Wildschweine, und im Sommerhalbjahr gibt es zweimal täglich Flugshows mit Greifvögeln. Schön ist auch der **Vogelpark Walsrode**, in dem man Tiere aus allen Kontinenten beobachten kann. Die Heidestädte wie **Celle** bieten mit ihren historischen Innenstädten eine herrliche Kulisse zum Flanieren und Einkaufen, und wer mag, besichtigt dort das **Stadtschloss** mit seinen charakteristischen Ecktürmen. Sehenswert ist auch **Lüneburg** mit dem **Salzmuseum**, das an alte Zeiten erinnert.

Ein Schäfer treibt seine Schafe über die Heide.

### *Mitmachen!*

HEIDE PARK RESORT IN SOLTAU

Wem nach so viel Natur der Sinn nach Action und rasantem Vergnügen steht, der sollte einen Besuchstag im Heide Park einplanen. Norddeutschlands größter Familien- und Freizeitpark bietet Nervenkitzel und Action bei mehr als 50 Attraktionen und Shows. Rasant geht es in Europas schnellster und höchster Holzachterbahn Colossos zu, und neuerdings lockt auch hier ein Hochseilgarten schwindelfreie Kletterfans. Spektakulär ist außerdem der Freifallturm, bei dem man aus gut 70 Metern in die Tiefe rauschen kann. Der Park liegt in unmittelbarer Nähe zur A7 und ist über die Ausfahrt Soltau Ost zu erreichen.

www.heide-park.de

# 12 Emsland und Ostfriesland

TOLL FÜR KINDER

**Moor-Energie-Erlebnispfad.** Das Moor als Naturerbe und Rohstoff(lager), interaktiv verpackt im Naturpark Bourtanger Moor

**Paddel-/Kanutour.** Rhauderfehn–Leer, alternativ: im Tal oder Binnendelta der Hase, kombiniert mit einer Draisinenfahrt (Quakenbrück–Nortrup)

**Otto Huus.** Als komisch noch nicht Comedy war – Hommage an »Otto« in seiner Geburtsstadt Emden. Sinnfreie (Lehr)stunden für den Nachwuchs

**Trockenstrand Upleward.** Die Kleinen spielen tief versunken im Sand.

TOLL FÜR ELTERN

**Meyer Werft.** Traumschiffbau ganz nah. Werftbesichtigungen nach Anmeldung. Pauschalarrangements mit Übernachtung und weiterem Programm

**Jagdschloss Clemenswerth.** Sternförmige Schlossanlage (1737–47) von Johann Conrad Schlaun, großer Park mit Teich, zahlreiche Veranstaltungen

**Greetsiel.** Bummeln am Hafen und Markt, Eis schlecken auf der Kaimauer

**Der Blick durchs Autofenster bleibt an tiefdunklem Grund hängen: abgetorftes Moor. Wer sich entschließt, die nächste Ausfahrt vom »Ostfriesenspieß« zu nehmen, lernt eine Region kennen, die dem Moor in harter Arbeit abgerungen wurde. Auch Meer gibt es, die Schiffe fahren im Emsland aber über Land.**

## Weiße Riesen, dunkles Moor, flaches Land

Wird in Papenburg ein Kreuzfahrtschiff zur Nordsee überführt, sind zahlreiche Schaulustige auf den Deichen Zeugen eines Spektakels, das eigentlich Präzisionsarbeit ist. Die Hotelhochhäuser im Schiffsmantel erreichen über die geflutete Ems mit nur einer Handbreit Wasser unter dem Kiel, unter hochgeklappten oder abgebauten Bahn- und Straßenbrücken hindurch den **Dollart**, eine Wattenbucht an der Emsmündung. Von fern sieht es aus, als führen die weißen Riesen über grüne Wiesen.

Ganz nah kommt man den künftigen Luxuslinern im Besucherzentrum der weltbekannten **Meyer Werft**. Mit allen Sinnen lernen Groß und Klein dort den »technisch komplexen Ablauf im Schiffbau« kennen: bei Führungen, anhand von Filmen und Modellen und durch riesige Schaufenster in die überdachten Baudocks, wo die Schweißfunken fliegen und Kabinentürme in die Höhe wachsen. Eine bequem ausgestattete Musterkabine auf der Besuchergalerie weckt Vorfreude auf die nächste Kreuzfahrt.

In der Meyer Werft in Papenburg werden die größten Kreuzfahrtschiffe der Welt gebaut.

Szenenwechsel: Im **Freilichtmuseum Von-Velen-Anlage** erschreckt man angesichts der Armut der einstigen Moorkolonisten. In die Einöde gelockt, stachen sie mit dem Spaten Torfsoden, schichteten sie zum Trocknen auf und wuchtete sie mit Handkarren auf die Frachtkähne, die auf den Kanälen unterwegs waren. Die Kolonisten ernährten sich von Buchweizen und hausten teils bis Mitte des 20. Jahrhunderts in primitiven Hütten. »Dem Ersten der Tod, dem Zweiten die Not, dem Dritten (erst) das Brot«. Die Spruchweisheit wird hier mehr als einsichtig.

Im Kontrast dazu steht der größte Dampfpflug der Welt im **Emsland Moormuseum**. Kraft brauchte es, um den schweren Boden zu bearbeiten. Auf dem elf Kilometer langen **Moor-Energie-Erlebnispfad** von dort zum **Erdöl-Erdgas-Museum** (Twist) im Bourtanger Moor lassen sich das Naturwunder Moor und sein Nutzen für den Menschen erkunden.

## Mit dem Fahrrad unterwegs

Das Fahrrad ist das beste Transportmittel zur eingehenden Erkundung des überwiegend flachen Emslands. 3500 Kilometer Radwege erschließen eine Region, größer als das Saarland. Ob am **Kanalufer**, entlang der Ems, durch das idyllische **Hasetal** oder das beschauliche Hügelland des **Hümmling**. Zum Rast- und Spielplatz und zum Umsteigen ins Kanu oder Kajak sowie zur familienfreundlichen Herberge geleiten die frechen »Emspiraten« Jenny und Jack.

Teil des gut ausgebauten Radwandernetzes ist auch die **Deutsche Fehnroute** mit Start- und Endpunkt Papenburg. Das Wort »Fehn« für Moor ist auch Bestandteil von Ortsnamen, z.B. Rhauderfehn im Overledingerland. Die Fehnkultur war eine Form der Moorerschließung, welche das Moor über (schiffbare) Kanäle entwässerte und die obere Bodenschicht (Weißtorf) für die (lukrative) Rinderhaltung »aufmischte«.

Zu seinem Vergnügen ließ sich der kunstsinnige Kirchenfürst Clemens August im 18. Jahrhundert im wildreichen Hümmling ein **Jagdschloss** bauen. **Clemenswerth** bei Sögel besteht aus einem exquisit ausgestatteten Zentralpavillon, sieben weiteren Pavillons und der Schlosskapelle (mit Kapuzinerkloster). Sie alle sind durch einen Stern von Alleen verbunden, die hinter den Gebäuden in einen großen Park ausgreifen. In Clemenswerth macht auch der **Emsland-Rundweg** (Rheine–Papenburg) Station.

Schloss Clemenswerth bei Sögel ist die einzige barocke Jagdsternanlage der Welt.

*Mitmachen!*

FREIZEITSPASS OHNE ENDE

»Ankommen, Koffer los und Kinder laufen lassen«, verspricht der Familien-Ferienpark Schloss Dankern bei Haren (Ems). Mit rechnerisch einer »Spiel-, Freizeit und Sportmöglichkeit« pro Hektar ist ein (verlängertes) Wochenende fast schon zu wenig, um nur einen Teil der Attraktionen – von Tauchen im Dankernsee bis Spaßbad und Hochseilgarten – entdecken und erleben zu können. »Basislager« für Familien ist das Ferienhaus – im Wald, am See oder auf der Heide – auf einem riesigen Gelände, das seinen Namen von einem barocken Wasserschloss aus dem 17. Jahrhundert hat (Besichtigung nur mit Führung). Für Eltern findet sich immer ein ruhiges Plätzchen, von dem aus man den Nachwuchs im Auge behalten kann. Es sei denn, man kämpft beim Adventure Golf gemeinsam um Punkte. Teenager können ihr Geschick beim »Seabob« erproben – und dabei gleichzeitig eine gute Figur machen.

www.schloss-dankern.de

*Nicht verpassen*

NIEDLICHE HEULER

In der Seehundstation Nationalparkhaus in Norden-Norddeich sind die Seehundbabys, die Heuler, die Stars. Allerdings haben sie die Planschbecken nicht freiwillig mit ihrem natürlichen Lebensraum auf den Sandbänken getauscht. Aber Hauptsache, es gibt frischen Fisch! Die Fütterungen sind Höhepunkte des Tages, für alle Kleinen vor und hinter den Panoramafenstern. Haben die verwaisten Seehunde genug Fett zugelegt und Energie getankt, werden sie ausgewildert. Die Station ist nur vorübergehend ihr Zuhause. Früher wurden die Robben zur Belustigung der Badegäste geschossen. Heute stehen sie unter Schutz und sind Teil des Weltnaturerbes Wattenmeer. Zur Seehundstation gehört auch das Waloseum am Osterlooger Weg. Unter dem Skelett eines 15 Meter langen Pottwals kann das Leben der größten Meeressäuger erforscht werden. Im Obergeschoss lernt man den Vogelreichtum der Nordseeküste kennen.

Dörper Weg 24,
www.seehundstation-norddeich.de

## Vom Meer zur See

Und wo ist das Meer? Salz in der Luft spürt man bereits auf der Brücke über die Leda in die alte Handels- und Reederstadt **Leer** (Ostfriesland). An der Uferpromenade hinter dem Renaissancerathaus, moderne »Docklands« gegenüber, haben Ausflugsboote und Segeljachten festgemacht. Das Meer ist nun nicht mehr weit. Hinter dem **Ems-Jade-Kanal** breitet sich das Große Meer mit seinen schilfgesäumten Ufern aus, ein Natur- und Wassersportparadies.

Das »richtige« Meer, norddeutsch »die See«, kommt in der Gemeinde Krumhörn in Sicht, aber auch erst dann, wenn man die Kleinen am **Trockenstrand von Upleward** geparkt hat und über den Deich lugt. Bei Ebbe hat der Fernblick ins Landesinnere zuweilen größeren Reiz: Inmitten fruchtbarer Marsch beleben mächtige Kirchtürme in Warftendörfern, deren Namen häufig auf »um« enden, und Windkraftanlagen für die deutsche Energiewende den Horizont. Ein Deichspaziergang, natürlich gegen den Wind, führt zum kleinen, gelb-rot gestrichenen **Pilsumer Leuchtturm**, dem Wahrzeichen Ostfrieslands. Wer Glück hat, entdeckt im Fahrwasser des Leyhörns einen Krabbenkutter. Er hat in **Greetsiel** seinen Heimathafen, dem wohl schönsten »Fischerdorf« an der niedersächsischen Nordseeküste gleich um die Ecke.

Neben dem Seehund lebt auch die Kegelrobbe an der deutschen Nordseeküste.

Windmühle am Greetsieler Sieltief. Ihre dahinterstehende Zwillingsschwester ist gut versteckt.

# Entdeckungen im Emsland

## Infos und Adressen

### ANREISE

**Mit dem Auto** über die A31 (»Ostfriesenspieß«) oder A28 (Oldenburg–Leer). **Mit der Bahn:** IC bis Münster (Westf.) oder Osnabrück, weiter mit IC (Norden-Norddeich) oder Regionalexpress (Rheine).

**Tipp:** Urlauberbus Ostfriesland ab Papenburg (www.urlauberbus.info)

### BESTE REISEZEIT

März bis Oktober

### FÜR REGENTAGE

**Emsland Moormuseum.** Das Moor zwischen Kultivierung und Renaturierung. Ausstellungshalle (u. a. zwei »Lokomobile«), Außengelände mit Feldbahn. Geestmoor 6, Geeste-Groß-Hesepe, www.moormuseum.de

**Erdöl-Erdgas-Museum.** Oklahoma im Emsland, am anderen Ende des Moor-Energie-Erlebnispfads. Flensbergstr. 13, Twist, www.erdoel-erdgas-museum-twist.de

**Kunsthalle Emden.** Sammlung des *Stern*-Gründers Henri Nannen, vor allem Klassische Moderne. Hinter dem Rahmen 13, Emden, www.kunsthalle-emden.de

**Schoof'sche Mühle.** Noch aktiver Galerieholländer (1921), roter Zwilling des Greetsieler Wahrzeichens. Mühlenladen, Café, Führungen, Veranstaltungen, www.muehle-schoof.de

### ESSEN UND TRINKEN

**Papenbörger Hus.** Buchweizenpfannkuchen und Korn (für Erwachsene) in einem Zug (»Nicht lang schnacken, Kopp in Nacken«) im Anschluss an einen Besuch im Freilichtmuseum. Von-Velen-Anlage, Papenburg

**Alte Posthalterei.** Restaurant mit gutbürgerlicher Küche in historischer Poststation, am Marktplatz mit Rathaus (1555). Große Str. 1, Lingen (Ems), www.posthalterei-lingen.de

**Haus Samson.** Traditionsweinhandlung Wolff im Barockhaus (1643) mit Privatmuseum zur ostfriesischen Wohnkultur. Rathausstr. 16–18, Leer, www.wein-wolff.de

**Am alten Siel.** Restaurant mit großer Terrasse und Hotel in Blickweite zum Hafen. Am Alten Markt 1, Krummhörn-Greetsiel, www.zum-alten-siel.de

**Emder Matjestage.** Hering in allen Variationen, Festprogramm (Frühsommer)

### ÜBERNACHTEN

Die **Touristikmarke Familienland Emsland** dient als Qualitätssiegel für familienfreundliche Angebote, darunter auch Herbergs- und Gastronomiebetriebe (Broschüren unter www.emsland.com). In Ostfriesland sind Ferienwohnungen und Ferienhäuser am weitesten verbreitet.

**Hotel Alte Werft.** Vier-Sterne-Hotel in ehemaliger Maschinenhalle der Meyer Werft, zwei Restaurants, Anleger für Hafenrundfahrten, Bahnhofsnähe. Ölmühlenweg 1, Papenburg, www.hotel-alte-werft.de

**Gut Landegge – Familotel Emsland.** Vier-Sterne-Herberge für Pferdefreunde auf früherem Rittergut, viel Platz zum Spielen und Entspannen. Haren (Ems), www.gutlandegge.de

**Haselünner See.** Ferienhaus zwischen Naturschutzgebiet und Wildgehege, www.haseluenne.de

**Großes Meer Camping.** Am größten Binnensee Ostfrieslands (nur 1 m tief), nordöstlich von Emden, Surf- und Segelschule. Südbrookmerland, www.grossesmeer.de

### WEITERE INFOS

**Emsland Touristik:** www.emsland.com

**Papenburg Tourismus:** Ölmühlenweg 21, Papenburg, www.papenburg-tourismus.de

**Hasetal Touristik:** www.hasetal.de

**Tourist-Information Overledinger Land:** www.overledingerland.de

**IG Deutsche Fehnroute:** Ledastr. 10, Leer, www.deutsche-fehnroute.de

**Touristik-Info Krummhörn-Greetsiel:** Zur Hauener Hooge 11, www.greetsiel.de

**Tourist-Info Emden:** Bahnhofsplatz 11, www.emden-touristik.de

Wie in vergangene Zeiten versetzt fühlt man sich bei einem Bummel im Hafen von Greetsiel.

So richtig Ostfriesland! Schafe, Deich, Leuchtturm (hier Pilsum) und weit hinten die Nordsee.

# 13 Berliner Highlights

TOLL FÜR KINDER

**Olympiastadion.** Spannend, nicht nur für Fußballfans. Auch Geschichte ist im weitläufigen Park zu entdecken.

**Museum für Naturkunde.** Die »Dinos« im Sauriersaal sind überwältigend, aber nicht nur die.

**Zitadelle Spandau.** Ritterburg, Fledermauskeller, Freilichttheater, Ausstellungen und im Innenhof wechselnde Feste, Konzerte und Märkte

**Bunte Schokowelt.** Alles über Schokolade erfahren und die Lieblingszutaten selbst bestimmen. Lecker!

TOLL FÜR ELTERN

**Schiffstour.** Ganz entspannt Berlin erleben: in einer Stunde durch die Innenstadt und z. B. bei einer Drei-Stunden-Rundfahrt die grünen Seiten der Metropole genießen

**Clärchens Ballhaus.** Tanzmusik und Schwoof wie vor 100 Jahren und dazu ein lauschiger Biergarten

**Kultur ganz groß.** Berliner Philharmoniker, drei Opernhäuser, Konzerthaus, Theater … Unbedingt vorher Karten reservieren!

**»Berlin, Berlin, wir fahren nach Berlin!« Genauso wie Fußballfans den Einzug ihres Clubs ins Pokalfinale feiern, können sich Kinder auf eine Reise in die deutsche Hauptstadt freuen, denn eines ist sicher: Berlin bietet jede Menge Attraktionen und Aktivitäten, die Spaß machen und keine Langeweile aufkommen lassen.**

## Mit Kinderaugen die Stadt entdecken

Schon auf der klassischen Sightseeing-Tour zwischen Brandenburger Tor und Museumsinsel, Potsdamer Platz und Kurfürstendamm ist Abwechslung angesagt: zu Fuß unter den Linden flanieren, im Doppeldeckerbus den Großstadtverkehr vom Oberdeck aus im Blick haben, mit der S-Bahn durch enge Häuserschluchten fahren, auf einem Ausflugsschiff die Stadt an sich vorüberziehen lassen oder mit dem Fahrrad unabhängig erkunden. Oder man schließt sich einer geführten Tour an. Da Kinder gerne Geschichten hören, um Geschichte zu verstehen, bieten sich auch spezielle **Kinderführungen** an.

Geschichte hautnah erfahren kann man in der **Gedenkstätte Berliner Mauer**. Am historischen Ort sind originale Überreste der Sperranlagen erhalten. Zusätzlich führen auf 1,4 Kilometern Länge Informationstafeln, großformatige Fotos, Hör- und Videostationen sowie archäologische Spuren und eine Ausstellung im Dokumentationszentrum das Leben in der 28 Jahre lang geteilten Stadt anschaulich vor

Blick über die East Side Gallery zur Oberbaumbrücke – und mittendrin die U-Bahn-

Augen. Weitere Mauerstationen in der Stadt sind unter anderem **Checkpoint Charlie** und die **East Side Gallery**.

## Hoch hinaus mit dem Turbo-Aufzug

Der **Reichstag** mit seiner gläsernen Kuppel gehört zu den Top-Ten-Sehenswürdigkeiten und ist spannend auch für (Schul-)Kinder. Ein eigens für sie konzipierter Audioguide erklärt launig Politik und beschreibt die wunderbare Aussicht ringsum. Noch höher hinauf geht es am **Potsdamer Platz** mit dem schnellsten Aufzug Europas. Aus 100 Metern Höhe eröffnet sich im Panoramapunkt Berlin – mit Café und Open-Air-Ausstellung zur Geschichte des Potsdamer Platzes auf der Aussichtsterrasse – ein herrlicher Rundumblick. Höchster Aussichtspunkt ist der **Fernsehturm**. Aus 203 Metern Höhe liegt einem ganz Berlin zu Füßen, und an klaren Tagen reicht die Sicht bis weit ins Umland.

## Museen für kleine und große Entdecker

»MachMit!« fordert das **Museum für Kinder** im Prenzlauer Berg schon die Jüngsten auf und lädt zum Klettern und spielerischen Erkunden alltäglicher Erfahrungen ein. Auch im **Labyrinth Kindermuseum** können Kinder ab drei Jahren zu wechselnden Themen selbst entdecken und ausprobieren, was die Großen können. Nahezu alle anderen Museen mit ihren Sammlungen zu Geschichte, Kunst, Kulturen, Technik, Natur und Kuriositäten geben auch Kindern spannende Einblicke in vergangene Zeiten, zum großen Teil mit eigenen (Audio-)Führungen. Und: In vielen Museen haben Kinder bis sechs, 16 oder 18 Jahren freien Eintritt oder es gibt preisgünstige Familientickets.

Besonders beliebt ist das **Deutsche Technikmuseum**, eines der größten der Welt. Historische Schiffe, Eisenbahnen, Flugzeuge und Autos sowie Windmühlen und eine Brauerei aus alter Zeit faszinieren Kinder und Eltern gleichermaßen. Auch der erste Computer der Welt ist hier zu bestaunen. Im benachbarten **Science Center Spectrum** kann man an Experimentierstationen selbst Hand anlegen und physikalische Phänomene erforschen. Und noch mal Computer: Eine Zeitreise zurück in die Kindheit der Eltern und in die Zukunft der virtuell-realen Spiele-Welt bietet das **Computerspielemuseum**. Hier darf man viele Apparate und Spiele ausprobieren. Im **Museum für Kommunikation** werden die Besucher von sprechenden Robotern begrüßt und er-

### *Der besondere Tipp*

DDR-ALLTAG IN SCHUBLADEN

Wie lebten die Menschen in der DDR? Was machten sie in der Freizeit? Wie ging es in der Schule zu? Womit spielten die Kinder? Wie kleidete sich die Jugend? Welche Musik hörte sie? Fragen über Fragen nach einem untergegangenen Staat. Im DDR-Museum, einem interaktiven Museum zum Anfassen, stößt man spielerisch auf Antworten. Die Besucher sollen Klappen heben, Schubladen aufziehen, Schränke öffnen, Knöpfe drücken, Kopfhörer aufsetzen, Bücher in die Hand nehmen, die Nase reinstecken, Kleider anfassen. Der Museumsbesuch ist wie das Stöbern in vergessenen Kisten auf dem Dachboden. Über manche Entdeckungen können junge Leute heute nur lachen. Aber in der DDR gab es oft nichts zu lachen, das zeigt der zweite Teil, der in das Zentrum der Macht führt. Und wer mehr über das Leben in der zwischen 1961 und 1989 geteilten Stadt Berlin wissen möchte, besucht anschließend die Gedenkstätte Berliner Mauer.

www.ddr-museum.de (ab fünf Jahren) und www.berliner-mauer-gedenkstaette.de (ab acht Jahren)

Faszinieren nicht nur Kinder: Dinosaurier im Naturkundemuseum

## *Nicht verpassen*

GRIPS MIT HERZ UND VERNUNFT

Witz + Herz + Vernunft = GRIPS: So könnte man das Erfolgsrezept des Kindertheaters seit 45 Jahren auf eine Formel bringen. »Mutmach-Theater« nennt es sein Erfinder Volker Ludwig. Mit GRIPS sind schon mehrere Generationen von Kindern aufgewachsen, und die bleiben dem Theater als Jugendliche und Erwachsene treu. GRIPS spielt für alle Altersklassen und Kulturen, inzwischen unter der künstlerischen Leitung von Stefan Fels. Die Stücke, überwiegend Uraufführungen, richten sich an Menschen ab zwei, fünf, neun oder 15 Jahren, handeln von deren Problemen und Alltagssorgen und regen auf vergnügliche, freche oder anrührende Weise zum Nachdenken an. Erwachsene lieben unter anderem das am GRIPS geborene, in aller Welt nachgespielte Erfolgsmusical »Linie 1«.

GRIPS (www.grips-theater.de) hat zwei Spielstätten: Am Hansaplatz und im Podewil, Klosterstraße 68.

Das MACHmit! Museum für Kinder am Prenzlauer Berg

fahren beim Rundgang unter anderem, wie man miteinander kommunizierte, als es noch keine Smartphones und Laptops gab.

Wer wissen will, wie Preußens Könige, Prinzen und Prinzessinnen lebten und feierten, für den ist **Schloss Charlottenburg** der richtige Ort. Anschließend bietet sich ein Spaziergang im Schlossgarten an.

## Raus ins Grüne

Im Sommer ist Berlin am schönsten – weil es so viel Wasser, Parks und Wälder gibt! Und weil es Spaß macht, draußen zu toben. Größter Freiluftspiel- und -sportplatz ist das **Tempelhofer Feld**. Wo bis 2008 noch Flugzeuge starteten und landeten, kann man heute Rad fahren, Skaten, Drachen steigen lassen, Kitesurfen, Joggen, Picknicken und die fast unendliche Weite mitten in der Stadt genießen. Oder man spaziert durch den **Tiergarten** mit seinen Denkmälern und Liegewiesen. Schön ist auch der **Zoologische Garten**, der artenreichste Zoo der Welt. Aktive werden es genießen, im **Waldhochseilgarten Jungfernheide** durch die Baumwipfel zu turnen. Und für heiße Tage verspricht das **Strandbad** ganz in der Nähe dann Abkühlung.

180 Kilometer Wasserstraßen auf Flüssen, Kanälen und Seen durchziehen Berlin. Wem der **Ausflugsdampfer** zu gemütlich ist, mietet ein **Minihausbot** und schippert wie Huckleberry Finn über Spree und Havel.

Bürotürme an der Spree (bis 2015 Bundesministerium des Innern)

# Berliner Highlights

## Infos und Adressen

### ANREISE

**Mit dem Flugzeug** nach Berlin Tegel (TXL) und Berlin Schönefeld (SXF).

**Mit dem Auto** über die A2, A9, A12, A13, A19 und A24, alle münden in den Berliner Ring (A10) mit Abfahrten in die Innenstadt (grüne Umweltplakette ist Pflicht).

**Per Bahn** zum Berliner Hauptbahnhof oder **via Fernbus** zum Omnibusbahnhof ZOB am Messegelände. Von dort weiter mit dem ÖPNV

### BESTE REISEZEIT

ganzjährig, in Berlin ist immer was los: drinnen und draußen zu jeder Jahreszeit und in allen Ferien

### FÜR REGENTAGE

Berlin hat mehr Museen als Regentage, außerdem (Kinder-) Theater, Kinos, Konzerte, Shopping Malls, Indoor-Spielplätze, Sport- und Schwimmhallen.

### ESSEN UND TRINKEN

Eine kulinarische Reise durch die Welt oder doch lieber Pommes mit Ketchup? Imbissbude oder Gourmettempel? Im vielseitigen Angebot der Restaurants, Cafés, Bars und Kneipen ist für jeden Geschmack und Geldbeutel etwas dabei.

**Brachvogel.** Restaurant und Biergarten am Landwehrkanal mit Abenteuerspielplatz und Minigolfanlage. Auf der (Kinder-) Karte stehen u. a. »Bibi Blocksberg« und »Benjamin Blümchen«. Carl-Herz-Ufer 34, Kreuzberg, www.brachvogel-berlin.de

**Markthalle Neun.** »Street Food« liegt im Trend. An jedem Donnerstag (17–22 Uhr) wird die historische Markthalle zur internationalen Garküche mit preiswerten Spezialitäten aus aller Welt. Sonntags (unregelmäßig) ist »Naschmarkt«. Eisenbahnstr. 42/43, Kreuzberg

### ÜBERNACHTEN

**Pension Peters.** Das andere Hotel: Große Familienzimmer (bis zu 2 Kinder unter zehn Jahren frei), Bio-Frühstück: Die freundliche Pension legt Wert auf Umweltschutz und Nachhaltigkeit. Kantstr. 146, Charlottenburg, www.pension-peters-berlin.de

**Hüttenpalast.** Fast wie auf dem Campingplatz, aber garantiert trocken: Originelle, liebevoll gestaltete Schlafstätten in ausrangierten Wohnwagen in einer ehemaligen Fabrikhalle. Hobrechtstr. 66, Neukölln, www.huetten-palast.de

**The Westin Grand Berlin.** Glamourös und naturnah: Luxushotel mit Pool, Spa und zauberhaftem Garten. Hier zieht der Küchenchef seine Kräuter und ein Bienenvolk auf dem Dach liefert den Honig. Family Package: das zweite Zimmer zum halben Preis. Friedrichstr. 158–164, Mitte, www.westingrandberlin.com

**Scandic Berlin Potsdamer Platz.** Mittendrin im Geschehen, hell und (umwelt-)freundlich. Ausgezeichnet für das Nachhaltigkeitskonzept und Barrierefreiheit. Kinder unter 13 Jahren übernachten kostenlos im Zimmer der Eltern. Gabriele-Tergit-Promenade 19, Tiergarten, www.scandichotels.com

### WEITERE INFOS

**Spezielle Kinderführungen:** www.berlin-mit-kindern.de, www.visitberlin.de mit **Infos und Services** für Touristen und andere Reisende

**Tourist-Infostellen vor Ort:** www.berlin.de ist das offizielle Hauptstadtportal, www.museumsportal-berlin.de bietet alles zu aktuellen Ausstellungen und ständigen Sammlungen, www.berlin-buehnen.de mit Spielplänen für Theater, Opernhäuser, Musicalbühnen, Kabarett, Kindertheater, Comedy

Skulpturenschmuck auf dem Zeughaus (Deutsches Historisches Museum), »bewacht« vom Fernsehturm

# 14 Touren im Berliner Umland

TOLL FÜR KINDER

**Wandlitz.** Der Entdeckerpfad im Naturparkzentrum bietet eine Naturbühne, einen Astberg und ein Amphitheater am Wasser, www.barnim-panorama.de

**Blankenfelder See.** Auf dem Barfußpfad zu gehen macht Spaß, fördert die Durchblutung und trainiert die Fußmuskulatur.

TOLL FÜR ELTERN

**Dahlewitz.** Mehrere Naturdenkmale lenken hier die Blicke auf sich. Am Bahnhofsvorplatz steht eine 150 Jahre alte Eiche, im Park beim Bahnhof eine Maulbeere, in der Brechtstraße eine 80 Jahre alte Lindenallee.

**Villa Lassen in Erkner.** Gerhart-Hauptmann-Gedenkstätte, wo auch sein Arbeitszimmer zu sehen ist. Gerhart-Hauptmann-Str. 1–2, www.hauptmannmuseum.de

**Turm auf dem Kranichsberg.** Im Woltersdorfer Turm gibt es eine ständige Ausstellung über die Geschichte von Woltersdorf.

**Von Wäldern und Seen umgeben, bieten sich für Berlinbesucher schöne Ausflüge in das Umland an. Reizvolle Wanderungen zu schönen Badestränden an glasklaren Seen oder kulturhistorischen Sehenswürdigkeiten gehören ebenso dazu wie Fahrten mit dem Schiff oder der Besuch des Naturparkzentrums im Barnim.**

## Tegeler See und Moby Dick

Vom U-Bahnhof Alt Tegel ist es nur ein Katzensprung zur **Greenwichpromenade** am Tegeler See. Von hier aus starten zahlreiche Ausflugsschiffe zu Fahrten in die historische Berliner Innenstadt sowie über die Havelseen. Als besondere Attraktion gilt der **Havel-Wal »Moby Dick«**, der bei Kindern sehr beliebt ist. Über die Sechserbrücke überqueren wir das Tegeler Fließ und gelangen auf die andere Seite des Sees, wo das **Strandbad Tegel** zum Verweilen einlädt.

Ebenfalls im Berliner Norden liegt Wandlitz, das von Berlin mit der **Heidekrautbahn** erreichbar ist. Auf der gegenüberliegenden Seite verspricht das **Strandbad am Wandlitzsee** Erfrischung. Nach links führt der Weg zum Agrarmuseum und dem 2013 eröffneten **Naturparkzent-**

Der Rangsdorfer See ist bei Badegästen wegen seines Sandstrands beliebt.

## Infos und Adressen

ANREISE

**Von Berlin aus mit öffentlichen Verkehrsmitteln.** Nach Tegel mit der U 6 bis Alt-Tegel, nach Wandlitz mit der Niederbarnimer Eisenbahn (NEB) bis Bahnhof Wandlitzsee, nach Dahlewitz mit S 2 bis Blankenfelde, Weiterfahrt mit RE 3 oder RE 7 und nach Erkner Mit S 3 bis Erkner

BESTE REISEZEIT

Frühjahr bis Herbst

ESSEN UND TRINKEN

**Café Sechserbrücke.** Stimmungsvolles Café am Tegeler See, benannt nach der nahe gelegenen Sechserbrücke, Gabrielenstr. 69

**Restaurant Liebesquelle.** Mit schönem Biergarten direkt am See in Woltersdorf gelegen, Blick zur Schleuse. Brunnenstr. 1, www.restaurant-liebesquelle.de

ÜBERNACHTEN

**Informations- und Vermittlungsservice Brandenburg:** Tel. 0331–2 00 47 47

WEITERE INFOS

**Ausführliche Informationen über Brandenburg:** www.reiseland-brandenburg.de

**rum**. Seit 2014 gibt es hier einen Entdeckerpfad, auf dem vor allem Kinder die Natur aktiv erleben können. Er befindet sich in einem Wäldchen des BARNIMPANORAMA.

Südlich von Berlin lädt der **Rangsdorfer See** zu einem Besuch ein. Zunächst wandern wir von Dahlewitz kommend zu einer Gabelung, wo wir dem »Barfußweg« folgen. Er führt zu einem Naturpfad am verlandeten **Blankenfelder See**, der Teil eines Vogelschutzgebietes ist. Ist der Rangsdorfer See erreicht, bietet sich an warmen Sommertagen der Aufenthalt auf der schönen Liegewiese mit Badestelle an.

Auch das **Löcknitztal** ist ein lohnendes Ausflugsziel. Von Erkner geht es zur Gaststätte Löcknitzidyll und von dort entlang der Löcknitz zum **Flakensee**. Lohnend ist ein Ausflug auf den **Kranichsberg**, wo sich vom Aussichtsturm ein Blick über die weiträumige Seen- und Flusslandschaft bietet, die sich zwischen Köpenick und Fürstenwalde erstreckt.

Die Löcknitz in Erkner: Blick von der Brücke bei der Gaststätte Löcknitzidyll

### *Nicht verpassen*

AGRARMUSEUM IM NATURPARKZENTRUM

Seit 2013 unter einem Dach vereint, bieten das Agrarmuseum und das Naturparkzentrum in Wandlitz einzigartige Ausstellungen. Das Museum zeigt Gebrauchsgegenstände sowie zahlreiche technische Gerätschaften von landwirtschaftlichen Maschinen bis Traktoren und informiert über die Entwicklung der Landwirtschaft im 20. Jh. Geöffnet täglich außer Freitag von 10 bis 18 Uhr.

Im Naturparkzentrum kann man sich in einer Ausstellung über die Vielfalt der Kulturlandschaft mit ihrer Natur und Agrargeschichte informieren.

www.barnim-panorama.de

# 15 Die Mark Brandenburg

TOLL FÜR KINDER

**Potsdam.** Schlossführungen mit dem Schlossdrachen im Marmorpalais und dem Neuen Palais

**Baruth.** Im Museumsdorf Baruther Glashütte gibt es eine Kinderführung bei den Glasbläsern. Man erfährt alles über die Entstehung einer Glaskugel.

**Spreewald.** Spannende Bibersafaris im Kanu zu Biberbauten und Biberdämmen mit Dipl.-Ing. Anke Willharms.
Tel. 0162 – 842 32 99

**Finsterwalde.** Der Tante-Emma-Laden im Stadtmuseum ist eine Oase für jede Puppenmama.

TOLL FÜR ELTERN

**Potsdam.** Schlossführung in Sanssouci oder den anderen Schlössern der preußischen Herrscher

**Baruth.** Im Museumsdorf Glashütte werden im »Alten Dorfkonsum« Fleisch- und Wurstwaren aus der Region verkauft.

**Finsterwalde.** Stadtrundgang zur sehenswerten Trinitatiskirche mit prachtvollem Renaissancegiebel und dem ehemaligen Schloss

**Die Natur entdecken, alte Industrieanlagen erforschen, ins Traumland reisen: Alles ist möglich. Brandenburg ist ein weites Land und eine Region für Entdecker. In der Mark wächst der größte Wald Deutschlands, und immer ist einer der über 3000 Seen in der Nähe – und die Landeshauptstadt Potsdam glänzt wie eine Perle.**

## Sprechende Eiche, Kraniche und Wildgänse

Brandenburg ist ein sandiges, leicht gewelltes Land, dessen Oberfläche noch die Kratzspuren der Eiszeit zeigt. Einst schob sich Eis über das Land und hinterließ Hügel und Tiefen. Auf den leichten Anhöhen wachsen Wälder, in den Senken hat sich Wasser gesammelt. Hier gibt es viel Platz für die Natur, für die Bäume des größten deutschen Waldes, der **Schorfheide**, und für den romantisch-wilden **Grumsiner Forst**, der zum Weltnaturerbe der UNESCO gehört. In Brandenburg gibt es scheinbar endlose idyllische Wasserwege durch den **Spreewald**, die man, Mückenschutz vorausgesetzt, mit dem **Kanu** erforschen kann, zum Beispiel auf der Spur des Bibers. Und Brandenburg hat viel Platz für Biobauernhöfe, Reiterhöfe und Urlaub auf dem Bauernhof.

Im Sommer leuchtet das Land in den Farben der roten Mohnblumen und der blauen Kornblumen. Nirgends sind in den Wiesen so viele Störche unterwegs wie in der Mark. Im Herbst ziehen die Kraniche über die Landschaft hinweg und lassen sich auf den sumpfigen Flächen im **Linumer Bruch**

Eins mit der Natur: im Kanu auf einem Flussarm im Spreewald

und im **Oderbruch** nieder, um sich auf den Feldern satt zu fressen. Das großartige Spektakel Tausender trompetender **Kraniche** und Abertausender **Wildgänse** kann man von Naturlehrpfaden und Beobachtungstürmen aus verfolgen. Mit Glück und gutem Fernglas sieht man sogar Adler und Wölfe. Im **NABU-Zentrum der Blumberger Mühle** erklärt eine sprechende Eiche die Landschaft Brandenburgs und ihre Biotope.

## Land der Seen und des Wassers

Unzählige Badeseen, Kanäle und Fließe laden zu sportlichen Aktivitäten, zum Schwimmen, Segeln oder Paddeln ein. Wer lieber auf dem Trockenen bleibt, kann mit der **Draisine von Templin nach Fürstenberg** fahren oder mit Inlinern auf der fast 230 Kilometer langen **Fläming-Skate** unterwegs sein.

Auch in Brandenburg begann im 19. Jahrhundert die Industrialisierung, und spannende technische Entwicklungen wurden umgesetzt. Im **Museumsdorf Baruther Glashütte** zeigen die Glasbläser ihre Kunst, und im dortigen Dorfkonsum kann man wie in alten Zeiten einkaufen. Die **Molkerei Münchehofe** erklärt im Detail, wie aus Milch schließlich Käse oder Quark wird. Imposant und beeindruckend ist Europas größter Schiffsfahrstuhl. Das **Schiffshebewerk in Niederfinow** wurde gerade 80 Jahre alt und funktioniert einwandfrei. Weil es vielleicht zu klein wird, entsteht ein neues, noch größeres nebenan. Die Besichtigungen im Besucherzentrum und während einer Schiffsfahrt sind ein Erlebnis für die ganze Familie.

## Braunkohle, Janoschs Traumland und ein Tante-Emma-Laden

Weiter südlich, in Lichterfeld, wartet ein anderer Gigant der Technik, der **»Liegende Eiffelturm«**. In 74 Metern Höhe kann man, gut geschützt mit Bauarbeiterhelm, über die Abraumförderbrücke F60 des ehemaligen Braunkohlenbergbaus gehen und weit in die Niederlausitz sehen. Braunkohle, Energiegewinnung und Landschaftsveränderung sind die Themen, die alle hier beschäftigen.

Brandenburg ist ein Land zum Träumen. Im **Filmpark Babelsberg** lädt das Traumland von Janosch nach Panama, in die Welt des kleinen Bären und des kleinen Tigers ein. Aus

Das Schiffshebewerk in Niederfinow ist eine technische Meisterleistung.

### Toller Ausflug

RÜDERSDORFER KALKSTEINBRÜCHE

Abenteuer für Kleine und Große bieten die Kalksteinbrüche. Entstanden ist der Kalk im Erdzeitalter des Trias vor etwa 250 Millionen Jahren, abgebaut wurde er als Baumaterial für Berlin und die Umgebung. Inzwischen ist die riesige Abbaufläche zu einem Museumspark gestaltet worden. Industriegeschichte wird lebendig. Verschiedene Gebäude werden präsentiert. Vom germanischen Kalkbrennofen über Rumfordöfen und Schachtofenbatterien bis zur modernen Zementfabrik kann man die industrielle Entwicklung verfolgen. Eine Ausstellung macht die Sprache der Steine verständlich. Die Kalksteinbrüche sind voller Fossilien, hier wurde sogar ein ganzes Saurierskelett gefunden. Ausgerüstet mit Helmen, Brillen, Warnwesten und Hämmern kann man sich selbst auf die Suche nach Versteinerungen machen. Es gibt historische, geologische und Führungen mit dem Land Rover und für die Kleinen als Alternative einen Streichelzoo.

www.museumspark.de

## *Der besondere Tipp*

### SCHLOSS RIBBECK UND DER BIRNENGARTEN

Aufbruch zum Herrn von Ribbeck auf Ribbeck im Havelland und zu seinem Birnbaum, der im Garten stand. Das kleine Dorf Ribbeck ist durch ein Gedicht Theodor Fontanes bekannt geworden. Heute steht der alte Birnbaum nicht mehr, dafür sind 16 neue im öffentlichen Deutschen Birnengarten gepflanzt worden, für jedes der 16 Bundesländer einer. Das Schloss der Ribbecks ist renoviert und wieder der Mittelpunkt des Dorfes. In einem Museum erfährt man Details über das Herrenhaus, die Ribbecks und das Dorf. Die Alte Schule bietet ein Café und ein historisches Klassenzimmer, das 1841 vom damaligen Herrn auf Ribbeck für die Dorfkinder gebaut wurde. In den Schulbänken kann man Sütterlinschrift lernen. Die Alte Schule ist auch der Spielort eines wunderbaren Puppentheaters mit abwechslungsreichem Programm. Von April bis Oktober kann man von hier auf dem Barfußpfad weiterwandern. Nach etwa 2,5 Kilometern wird der Kinderbauernhof Marienhof erreicht. Dort kann man reiten und mit Schafen, Ziegen oder Schweinchen spielen. Im Sommer gibt's ein Maislabyrinth.

www.ribbeck-havelland.de und www.vonribbeck.de

den Studios kommen auch der Sandmann und die unzertrennlichen Drei Musketiere, die hier in der Filmwelt und einer Filmshow ihre Abenteuer erleben. Die Filmindustrie lockt ihre Besucher in eine multimediale Welt. Ganz anders geht es weiter östlich zu. In **Finsterwalde** verführt ein Tante-Emma-Laden in das Sehnsuchtsreich der Kindheit. Der originale Kaufmannsladen aus dem Jahr 1850 wurde über die Zeiten gerettet und steht nun im Kreismuseum. Nachdem die Ladenglocke schellt, öffnet der Krämer all die kleinen Schubladen der Herzenswünsche. Zum Schluss gibt es wie früher einen Bonbon aus dem Glas auf der Ladentheke.

Plätze zum Träumen von anderen Zeiten und anderen Welten sind die **Schlösser und Burgen** der Mark Brandenburg, eingebettet in großzügig gestaltete Park- und Seenlandschaften. In **Paretz** geht man durch die Lieblingsräume der Königin Luise, die Lady Diana ihrer Zeit. Ritter und Prinzessinnen und solche, die es gerne wären, wandeln durch die **Rokokoensembles in Rheinsberg oder Potsdam**. Und ganz zum Schluss wirft der Sandmann ein wenig goldenen Traumsand in die Luft. Denn Sandmann, Sand und Träume kommen aus Brandenburg.

Vor dem Schloss Ribbeck liegt die Skulptur der personifizierten Havel.

Die F 60 ist Brandenburgs Eiffelturm und 74 Meter hoch.

# Die Mark Brandenburg

## Infos und Adressen

### ANREISE

Infos zur Anreise in die Region unter: www.reiseland-brandenburg.de

### BESTE REISEZEIT

ganzjährig

### AKTIVITÄTEN

**Blumberger Mühle.** Naturerlebniszentrum des NABU mit 21 ehemaligen Fischteichen, die jetzt ein Biotop sind. Hier spricht gleich am Eingang die Eiche und klimpert mit den Augen.

**Wildpark Schorfheide.** Im Waldgebiet Schorfheide, mit Streichelzoo und Gehegen für Wild- und Zuchttiere. Der Wildpark beherbergt Wildtierarten, die in der Schorfheide heimisch sind, wie Wolf, Fischotter, Rotwild, Damwild, Schwarzwild und Muffelwild sowie Tiere, die bei uns in freier Wildbahn bereits ausgestorben sind wie Wisent, Elch und Przewalski-Pferd.

**Grumsiner Forst.** Das Weltnaturerbe Buchenwald kann mit Führungen erkundet werden, organisiert durch den Tourismusverein Angermünde, Tel. 03331-29 76 60

**Storchenschmiede Linum.** Sowohl zur Storchenzeit als auch zur Kranichzeit Informationen und Führungen. Im Dorf gibt es auch einen Kürbishof mit einer zur Kürbiszeit und vor Halloween riesigen Auswahl an Kürbissen.

**Spreewald.** Auengebiet der Spree, das zum Wandern, Radfahren und Paddeln einlädt

**Fläming-Skate.** Eine 230 km lange, glatt asphaltierte Fläche für Skater, Radfahrer und Rollstuhlfahrer. Unterwegs gibt's Einkehr- und Übernachtungsmöglichkeiten.

**Museumsdorf Baruther Glashütte.** Die Vorbereitungen und Techniken der Glasherstellung werden in einem kleinen Museumsdorf gezeigt.

**Schiffshebewerk Niederfinow.** Der größte Schiffsfahrstuhl Europas. Von oben gibt's zusätzlich einen tollen Ausblick in den Oderbruch.

**Filmpark Babelsberg.** Traumlandschaften, Stuntshows, Sandmännchen und alles über die Filmgeschichte am Standort Babelsberg

### ESSEN UND TRINKEN

**Schlossrestaurant Lübben.** Schlossambiente mit Gourmetküche. Beim Zubereiten der Speisen kann man zuschauen, www.edelmond-schlossrestaurant-lübben.de

**Springbachmühle.** Gute märkische Küche, Fisch kommt frisch aus den eigenen Teichen, das Wild aus den nahen Wäldern, die Gebäude sind aufwendig restauriert. Schöne Terrasse, www.springbachmuehle.de

**Landhaus Alte Eichen.** Brandenburgische Küche, ausgezeichnete Speisen und einfach eine schöne Location, www.landhaus-alte-eichen.de

### ÜBERNACHTEN

**Auf dem schwimmenden Floß auf der Havel.** www.aquare.eu oder pension-havelfloss.de

**Schlafwagenhotel.** Übernachten im Schlafwagen der transsibirischen Eisenbahn, www.schlafwagenhotel.de

**Landgasthof Zum grünen Strand der Spree.** Schöne Lage inmitten des Spreewaldes, schöne Zimmer und für die Erwachsenen ein gutes Bier, www.spreewaldbrauerei.de

**Tropical Island.** Übernachten in den Tropen, mitten in Brandenburg. Von Spaßbad bis Wellness ist alles dabei, in einer Halle, die einst für Zeppeline gebaut wurde, www.tropical-islands.de

**Kreativoase.** Übernachten im dunkelsten Ort Deutschlands. Im Herbst rasten Kraniche und Gänse zu Tausenden gleich nebenan am Gülper See, www.aktivurlaub-malen.de

### WEITERE INFOS

www.reiseland-brandenburg.de
www.ab-ins-gruene.de
www.reiten-brandenburg-berlin.de

Immer in der Nähe: der nächste Badesee

Hier behält man den Überblick: Hochsitz im Biosphärenreservat Schorfheide-Chorin

# 16 Am Steinhuder Meer

TOLL FÜR KINDER

**Reiten.** Es gibt in der Gegend eine Vielzahl von Pferdehöfen mit unterschiedlichen Angeboten, z. B. Islandpferdehof am Steinhuder Meer in Mardorf, Tel. 0171 – 73 30 267; Mühlenhof Dudensen, Tel. 05034 – 87 07 07 oder Reitstall Rittergut Scharnhorst. Neustadt-Bordenau, Tel. 05032 – 37 44

**Boßeln.** Die friesische Nationalsportart ist der Hit. Mit Einweisung, Ausrüstung und Getränken, www.steinhuder-meer.de

**Geocaching.** Eine Ortsrallye für die ganze Familie. Geräte werden gestellt, www.steinhuder-meer.de

TOLL FÜR ELTERN

**SUP.** Die Trendsportart Stand Up Paddle Surfing gibt's auch hier. Kurse inklusive Ausrüstung, www.steinhuder-meer.de

**Segway-Tour mit erfahrenem Guide.** Voraussetzung ist mindestens ein Mofa-Führerschein, www.steinhuder-meer.de

Im Sommer der Anziehungspunkt schlechthin: die Promenade in Steinhude

**Das Steinhuder Meer ist der größte See in Niedersachsen und ein bedeutendes Wassersportrevier. Für Familien spannend sind Ausflüge mit Pferden oder dem Fahrrad und die Reise zurück zu den Dinosauriern, die vor rund 140 Millionen Jahren hier in Herden lebten.**

## Willkommen im Wasserparadies

Die Urlaubsregion Steinhuder Meer ist ein einziges Abenteuer für Groß und Klein. Einen ersten Eindruck von der Gegend kann man sich auf einer **Fahrradtour um den See** verschaffen. Die ca. 30 Kilometer lange Tour ist für Kinder geeignet und gehört zu den schönsten Genusstouren in Deutschland. Sie beginnt im Fischerdorf Steinhude, wo sich auch das Infozentrum des Naturparks befindet. Interessant ist die **Festungsinsel Wilhelmstein**, die ebenso auf dem Weg liegt wie zahlreiche **Aussichtstürme im Toten Moor**.

Alternativ kann man eine Rundfahrt mit dem Schiff machen – besonders stimmungsvoll sind die **Dämmerschoppenfahrten** am frühen Abend. Speziell auf Kinder und Jugendliche eingestellt sind der **Naturpark** und die **Schutzstation Steinhuder Meer**. Von März bis Dezember

Der Kaliberg des Salzbergwerks Sigmundhall in Wunstorf-Bokeloh

## Infos und Adressen

ANREISE
**Mit dem Auto** über die A2 bis Wunstorf-Luthe und weiter nach Steinhude. **Mit dem Zug** bis Hannover (ICE), danach Regionalverkehr

BESTE REISEZEIT
Mai bis September

ÜBERNACHTEN
**Wieschen Hof.** Ferienwohnungen, mit Grill- und Spielplatz. Kleiner Brink 2, Mardorf, www.wieschen-hof-mardorf.de
**Brunnenhof Welze II.** Ferienwohnungen für Reiter und Biker mit allem, was das Kinderherz begehrt: Garten, Spielplatz, Streichelzoo und Reitplatz. Fahrradverleih. Notbrunnenstraße, Neustadt am Rübeberge, www.brunnenhof-welze.de

ESSEN UND TRINKEN
**Café Insel Wilhelmstein.** Überfahrt mit einem der historischen Auswandererboote, www.dieinselwilhelmstein.de
**Alter Winkel.** Eines der ältesten Gasthäuser am Steinhuder Meer, täglich frischer Fisch. Mitten in Steinhude, www.alterwinkel.de

WEITERE INFOS
www.steinhuder-meer.de
www.naturpark-steinhuder-meer.de

gibt es ein Naturerlebnisprogramm mit Aktivitäten wie Filzen mit »Märchenwolle«, dem Bau von Booten und Naturexkursionen. Bekannt ist die Region auch für ihre Pferde. Viele Pferdehöfe bieten **Reiterferien** und Ausflüge an. Ein besonderes Erlebnis ist es, das Steinhuder Meer mit **Pferd und Kutsche** zu entdecken. Durch Wälder, über Wiesen und Felder und zu allerlei Sehenswürdigkeiten gehen die Touren mit erfahrenen Kutschern. Abfahrt der Wagen ist in Steinhude an den Strandterrassen.

Im **Dinosaurier-Park Münchehagen** können Besucher eine Reise zu den Anfängen der Erdgeschichte unternehmen und Wissenswertes über die Urzeitgiganten erfahren. Echte Fußabdrücke kann man beim **Naturdenkmal Dinosaurierfährten** bewundern. Einst war hier die Lagune eines urzeitlichen Meeres, und es sind hier wohl ganze Herden durchgelaufen.

In der **Steinzeitwerkstatt** des Dinoparks kann man Bogen und Speerschleudern herstellen und sie dann anschließend auf der Bogenschießbahn gleich ausprobieren.

*Mitmachen!*

SEATREE – ABENTEUERPARK STEINHUDER MEER

Seit 2008 gibt es diesen herrlichen Waldseilgarten in Mardorf, direkt am Steinhuder Meer, mit 27 Kletterstationen in drei Schwierigkeitsstufen. Egal ob Neulinge oder alte Hasen, der Garten bietet Spaß, Bewegung und ideale Voraussetzungen, um über sich hinauszuwachsen. Im Angebot sind auch ein- bis dreitägige erlebnispädagogische Programme für Gruppen, in die verschiedene andere Programmpunkte integriert werden können. Beispielsweise Kanutouren oder der Bau eines Floßes mit anschließender Fahrt über den See.

www.seatree.de
für die erlebnispädagogischen Programme: www.schattenspringer.de

# 17 Zu Besuch in Hildesheim

TOLL FÜR KINDER

**Kanukurs und Wildwasserstrecke.** Kanu fahren lernen und die Wildwasserstrecke ausprobieren, www.kanuzentrum.de

**Coffea Schokolade.** Schokokreationen »Made in Hildesheim« im »Umgestülpten Zuckerhut«. Andreasplatz 20, www.coffea-online.de

**Museum der Sinne.** Kultur und Erdgeschichte barrierefrei – die inklusive Ausstellung im RPM ist für alle da. Anfassen erwünscht!

**Schloss Marienburg.** Das Märchenschloss ist ein Mädchentraum. Pattensen, www.schloss-marienburg.com

TOLL FÜR ELTERN

**Roemer-und-Pelizaeus-Museum RPM.** Weltberühmt: die Alt-Ägypten und Alt-Peru-Ausstellung. Am Steine 1–2, www.rpmuseum.de

**Welterbe Dom und Michaeliskirche.** Den frisch renovierten Dom und die Michaeliskirche muss man gesehen haben. Domhof, www.dom-hildesheim.de

**Magdalenengarten.** Versteckt hinter alten Mauern: Gartenkleinod mit Rosarium und Weinberg

**Hildesheim ist schon 1200 Jahre alt und beherbergt gleich zwei Kulturerbe-Kirchen: Michaeliskirche und Mariendom mit dem sagenhaften 1000-jährigen Rosenstock. Das Roemer-und-Pelizaeus-Museum erfreut sich weltweiter Anerkennung, das rekonstruierte Knochenhaueramtshaus gilt als Norddeutschlands schönstes Gebäude.**

## Hildesheim – Niedersachsens heimliche Kulturhauptstadt

Hildesheim, die legendäre Rosenstadt, ist schon stolze 1200 Jahre alt. Das renommierte Altägypten-Haus **Roemer-und-Pelizaeus-Museum RPM** führt Kinder in Extratouren durch seine berühmte Ausstellung mit Mumien und Pharaonen. Wer entdeckt das mumifizierte Krokodil? Über den wiederaufgebauten Marktplatz mit Norddeutschlands schönstem Gebäude, dem **Knochenhaueramtshaus**, das heute das Stadtmuseum beherbergt, und durch die Stadt geht es mit der historisch gekleideten Kostümführerin. Dabei werden auch die beiden größten Highlights, die **Weltkulturerbe-Kirchen Mariendom** mit dem wundersamen **1000-jährigen Rosenstock** und **St. Michaelis** besichtigt.

Wer lieber individuell unterwegs ist: Ganz romantisch führt in der Dunkelheit ein Lichtband auf dem Pflaster durch die Stadt zu den beiden Kirchen. Nicht verpassen: **handgefertigte Schokolade** aus Hildesheim naschen, die

Innenhof der Marienburg, einer spätmittelalterlichen Wasserburg

Exotisch geht es im Dschungelpalast im Zoo Hannover zu.

## Infos und Adressen

ANREISE

Hildesheim liegt an der A7 und ist **mit dem Auto** gut erreichbar. Die Stadt hat einen ICE-Bahnhof, der nächste internationale Flughafen ist Hannover.

BESTE REISEZEIT

ganzjährig

FÜR REGENTAGE

**Wasserparadies.** Riesenrutsche, Strömungskanal und die große Saunalandschaft machen den Regentag zum Spaß für die ganze Familie. Bischof-Janssen-Str. 30, www.wasserparadies-hildesheim.de

ESSEN UND TRINKEN

**Knochenhaueramtshaus.** Speisen in Fachwerkambiente direkt am Marktplatz, www.knochenhaueramtshaus.com

ÜBERNACHTEN

**Van der Valk Hotel Hildesheim.** Zentraler geht's nicht: Vier-Sterne-Haus am Markt mit Wellness und Schwimmbad, www.vandervalk.de

WEITERE INFOS

**Infos für Besucher:** www.hildesheim.de

**Tipp:** Kostüm- oder Segway-Stadtführung buchen

**Feste:** »Jazztime« zu Pfingsten, Kleinkunstfest »Wallungen« im Juli, Straßenkunstfestival »Pflasterzauber« im August, im Advent Weihnachtsmarkt auf dem historischen Marktplatz

im skurrilen Fachwerkhäuschen »Umgestülpter Zuckerhut« verkauft wird. Das ist unten deutlich kleiner als oben. An den nächsten Tagen stehen Ausflüge ins Umland auf dem Programm: in den **Erlebnis-Zoo Hannover** und ins **Märchenschloss der Welfen**, die Marienburg. Architektonisch spannend ist das **Fagus-Werk** in Alfeld, mit seinem Bauhausstil ein weiteres Welterbe in direkter Nähe. Und wann ist Hildesheim am schönsten? Besonders bunt ist die Stadt zur **Jazztime** an Pfingsten, bei den **Wallungen** im Juli, wenn die historischen Wallanlagen und der Ernst-Ehrlicher-Park zur Open-Air-Bühne für Musik und Kleinkunst werden, und beim internationalen **Straßenkunst-Festival Pflasterzauber** im August. Der Sommer ist generell auch für den Nachwuchs perfekt: Mutige Kids stürzen sich nach einem Anfängerkurs die **Kanu-Wildwasserstrecke** an der Bischofsmühle hinab.

### *Toller Ausflug*

WÖLFE, BÄREN UND ELCHE

Nicht nur der Erlebnis-Zoo Hannover ist für Familien immer einen Ausflug wert. Auch heimische Tiere sind fast zum Greifen nah: Eine halbe Autostunde von Hildesheim liegt in den Niedersächsischen Landesforsten das Wisentgehege Springe. Mitten im Wald leben hier rund 100 Wildarten in verschiedenen Freigehegen auf weitläufigen 90 Hektar Fläche. Wolfsrudel und Braunbären lassen sich von einer Brücke beim Spielen, Dösen und Fressen beobachten. Auf dem Falkenhof schwirren Falken, Adler und Eulen den Besuchern bei Vorführungen mit Falknern haarscharf über die Köpfe hinweg. Wisente, Rot- und Muffelwild streifen durch große Gehege, Fischotter tauchen durchs Wasser, und mit etwas Geduld zeigen sich auch die Elche und die Soraiapferde. Faszinierend ist das Wolfsprojekt: Seit 2010 lebt ein Mitarbeiter als Rudel-Ranghöchster mit Timberwölfen zusammen und berichtet täglich über seine Erfahrungen in diesem ungewöhnlichen Experiment.

Erlebniszoo Hannover: www.zoo-hannover.de Springe, Wisentgehege 2, www.wisentgehege-springe.de

# 18 Im Märkischen Sauerland

TOLL FÜR KINDER

**Burg Altena.** »Ausbildung« zum Ritter, Schatzsuche, die älteste Jugendherberge der Welt

**Dechenhöhle.** Mit Helm und Taschenlampe durch die Tropfsteinhöhle bei Iserlohn-Letmathe

**Phänomenta Lüdenscheid.** Mit Experimenten Naturgesetze und Technik begreifen

**Sauerländer Kleinbahn.** Museumszug von Hüinghausen nach Köbinghausen Hammer. Elsetal

**Aqua Magis.** Magische Wasserwelten, auch für Kleine spannend. Plettenberg

TOLL FÜR ELTERN

**Schloss Hohenlimburg.** Zur »Schwarzen Hand« und durch die Salons. Im Kaltwalzmuseum mit einem VW Käfer »fahren« und in einer 1950er-Jahre-Küche »arbeiten«

**Hönnetal.** Wanderung unter Kalkfelsen, zurück mit der Hönnetalbahn. Ausflug zur Balver Höhle (Kultur im »Felsendom«) oder zum Wasserschloss Wocklum

**Hemer Felsenmeer.** Bizarre Felslandschaft auf 700 m Höhe

Burg Altena geht auf das 12. Jahrhundert zurück. 1914 zog dort die erste Jugendherberge der Welt ein.

**Mit dem Fahrstuhl durch den Berg. In Altena ist man in 35 Sekunden in der Ritterzeit. Im Herzen der alten Grafschaft Mark nutzten die Menschen bereits früh die Kraft der Fließgewässer, um Eisen und Stahl zu formen. Bekannt ist das märkische Sauerland auch für seine zahlreichen Höhlen.**

## Mittelalter hautnah

Seit 2014 kann man sich den Aufstieg zur **Burg Altena** ersparen, stattdessen den Aufzug nehmen und auf dem Weg dorthin in einem »Zeitstollen« 900 Jahre Burggeschichte und westfälische Sagen erleben. Generationen von Schülern haben sich hoch über der Lenne zum Ritter schlagen lassen. Nachts träumten sie im Schatten des Bergfrieds von Abenteuern im Kettenhemd. Heute haben sie es dabei erheblich bequemer als vor 100 Jahren in der ersten Jugendherberge der Welt mit ihren spartanischen Schlafsälen.

Stehen auf Burg Altena Ritterspiele und Schatzsuche im Mittelpunkt, wird es auf **Schloss Hohenlimburg** gruselig: Auf dem früheren Grafensitz über dem gleichnamigen Stadtteil von Hagen droht die »Schwarze Hand«. Sie soll einem Knaben gehört haben, dem sie abgeschlagen wurde, weil er dieselbe gegen die Mutter erhoben hatte. Nur eine Sage – aber das einbalsamierte Körperteil stammt wirklich aus dem Mittelalter. Ansonsten strahlen Säle und Salons

## Infos und Adressen

ANREISE

**Mit dem Auto** über die A1 und A45. **Mit der Bahn:** IC/ICE bis Hagen. Weiter mit Regionalexpress oder Regionalbahn Richtung Finnentrop, Iserlohn oder Neuenrade (von Fröndenberg). **Tipp:** SchönerTagTicket (www.nahverkehr.nrw.de)

BESTE REISEZEIT

Mai bis Oktober

FÜR REGENTAGE

**Deutsches Drahtmuseum.** Drahtziehen vom Kettenhemd zum Supraleiter, unterhalb der Burg Altena, www.maerkischer-kreis.de

**Luisenhütte.** Älteste Hochofenanlage Deutschlands (ab 1854/55). Wocklumer Allee, Balve-Wocklum, www.maerkischer-kreis.de

ÜBERNACHTEN

**Jugendherberge Burg Altena.** Urig, aber bequem, Gästehaus in Jugendstilvilla. Altena, Fritz-Thomée-Str. 80, www.djh-wl.de

**Schultenhof.** Familienbauernhof zum Toben und Abschalten, Ponywanderungen, Bauernhofcafé. Leveringhausen 1, Balve-Garbeck, www.schultenhof.de

WEITERE INFOS

**Freizeit- und Tourismusverband Märkisches Sauerland:** www.mk-tourismus.de

**WasserEisenLand e. V. Industriekultur in Südwestfalen:** www.wassereisenland.de

der Höhenburg fürstlich-bürgerliche Wohnlichkeit aus. Beide Standorte sind auch Zeugnisse früher Industrialisierung im »Wasser-Eisen-Land«: Im **Deutschen Drahtmuseum** (Altena) und im **Deutschen Kaltwalzmuseum** (Hohenlimburg) lässt sich erleben, wie Eisen und Stahl für den Alltag gezogen und gewalzt wurden: zu Krinolinen, Küchengeräten und Blechspielzeug.

Die Täler des märkischen Sauerlands haben zahlreiche malerische Abschnitte, die z. B. auf der **Lenneroute** mit dem Rad erkundet oder im romantischen **Hönnetal** erwandert werden können. Am Fenster der Regionalbahnen gleitet die Landschaft langsam vorüber. Die **Dechenhöhle** in Iserlohn-Letmathe, eine Märchenwelt aus Tropfstein, hat sogar eine eigene Haltestelle. Wer seinen Mut zusammennimmt, schaut im Höhlenmuseum dem Höhlenbären in die Augen. Im idyllischen **Elsetal** bei Plettenberg rattert ein **Museumszug**.

Über Natursteinbrücken und unter steilen Felswänden fährt die Hönnetalbahn von Menden nach Neuenrade.

*Mitmachen!*

NÄGEL SCHMIEDEN, PAPIER SCHÖPFEN

Das LWL-Freilichtmuseum Hagen auf einem 42 Hektar großen Areal im Mäckingerbachtal präsentiert regionale Handwerks- und Technikgeschichte in einem riesigen »Aktionsraum«. In über 50 Werkstätten erleben Kinder ab dem Grundschulalter und Erwachsene, wie vom Ende des 18. Jahrhunderts bis Anfang des 20. Jahrhunderts Nägel geschmiedet, Papier geschöpft, Tabakblätter gedreht, Seile geschlagen, Schuhe über den Leisten gezogen und Senf gemahlen wurde. Beeindruckend sind die gewaltigen Hammerköpfe, die von Wassermühlen angetrieben werden und im gleichbleibenden Rhythmus lärmend niederschlagen. Insgesamt gibt es acht Themenbereiche. Besucher schauen nicht nur Handwerkern über die Schulter, sondern machen auch mit. Das Wo und Was wechselt regelmäßig (Information am Eingang). Dauer- und Sonderausstellungen runden das Erlebnisprogramm ab. Verschnaufen können Sie bei selbst gebrautem Bier, frischem Landbrot und westfälischen Spezialitäten in der Museumsgaststätte.

www.lwl-freilichtmuseum-hagen.de

# 19 Hexen und Höhlen im Ostharz

TOLL FÜR KINDER

**Seilbahnen Thale Erlebniswelt.** Kinderspielareal am Ausgang des Bodetals mit Allwetterrodelbahn, Sessellift und Kabinenbahn. Hexentanzplatz

**Schierke.** Sommerrodelbahn Brocken Coaster, danach Sagen- und Märchenwanderung

**Harzer Schmalspurbahn.** Mit Dampf auf den Brocken. Alternative: Wernigerode–Drei Annen Hohne, Dauer: 40 Minuten

**Wernigerode.** Stadterlebnistour »Auf den Spuren von Hexen und Teufeln«

TOLL FÜR ELTERN

**Wernigerode.** Fachwerk-Sightseeing, zu Fuß oder mit der »Bimmelbahn« zum Schloss mit Museum, Schlossfestspiele im Juli/Aug.

**Teufelsmauer.** 15 Kilometer lange Felsklippe aus Kreidesandstein, spektakulärster Abschnitt zwischen Blankenburg und Timmenrode auf ausgebauten Wanderwegen. Die Aussichtsplattform auf dem Großvaterfelsen ist nur für Schwindelfreie.

**Blankenburg.** Ausruhen im barocken Terrassengarten am Kleinen Schloss

Zum Schutz der Tiere und Pflanzen führen Stege durchs Hochmoor auf den Brocken hinauf.

**Hexen sind unterwegs zum Blocksberg und zum Tanzplatz. Auch der Teufel ist nicht weit. Wild geht es im Ostharz mitunter zu. In den Fachwerkstädtchen herrscht jedoch Frieden, und es gibt eine Menge zu entdecken. Ansonsten hört man in den tiefen Wäldern nur die Blätter rauschen – und den Pfiff der Dampflok.**

## Wilde Romantik, sagenhafte Natur

Die einst undurchdringliche Natur inspirierte die Menschen zu zahlreichen Mythen – und beförderte später den Fremdenverkehr, sommers wie winters. Der **Harzer Hexen-Stieg**, ein familientauglicher Fernwanderweg, führt auf 97 Kilometern von Osterode durch den **Nationalpark Harz** über den **Brocken** (1142 Meter) zum **Hexentanzplatz bei Thale**, einer Felsplatte mit grandioser Aussicht. Von dort schwebt eine Kabinenbahn ins Bodetal.

Ein Abstecher nach **Sorge und Elend** macht keinesfalls depressiv, denn auf verwunschenen Wegen durch wildromantische Bachtäler zeigt sich der Harz von seiner Schokoladenladenseite. Das lässt (fast) vergessen, dass dort bis 1989 der »Todesstreifen« verlief. An den erhaltenen Resten der innerdeutschen Grenzbefestigung spürt man noch den kalten Hauch der Geschichte.

Warm ums Herz wird dem, der in der **Harzer Schmalspurbahn** verschnauft und sich mit sagenhaften 30 Stundenki-

## Infos und Adressen

ANREISE
**Mit dem Auto** auf der A7 bis Göttingen, dann über die B27/A395/B6. **Mit der Bahn:** Regionalexpress Hannover–Leipzig. **Tipp:** HarzCard: www.harzcard.info, Harzer Urlaubsticket: www.hatix.info

BESTE REISEZEIT
ganzjährig

FÜR REGENTAGE
**Glasmanufaktur Harzkristall.** Glashütte mit Schauwerkstatt, Verkauf und Kreativangeboten. Im Freien Felde 5, Derenburg, www.harzkristall.de
**Domschatz Halberstadt.** Kirchenschätze der Superlative, glänzend präsentiert. Domplatz 16a, www.dom-schatz-halberstadt.de

ESSEN UND TRINKEN
**Café am Markt.** Bei Torte oder Mittagsgericht unter der Markise das historische Rathaus und die Kinder im Blick behalten. Marktplatz 6, Wernigerode, www.cafe-wiecker.de

ÜBERNACHTEN
**Hasseröder Ferienpark.** 145 Ferienwohnungen und -häuser für Familien, Spiel- und Schwimmwelten, Kinderprogramme. Nesseltal 11, Wernigerode, www.clubfamily.de

WEITERE INFOS
**Harzer Tourismusverband e. V.:** www.harzinfo.de
**Wernigerode Tourismus:** Marktplatz 10, www.wernigerode-tourismus.de

lometern direkt vom Brocken oder vom Umsteigebahnhof (zur Harzquerbahn) Drei Annen Hohne von einer Dampflokomotive nach Wernigerode ziehen lässt. Auf den offenen Plattformen steigt einem schon mal der Ruß in die Nase. Den schwefeligen Geschmack bekämpft der »Schierker Feuerstein« vom Schaffner (nur für Erwachsene).

Endstation ist der Bahnhof Westerntor in **Wernigerode**. Mehr restaurierte Fachwerkhäuser als in der alten Residenz- und Handelsstadt scheint es nirgendwo zu geben. Besonders eindrucksvoll ist die mit Holzfiguren geschmückte Rathausfassade. Für den repräsentativen Umbau des **Schlosses** haben die Grafen 1862–81 viel Geld ausgegeben. Kaiser Wilhelm I. übernachtete dort rustikal, wie sein original erhaltenes Schlafgemach zeigt. Genug Romantik! In der **Erlebniswelt Thale** ist der Teufel los: im »Tollhaus« und den »Funparks«.

Zu den Harzer Schmalspurbahnen gehört auch die Brockenbahn, die in Wernigerode am Bahnhof Westerntor startet.

### *Nicht verpassen*

RÜBELÄNDER HÖHLEN
Die Rübeländer Tropfsteinhöhlen in der gleichnamigen Ortschaft am Harzer Hexen-Stieg gehören zu den ältesten Schauhöhlen überhaupt. Bereits seit 1646 finden in der Baumannshöhle offizielle Führungen statt. Die Hermannshöhle wurde 1866 bei Straßenbauarbeiten entdeckt. Der reisende Dichterfürst Goethe besuchte die Baumannshöhle mehrfach, begeistert von den Tropfsteinformationen und Sintergebilden, die heute allerdings weit besser ausgeleuchtet sind als damals. Anfassen ist aber immer noch tabu, da jeder »Fingertipp« den empfindlichen Gebilden schadet. Als Lebewesen in der Dunkelheit überleben nur Fledermäuse dauerhaft oder, in der Hermannshöhle, ein Dutzend Grottenolme. Zehn Sekunden schaltet der Gästeführer die Lampen aus – schwärzer als schwarz kann es nicht werden. In beiden Höhlen herrscht konstant +8 °C, und es ist feucht. Pullover und/oder Jacke also nicht vergessen! Für Erwachsene wie Kinder (ab dem Grundschulalter) sind die Rübeländer Höhlen ein Harz-Highlight.

www.harzer-hoehlen.de

# 20 Nationalpark Harz für Junior-Ranger

TOLL FÜR KINDER

**Luchsfütterungen.** Infos zur Anfahrt und Termine unter www.nationalpark-harz.de

**Junior-Ranger werden mit dem Entdeckerheft.** Das Heft gibt es in den Nationalpark-Häusern oder online für 5 Euro, www.torfhaus.info

**Vitamar.** Bade- und Saunaspaß mit Wellenbad und Wildwasserkanal. Bad Lauterberg, www.vitamar.de

**Krodoland.** Freizeitpark mit Alternativgolf-Varianten wie Minigolf auf Tischen oder 18-Loch-Fußball-Golf. Dazu Spielscheune, Kinderkletterparcours und Goldwaschen in Krodo-City. Bad Harzburg, www.krodoland.de

TOLL FÜR ELTERN

**Erzbergwerk Rammelsberg.** Montandenkmale aus neun Jahrhunderten, www.rammelsberg.de

**Quedlinburg.** Sehenswerte Stadt mit romanischen Bauten, 1300 Fachwerkhäusern und vielen Jugendstilvillen, www.quedlinburg.de

Natur entdecken steht für Kinder an erster Stelle auf dem Nationalparkprogramm.

**Der Nationalpark bietet auf einer Fläche von 243 Quadratkilometern Felsmassive, Urwälder sowie Moore und Bergwiesen. Was wenige wissen: Der Waldpark ist nicht nur ein Paradies für Wanderfreunde, sondern bietet auch ein großes Naturerlebnisprogramm für Kinder.**

## Kleine Ranger auf Entdeckungstour

Natur hautnah erleben, wilde Tiere beobachten und seltene Pflanzen kennenlernen: Das **Mitmachprogramm des Nationalparks** bietet eine Menge spannender Aktivitäten, die durch tolle Erlebnispfade ergänzt werden. Auf dem **Löwenzahn-Entdeckerpfad** bei Drei Annen Hohne zum Beispiel können Familien Wissenswertes über Ameise, Eule & Co. erfahren. Der **Barfußpfad** und die Archimedische Schraube machen dieses Abenteuer perfekt. Am **Natur-Erlebniszentrum HohneHof** lockt dann ein leckerer Imbiss. Beeindruckend ist das **Luchsgehege an den Rabenklippen** bei Bad Harzburg, in dem man die Wildkatzen mit den Pinselohren hautnah erleben kann. Hier finden auch regelmäßig Luchsfütterungen statt. Spannend wird es, wenn die kleinen Ranger auf Entdeckertour gehen. Ein extra **Entdeckerheft** führt Kinder spielerisch auf verschiedenen Stationen durch den Nationalpark und erläutert alles Wichtige zur Tier- und Pflanzenwelt.

Wildromantisch ist die Natur rund um die Ilsefälle bei Ilsenburg.

## Infos und Adressen

### ANREISE

**Mit dem Auto** über die A7 zum der Westharz, die A2 und die A391/395 nach Bad Harzburg sowie die A14 zum südöstlichen Harz.

**Mit der Bahn** nach Goslar, Bad Harzburg oder Wernigerode. Innerhalb des Nationalparks verkehren Busse und die Schmalspurbahn.

### BESTE REISEZEIT

ganzjährig; im Winter ist mit viel Schnee zu rechnen

### ESSEN UND TRINKEN

**Nationalpark-Waldgaststätte Molkenhaus.** Einst Unterkunft für Kuhhirten, am Weg vom Brocken zur Eckertalsperre. Bei der Wildtier-Beobachtungsstation, www.molkenhaus.de

**Nationalpark-Waldgaststätte Rabenklippe.** Mit Panoramablick über den Brocken, nahe der Luchsgehege, zu erreichen u.a. mit der Burgberg-Seilbahn.

### ÜBERNACHTEN

**Ferienwohnungen am Markt.** Wernigerode, www.urlaub-wr.de

**Villa Brockenhexe.** Gemütliche Appartements. Braunlage, www.villabrockenhexe.de

**Ferienhof Morich.** Urlaub auf dem Bauernhof. Bad Lauterberg, www.ferienhofmorich.de

### WEITERE INFOS

www.hatix.info
www.nationalpark-harz.de

Verschiedene Rätsel sind zu lösen, um schließlich den Entdecker-Code zu knacken. Wer dann noch eine Tierspur findet, bekommt die begehrte Urkunde. Auf die gemeinsamen Wurzeln von Mensch und Natur führt uns der vier Kilometer lange **Naturmythenpfad bei Braunlage**. Zehn Mitmachstationen lassen uns eintauchen in Geschichten von Mensch und Wolf, der Kraft der Bäume und den Geheimnissen der Waldvögel. Wer weiß, vielleicht erfüllt der Wunschbaum tatsächlich einen Wunsch? Und der kurze **Borkenkäferpfad** durchs wildromantische Ilsetal klärt über den kleinen Plagegeist auf und erklärt, warum er sogar nützlich sein kann. Eine schöne Ergänzung zu so viel Naturerlebnis ist der **Rammelsberg** im Harz, ein Erzbergwerk, das mit der Altstadt Goslar zum UNESCO Kulturerbe zählt. Das **Besucherbergwerk** dokumentiert die 1000-jährige Bergbaugeschichte, und im Roeder-Stollen kann man das Feuersetzen miterleben, mit dem im 19. Jahrhundert Erz gewonnen wurde.

## Toller Ausflug

### MÄRCHENPARKS IN DER UMGEBUNG

Einer der ältesten und größten Märchenparks in Deutschland ist der Märchengrund Bad Sachsa. Bereits 1910 errichtet, ist dieser Park mit seinen elektrisch betriebenen Figuren über einen halbstündigen Spaziergang vom Schmelzteich aus durch das Katzental zu erreichen. Es gibt aber auch Parkmöglichkeiten vor der Tür.

Am Fuß des Burgbergs und in der Nähe der Talstation der Burgberg-Seilbahn an der B4 liegt der zauberhafte Märchenwald Bad Harzburg, in dem bekannte Märchen der Gebrüder Grimm mit Holzfiguren und beweglichen Bühnenbildern in Szene gesetzt werden. Im »Zwergenbergwerk« arbeiten die Wichtelmännchen, und eine Modelleisenbahn fährt in der Miniaturlandschaft bis hinauf zum Brocken. Die Kindereisenbahn und die Hüpfburg machen das Erlebnis perfekt.

www.bad-sachsa.de und
www.maerchenwald-harz.de

Die Hauptspree bei Lübben ist bei Paddlern sehr beliebt.

# 21 Kanutouren im Spreewald

TOLL FÜR KINDER

**Selber schleusen.** Selbstbedienungsschleusen erfordern etwas Kraftaufwand, sind aber ein großer Spaß für kleine Spreewaldkapitäne.

**Forscherkahn Nautilust.** Ausgestattet mit Mikroskopen, Keschern und Ferngläsern geht es unter fachkundiger Anleitung auf Expedition durch die Spreewaldfließe.

**Schwimmen mit Delfinen.** Das Spreeweltenbad in Lübbenau bietet die einzigartige Gelegenheit, nur durch eine Glasscheibe getrennt mit den Delphinen im Außenbecken zu schwimmen.

TOLL FÜR ELTERN

**Slawenburg Raddusch.** Zeitreise durch 12 000 Jahre Niederlausitzer Geschichte mit einer der modernsten Archäologieausstellungen Deutschlands

**Tropical Islands.** Südseefeeling im Indoor-Regenwald für die ganze Familie

**Spreewaldküche.** Neben der Spreewaldgurke als wohl bekanntester lokaler Köstlichkeit bieten die zahlreichen urigen Gasthäuser eine gute Gelegenheit, die traditionelle Spreewaldküche kennenzulernen.

Grüne Idylle: mit dem Kanu unterwegs auf dem Südumfluter

**Alles im grünen Bereich: Nur etwa eine Autostunde im Südosten von Berlin fächert sich die Spree in ein feingliedriges Binnendelta auf, und die schmalen, langsam fließenden Spreewaldfließe inmitten einer faszinierenden Kulturlandschaft sind ideal geeignet für erlebnisreiche Familien-Outdoor-Aktivitäten.**

## Paddeln, radeln und wandern im Dschungelcamp

Der Spreewald lockt mit malerischen Dörfern und einem verwunschenen Labyrinth aus ruhigen Wasserläufen, die vielfältige Möglichkeiten von der kurzen Kanurunde bis zur ausgedehnten Wasserwanderung für kleine und große Spreewaldkapitäne bieten. Die Orientierung auf den weitverzweigten Wasserwegen des Spreewaldes ist allerdings nicht immer ganz einfach. An den meisten größeren (aber nicht an allen) Abzweigungen und Kreuzungen mehrerer Wasserwege weisen Holzschilder auf die Namen des jeweiligen Fließes hin und für Touren auf eigene Faust braucht es eine detaillierte Wasserwanderkarte und einen guten Orientierungssinn.

Heimliches »Zentrum« des Spreewaldes ist die Stadt **Lübbenau** mit ihrem großen Kahnhafen. Der hiesige, idyllisch gelegene und sehr paddlerfreundliche Campingplatz bietet sich als Basislager für unkomplizierte Touren auf eigenem Kiel an, denn ab der **Schleuse Schneidemühle** sind vier

Wasserwanderstrecken zwischen zehn und 23 Kilometern Länge markiert. So sind gänzlich unkomplizierte Paddeltouren auf dem weitverzweigten Wasserlabyrinth zwischen Lübbenau und Burg im Oberspreewald möglich, und das ganz ohne Orientierungsstress! Alle Touren sind als Rundkurs angelegt.

Am kürzesten und daher für Anfänger und Familien mit kleinen Kindern ideal geeignet ist die etwa zehn Kilometer lange **Barzlintour**. Sie ist mit einem weißen Dreieck auf grünem Grund markiert und führt vorbei am Campingplatz in nordwestlicher Richtung in die Gegend rund um die Talsanderhebung des Barzlin. Ca. 17 Kilometer misst die mit einem schwarzen Kreis auf gelbem Grund markierte **Kleine Leiper Tour**, die auf der Hauptspree über Lehde nach Leipe und zurück über Boblitzer Kahnfahrt und Südumfluter nach Lübbenau führt. Noch einmal drei Kilometer länger ist die **Große Leiper Tour**. Sie ist mit weißem Quadrat auf rotem Grund gekennzeichnet und führt über Lehde an die südlichen Ausläufer des Hochwaldes und über Leipe zurück. Eine ausgewachsene Tagestour für Familien mit größeren Kindern, die schon mitpaddeln, ist die ausgedehnteste der markierten Wasserwanderstrecken.

Die etwa 23 Kilometer lange **Hochwaldtour**, markiert mit blauem Dreieck auf weißem Grund, führt über Lehde durch den Hochwald und anschließend nach Leipe und von dort über die Hauptspree zurück nach Lübbenau. Nördlich an den Oberspreewald schließt sich der flächenmäßig kleinere Unterspreewald an. Zwischen Lübben und Schlepzig ist der grüne Dschungel zwar nicht ganz so dicht und das Labyrinth der Fließe weniger fein verzweigt. Dafür geht es hier

Schleusen sind ein Spaß für Groß und Klein.

Links: Traditionelles Spreewald-Bauernhaus

## Toller Ausflug

### SCHLOSSINSEL LÜBBEN

Ob während der Kanutour im Unterspreewald oder als separater Tagesausflug: Die Schlossinsel in Lübben ist ein spannendes Ziel für die gesamte Familie – und das ganz ohne Eintritt. Während sich die Eltern beim Schlendern über die schön angelegten Spazierwege an der Natur erfreuen, können die Kinder auf dem großen Wasserspielplatz Sandburgen bauen, sich als angehende Wasserbauingenieure betätigen und nach Herzenslust matschen und planschen. Anschließend laden die weitläufigen Wiesen zum Picknick ein. Wer keinen eigenen Proviant dabeihat, kann auch kurz zum Hafen laufen, um ein Glas Spreewaldgurken zu erstehen oder eine Kleinigkeit zu essen.

## Der besondere Tipp

### RADFAHREN IM SPREEWALD

Der Spreewald bietet auch ideale Bedingungen für Radtouren. Empfehlenswerte Tagestouren mit dem Rad im Oberspreewald sind u. a. die Rundtour von Burg über Leipe (ca. 20 km), die Rundfahrt ab Lübbenau vorbei an der Slawenburg Raddusch (ca. 30 km) oder von Burg über Vetschau nach Lübbenau und zurück (ca. 50 km). Mieträder gibt es z. B. in Burg, Lehde, Lübben, Lübbenau, Leipe und Schlepzig.

Mehrtägige Radtouren mit der Familie sind möglich auf den beiden durchgehend gut markierten Themenrouten Gurkenradweg (ca. 250 km) und Kranichtour (ca. 200 km). Sowohl die Tagestouren wie auch die Fernradwege verlaufen fernab stark befahrener Straßen, sind überwiegend asphaltiert und daher ideal für Radtouren mit Kindern geeignet.

Auch auf dem Drahtesel lässt sich der Spreewald entdecken.

Gut ausgeschilderte Wege bieten Orientierung.

deutlich ruhiger und weniger touristisch zu und die ursprüngliche Natur begeistert.

## Auf der Spree nach Berlin

Eine schöne Variante für kanuerprobte Familien ist die Märkische Umhahrt: Wer sich in Lübbenau nach Norden wendet, verlässt den Spreewald und kommt auf der Spree über Schlepzig, Leipsch, Schwielochsee, Beeskow, den Oder-Spree-Kanal und Müggelspree nach Erkner am Ostrand Berlins und über den Seddinsee auf die Dahme, die nach Süden zurück an den nördlichen Spreewald führt. Diese etwa 140 Kilometer lange Route eignet sich perfekt für einen einwöchigen Kanuurlaub. Die Tour ist auch gut für Anfänger geeignet, wobei man dann mindestens zehn Tage einplanen sollte.

## Wandern im Spreewald

Die einzigartige Natur des Spreewalds lässt sich auch sehr gut zu Fuß entdecken. Schöne Tagestouren im Oberspreewald sind u. a. der **Fitnesspfad von Lübbenau zur »Wotschofska«**, die Rundtour von Lübbenau nach Lehde und zurück, der schöne, birkengesäumte Spazierweg von Lehde nach Leipe oder der Fontane-Weg rund um Burg-Kauper. Im Unterspreewald lohnt der **Naturlehrpfad der Stadt Lübben**, bei dem auf Informationstafeln die Tier- und Pflanzenwelt der Umgebung vorgestellt wird. Zu empfehlen ist auch die rund 15 Kilometer lange Wanderung von Lübben ins Naturschutzgebiet Barzlin.

# Kanutouren im Spreewald

## Infos und Adressen

### ANREISE

**Mit dem Auto** in etwa einer Stunde aus Berlin über die A13 in den Spreewald.

**Mit der Bahn:** stündliche Zugverbindung mit dem RE2 von Berlin in den Spreewald. Halt u. a. in Lübben, Lübbenau, Raddusch, Vetschau und Cottbus

### BESTE REISEZEIT

Der Spreewald lädt ganzjährig zum Familienurlaub ein. Perfekt für eine Kanutour sind Frühjahr und Herbst, weil sich dann sowohl das Mückenaufkommen wie auch der Andrang an Kahnfahrern auf den engen Fließen in Grenzen hält.

### KANUVERLEIH

Zahlreiche Kanuverleiher in praktisch jedem Spreewalddorf. Mitglied im Bundesverband Kanu ist z. B.: Bootsverleih Richter in Lübbenau, www.bootsverleih-richter.de

### BEFAHRUNGSREGELN

**Kahnkapitäne haben immer Vorfahrt.** Vor allem in der Hochsaison ist rücksichtsvolles Fahren angesagt, da es besonders auf den kleinen Fließen sehr eng werden kann. Aus Naturschutzgründen können einige Fließe zeitweise gesperrt sein. Schilder vor Ort informieren jeweils über die aktuellen Regelungen.

### ESSEN UND TRINKEN

**Gasthaus Wotschofska.** Traditionslokal auf der kleinen Insel nördlich von Lehde, nur über Wasser sowie einen Rad- und Wanderweg zu erreichen. Regionale Küche. Idyllisch gelegen, Biergarten und Spielplatz, www.gasthaus-wotschofska.de

**Pohlenzschänke.** Spezialitäten aus der Region stehen im ältesten Wirtshaus im Spreewald auf der Karte. Das klassische Ausflugslokal ist für Radfahrer und Fußgänger auch über den Gurkenradweg zu erreichen.

### ÜBERNACHTEN

**Spreewald-Natur-Camping in Lübbenau.** Tel. 03542 – 35 33

**Familienfreundliche Jugendherbergen** direkt an der Hauptspree in Burg (Tel. 35603 – 2 25) sowie in Lübben (Tel. 03546 – 30 46)

### WEITERE INFOS

**Tourismusverband Spreewald:** www.spreewald.de

Der Spreewald ist fest in Paddlerhand. Mitunter ist es gar nicht so einfach, beim Landgang einen freien »Parkplatz« für das Kajak zu finden.

# 22 Sagenhaftes Werratal

TOLL FÜR KINDER

**Doktor-Eisenbart-Führungen in Hann. Münden.** Skurriles und Lustiges rund um den berühmtesten Mediziner der Stadt

**Erlebnispark Ziegenhagen.** Märchenpark mit Dornröschenschloss und Regenbogeneisenbahn

**Schloss Berlepsch.** Mittelalterfeste, Maislabyrinth, ein Baumhaus zum Übernachten (Robins Nest), »Mythen bei Fackelschein« und andere spannende Führungen, Märchenlesungen

**Leuchtberg-Kletterwald.** Abenteuerlicher Naturhochseilgarten in Eschwege mit Blick auf den Werratalsee

TOLL FÜR ELTERN

**Kesperkirmes.** In Witzenhausen, mit Kirschenkönigin, Deutscher Meisterschaft im Kirschkernweitspucken, Witzenhäuser Entenrennen (Plastikenten auf der Werra)

**Wasserwandern und Radeln.** Kanufahren auf der Werra, auch für Ungeübte. Wasser-Wanderkarten und Routenberatung in den Tourist-Informationen. Radeln auf dem malerischen Werratal-Radweg

**Nur wenige Kilometer vor den Toren von Kassel liegt eine malerische Hügellandschaft, die zu den schönsten Europas gehört: das untere Werratal. Unzählige Sagen und Mythen stammen von hier. Geheimnisvolle Pfade, märchenhafte Plätze, verträumte Burgen und schmucke Fachwerkstädtchen laden zum Entdecken und Verweilen ein.**

## Märchenhafte Burgen, großartige Filmkulissen

Ein idealer Ausgangspunkt für erste Exkursionen ins Werratal ist die Dreiflüssestadt **Hannoversch Münden**, die mit dem Auto bequem über die A7 erreicht werden kann. In dem von sanften Hügelketten umgebenen Städtchen lassen sich am **Weserstein** der »innige Kuss von Fulda und Werra« und in der Altstadt das prächtige **Weserrenaissancerathaus** bestaunen. Eine besonders schöne Sicht auf »eine der sieben schönst gelegenen Städte der Welt« (Alexander von Humboldt) hat man von der 90 Meter über der Stadt liegenden **Tillyschanze**. Fahren wir auf der B80 in Richtung Osten, erreichen wir nach einer halben Autostunde die Kirschenstadt **Witzenhausen**. Hier lohnt ein Besuch vor allem im Frühjahr, wenn das Werratal während der Kirschblüte in zartes Weiß getaucht ist. Die Kirschenplantagen bei Witzenhausen mit ihren mehr als 100 000 Kirschbäumen gelten als das größte geschlossene Anbaugebiet in Europa. Rund um die Stadt angelegte Kirschblütenwege und ein **Kirschblü-**

Der romantische Fischerstad (»Klein-Venedig«), eines der ältesten Stadtviertel von Bad Sooden-Allendorf

**tenerlebnispfad** laden zum Entdecken dieser alten Kulturpflanze ein.

Kurz vor Witzenhausen zweigen malerisch gelegene Sträßchen zum sagenumrankten **Schloss Berlepsch**, an dem einst auch die Edgar-Wallace-Filme gedreht wurden, und nach **Ziegenhagen** ab, wo in einem liebevoll angelegten **Familienpark** die Märchen der Brüder Grimm nacherlebt werden können. Der Park wurde mithilfe von Steinen einer ehemaligen Burg gebaut, die möglicherweise Schauplatz des Grimm-Märchens *Die sechs Schwäne* war. Besonders mystisch wird es im Werratal, wenn man von Witzenhausen auf der B80/B27 in Richtung Osten fährt. Schon bald rücken die Bergwände zu beiden Talseiten enger zusammen und man erblickt am rechten Werraufer **Burg Ludwigstein**. Dunkle Mächte sollen die heutige Jugendburg in einer einzigen Nacht erbaut haben. Auf der anderen Werraseite streift der Blick die **Burg Hanstein**, eine wahrlich märchenhafte Burgruine und Drehort für den Kultfilm *Der Medicus*. Ein Besuch der einst verfeindeten Burgen lohnt ebenso wie der auf der **Teufelskanzel**, wo sich unter knorrigen Baumwurzeln ein wunderschöner Ausblick auf das Werratal zeigt. An diesem Ort schwanden einst dem Bösen nach einer verlorenen Wette, bei der er einen Stein vom Brocken zum Hohen Meißner tragen sollte, die Kräfte. Dies hatte fatale Konsequenzen, die auch die Landschaft des Werratals veränderten.

## Zu Gast bei Frau Holle

Wenige Kilometer flussaufwärts gelangt man zur nächsten Werratal-Perle. **Bad Sooden-Allendorf**, das mit einem herrlichen geschlossenen Fachwerkensemble und vielen anderen kleinen Kostbarkeiten ausgestattete Solestädtchen, ist auch als »Basislager« für Erlebnisexkursionen auf den Hohen Meißner zu empfehlen. Der **Hohe Meißner** ist schon von Ferne aufgrund seines ungewöhnlichen »Gipfels« – ein Hochplateau mit einer Länge von bis zu vier Kilometern – gut zu erkennen. Er ist das Zentrum der Mythologie von Frau Holle, die auf dem Meißner einst auch als Erd- und Muttergottheit verehrt wurde. Das Grimmsche Frau-Holle-Märchen soll am Hohen Meißner seinen Ursprung haben. Was Frau Holle auf dem Meißner gerade tut, lässt sich bereits bei der Anfahrt zum Meißner erkennen: Liegt der Berg im Nebel, wäscht sie ihre Wäsche, bei Morgen- und Abendrot kocht sie, und wenn es schneit, dann schüttelt sie ihre Betten auf.

Kleine Leute können in Mohnfeldern auch Verstecken spielen.

### Toller Ausflug

DIE MOHNFELDER VON GERMERODE

Ein malerischer Ort am Fuße des Hohen Meißners sind die Schlafmohnfelder von Germerode. Sie lassen sich auf einem 2,5 Kilometer langen Rundweg entdecken, der zum Teil auf strohunterlegten Pfaden inmitten der Felder verläuft. Der Weg beginnt am Mohnparkplatz am Neuen Weg. Besonders schön ist der Weg während der Mohnblüte, wenn die Mohnfelder in ein leuchtendes Rot-Violett getaucht sind. Entlang des Weges findet man spannende Informationen über den Mohn, ab und an huscht sogar eine Mohnprinzessin vorbei. Am Mohnweg befindet sich auch ein Café, in dem man köstlichen Mohnkuchen genießen kann. Außerhalb der Mohnblüte lassen sich Mohnspezialitäten im Dorfladen (Neuer Weg) erwerben.

Der Wildpark in Germerode (Am Wildpark 1) und der Barfußpfad im Meißner-Jugenddorf liegen nur wenige Kilometer vom Mohnwanderweg entfernt und sind ebenfalls tolle Ausflugsziele für Familien mit Kindern.

## *Nicht verpassen*

### MÄRCHENWOCHE IN BAD SOODEN-ALLENDORF

Ein besonders schönes Erlebnis für Kinder und alle Junggebliebenen ist die Märchenwoche, die jedes Jahr in Bad Sooden-Allendorf stattfindet. Vom Ostersonntag an geht es im ganzen Ort acht Tage lang um die Märchen der Brüder Grimm. Theaterstücke, Märchenspiele und -erzählungen, märchenhafte Wanderungen und Puppenausstellungen stehen auf dem Programm. Am Söder Tor, dem Durchtritt durch einen alten Sälzerweg, schüttelt Frau Holle täglich ihre Betten auf. Neben Federn fallen dabei ab und an auch Süßigkeiten zur Erde hinab. Sagenhafter Schlusspunkt der Veranstaltungswoche ist ein festlicher Umzug am Sonntag nach Ostern, an dem sich viele Symbol- und Sagenfiguren aus dem Werratal ihr Stelldichein geben.

www.maerchenwoche.de

Schneeweißchen und Rosenrot bei der Märchenwoche

Von den mehr als zehn Orten, die am Hohen Meißner mit Frau Holle in Verbindung gebracht werden, lohnt vor allem ein Besuch des Frau-Holle-Teiches. Überlieferungen zufolge steht auf dem Grund des unendlich tiefen Teiches Frau Holles silbernes Schloss. Das Leben soll an diesem Ort entstehen und vergehen.

Ein umwerfend schöner, mystischer Ort am Hohen Meißner ist auch die aus Basaltsäulen bestehende **Kitzkammer**, in der einst Frau Holle zänkische Mädchen in Katzen oder Käuze verwandelte. Kleine und große Magier sollten im Meißner-Vorland auch die düstere **Wehrkirche** und den **Todstein** in Abterode sowie die versteckt gelegene **Bilsteinruine** im Höllental besuchen.

## Rund um Eschwege

Ein Besuch der Kreisstadt **Eschwege** ist bei einem Kurzurlaub im Werratal ebenfalls ein Muss. Möchte man auf den Spuren von Mythen und Sagen wandeln, sollte man einen Besuch des **Dünzebacher Torturms** oder einen Spaziergang auf die **Leuchtberge** mit dem sagenumwobenen **Bismarckturm** wagen. Für Kinder ist der Eschweger **Kletterwald** ein besonderes Erlebnis. Auch ein Bootsausflug auf dem Werratalsee könnte zum Tagesprogramm gehören. Im nahen **Wanfried**, dem einstigen Endhafen der Weser-/Werraschifffahrt, lohnen ein Besuch der **Altstadt** und ein Ausflug zum sagenhaften **Elfengrund**. Dort können mit etwas Glück auch Erwachsene echte Elfen entdecken.

Der zauberhafte Elfengrund mit seinen Wasserfällen heißt nicht umsonst so …

# Sagenhaftes Werratal

## Infos und Adressen

ANREISE

**Mit dem Auto** z. B. über die A7 (Kassel–Göttingen) bis Hann. Münden/Hedemünden, dann Bundesstraßen

**Mit der Bahn:** NVV/cantus R1 (Kassel–Göttingen) oder R7 (Bebra–Göttingen)

BESTE REISEZEIT

ganzjährig

FÜR REGENTAGE

**Tropengewächshaus.** Alles über tropische Nutzpflanzen in Witzenhausen. Mit Deutschlands größter Kaffeeplantage. Kleine Kaffeepflanzen können oft für geringes Entgelt mitgenommen werden. Eintritt frei, www.weltgarten-witzenhausen.de

**Werrataltherme.** Erholen und Entspannen in Bad Sooden-Allendorf, www.werrataltherme.com

**Zinnfigurenkabinett.** Die Weltgeschichte im Kleinformat in Eschwege. Hospitalstr. 7, Mi, Sa und So 14–17 Uhr

ESSEN UND TRINKEN

**Jausenstation Weißenbach.** Idyllisch gelegenes Restaurant in einem Seitental des Werratals, regionale Spezialitäten. Weißenbachstr. 1a, Großalmerode-Weißenbach, www.jausenstation.de

**Gaststätte Teufelskanzel.** Sagenumwobener Ort mit wunderschönem Ausblick auf das Werratal, thüringische Spezialitäten. Gerbeshausen, www.teufelskanzel.de

**Ratskeller.** Mittelalterliche Erlebnisgastronomie, Marktplatz 8, Bad Sooden-Allendorf, www.kucchenmaisterey.com

ÜBERNACHTEN

**Hotel zur Warte.** Mit dem Heuhotel Märchenscheune. Im Froschkönigdorf lässt sich in einer umgebauten Fachwerkscheune auf Heu wunderbar ruhen. Warteweg 1, Witzenhausen-Dohrenbach, www.hotelzurwarte.de

**Haus Hilgenfeld – Le Petit Hotel.** Familiäres Hotel, Frühstücksbüffet mit Bioprodukten, romantischer Garten mit alten Apfelbäumen. Freiherr-vom-Stein-Str. 23, Bad Sooden-Allendorf, www.hotel-hilgenfeld.de

WEITERE INFOS

**Der Naturpark Meißner-Kaufunger Wald** bietet spannende Exkursionen zu besonderen Naturplätzen und Sagenorten an. www.naturpark-mkw.de

In vielen Städten des Werratals werden historische Führungen und geführte Spaziergänge zu mystischen Orten angeboten. **Ausführliche Informationen zu den Veranstaltungen** bei den Tourist-Informationen in Hann. Münden, Witzenhausen, Bad Sooden-Allendorf, Eschwege und Wanfried.

www.hann.muenden-tourismus.de

www.kirschenland.de

www.werratal-tourismus.de

www.bad-sooden-allendorf.de

Schloss Berlepsch wurde von Hörern des Hessischen Rundfunks zum schönsten Schloss Hessens gewählt.

# 23 Mit dem Kanu im Ruhrgebiet

TOLL FÜR KINDER

**Kletterwald.** Hoch hinaus bis zwischen die Baumwipfel geht es für Kinder ab sechs Jahren im Hochseilgarten auf dem Harkortberg bei Wetter an der Ruhr.

**Jumboeis.** Pflicht bei einer Paddeltour auf der Lippe: die Eisdiele San Remo in Lünen

**Waldspielplatz Sagaland.** Auf dem weitläufigen Spielplatz bei Haltern am See finden Kinder Waldgeister, Gnome und vielfältige Spiel- und Kletteranlagen.

TOLL FÜR ELTERN

**Ruhrtalbahn.** Über 40 km Eisenbahnromantik mit Schienenbus oder Dampfzug zwischen Hagen Hbf. und Eisenbahnmuseum Bochum

**Badeparadies.** Im Aquapark Oberhausen lässt es sich auf über 13 000 m² nach Herzenslust planschen, rutschen und relaxen

**Industriekultur.** Während die Eltern im Biergarten des Industriemuseums Zeche Hannover in Bochum verweilen, lernen Kinder in der Zeche Knirps spielerisch die Arbeit der Bergmänner kennen.

**Nordrhein-Westfalen ist viel grüner als allgemein angenommen. Wer bei Ruhrgebiet an Kohlekumpel, Currywurst und Industrie denkt, verpasst vieles. Denn hier erwartet paddelnde Familien statt Bergbau und dampfender Schlote eine abwechslungsreiche Landschaft mit wunderschönen Seen und Flüssen.**

## Abenteuer für große und kleine Piraten

Trotz der zahlreichen Städte und vielen Industrieanlagen bleibt in Nordrhein-Westfalen genug Platz für Berge, Wald und Wasser, und man braucht nicht lange zu suchen, bis man einsame Landstriche und idyllische Flüsse entdeckt. Selbst die Namenspatronin des Ruhrgebiets, wohl alles andere als ein Synonym für intakte Natur, entpuppt sich als romantische grüne Ader. Mit größeren Kindern ab etwa sechs Jahren bis ins Teenageralter sehr lohnend ist die **Wochenendtour mit Gepäck von Wetter nach Essen**. Gleich nach dem Start passieren wir den Aussichtsturm im **Naherholungsgebiet Hohenstein** nach Witten. Direkt dahinter überspannt das Ruhr-Viadukt den Flusslauf. An der kleinen Insel zu Beginn des **Kemnader Stausees** halten wir uns rechts, da die Befahrung des Schutzgebietes am linken Ufer untersagt ist. Von den Bootshäusern der Kanuvereine am südlichen Stadtrand von Bochum ist es nicht mehr weit nach **Hattingen**, wo sich ein Campingplatz befindet. Die Ruhr macht nun einen großen Bogen und wird von der

In Witten überspannt ein Eisenbahnviadukt die Ruhr.

## Infos und Adressen

ANREISE
Das Ruhrgebiet ist aus allen Teilen Deutschlands bequem mit dem Auto zu erreichen: A1 aus dem Norden, A1, A61, A3 oder A45 aus dem Süden sowie A4 aus Richtung Osten.

BESTE REISEZEIT
Hochsommer

KANUVERLEIH
**Querfeldeins.**
www.querfeldeins.org
**Insider Traveller.**
www.insider-traveller.de
**Niederrhein Kanu.**
www.niederrhein-kanu.de
**Kanustation Pleistermühle.**
www.kanuverleih-pleistermuehle.de
**Lippetouristik GmbH.**
www.lippetouristik.de

ESSEN UND TRINKEN
**Landgasthof Pleister Mühle.** An der Werse bei Münster. Hausgemachter Kuchen, Waffeln und traditionelle westfälische Gerichte, Pleistermühlenweg 196, Münster, www.pleistermuehle.de

ÜBERNACHTEN
**Campingplatz an der Ruhrbrücke in Hattingen.** Mit Surfkursen für Kinder ab zehn Jahren, www.camping-hattingen.de
**Heuhotel.** Pension und Zeltplatz an der Niers, Wasserstr. 50, Weeze, www.kevins-pub.de

WEITERE INFOS
www.nrw-tourismus.de

**Burgruine Isenburg** überwacht. Hinter dem Steeler Wehr wird sie zur Schifffahrtsstraße, und das Fahrwasser ist ausgetonnt. Essen rückt näher, und die Ruhr geht in den **Baldeneysee** über. Links vor dem Wehr in **Essen-Werden** endet die Zwei-Tages-Tour.

Etwa eine Autostunde nordwestlich von Essen lädt die beschauliche **Niers** zum Kanuausflug ein. Eine kurze Tagestour für Familien mit Kindern im Alter zwischen drei und acht Jahren ist die etwa sieben Kilometer lange Strecke **von Kevelaer nach Weeze**. Die Tour führt vorbei an **Schloss Wissen**. Eine weitere, einfache Tagestour, die sich mit Kindern jeden Alters unternehmen lässt, findet sich im Münsterland auf dem sieben Kilometer langen **Werse-Abschnitt** zwischen dem Kanuverleih an der Pleistermühle und der Sudmühle, für den man 2,5 Stunden einplanen sollte.

An der Pleistermühle kann man Kanus leihen und einkehren.

*Toller Ausflug*

ALLWETTERZOO IN MÜNSTER

Ein Zoobesuch ist mit Kindern aller Altersklassen lohnend. Bei schlechtem Wetter zieht es aber nur wenige Familien dorthin. Eine Ausnahme bildet der Allwetterzoo in Münster. Dank überdachter Wege, die die einzelnen Tierhäuser miteinander verbinden, bleiben Besucher selbst bei Dauerregen stets im Trockenen – ein ideales Ausflugsziel also, wenn das Wetter für eine Paddeltour zu schlecht ist.

www.allwetterzoo.de

Friedliche Ruhrlandschaft bei Essen-Werden

# 24 Ruhrmetropole Essen

TOLL FÜR KINDER

**Phänomania Erfahrungsfeld.** Mit dem Parabolspiegel, dem Summstein oder der Wasserklangspritzschale experimentieren. Am Handwerkerpark 8–10

**Zoom Erlebniswelt.** Vom Boot aus Zebras, Flusspferde und andere tierische Bewohner Afrikas beobachten

**Movie Park Germany.** Gemeinsam mit den Helden von Ice Age auf spritzige Entdeckungsfahrt gehen

**Tetraeder.** Auf der Halde Beckstraße ganz mutig das 50 m hohe Stahlgerüst des Tetraeders besteigen

TOLL FÜR ELTERN

**Zeche Zollverein.** Das weitläufige Gelände des Weltkulturerbes bietet Einblicke in die große Zeit von Kohle und Stahl.

**Folkwang Museum.** Malereihöhepunkte der klassischen Moderne in einem interessanten Museumsneubau

**Seaside Beach.** Strandoase am Baldeneysee, in der man im Liegestuhl die Sonne und einen frisch gemixten Cocktail genießt

Der Gasometer in Oberhausen, Relikt der Stahl- und Kohleära, begeistert heute als außergewöhnlicher Kunst- und Veranstaltungsraum.

**Einst Zentrum von Steinkohle und Krupp-Stahl, hat Essen diese Zeit heute weit hinter sich gelassen. Die zweitgrößte Stadt des Ruhrgebiets präsentiert sich als lebendige und grüne Metropole mit Familienangeboten aller Art. Was sich hier nicht findet, steuern die Nachbarregionen bei.**

## Freizeitspaß für jeden Geschmack

Ob Wasser- und Parklandschaften, Wälder, Hügel, Spielplätze, Kunst und Kultur – die knapp 600 000 Einwohner starke Stadt kann mit allem aufwarten. Seit 2001 besitzt sie mit der **Zeche Zollverein** sogar eine UNESCO-Weltkulturerbestätte. Das rund 100 Hektar große Areal ist mit seinen Bunkern und Schächten für Kinder ein Ort voller Entdeckungen. So gibt es im Sommer sogar ein kleines **Schwimmbad** in einem ausrangierten Schiffscontainer und im Winter eine **Schlittschuhbahn** im ehemaligen Abkühlbecken vor den Koksöfen. In der einstigen Kohlenwäsche ist heute das **Ruhr Museum** ansässig, das multimedial aufbereitet und umfassend über die Geschichte des Ruhrgebiets informiert. Das riesige Gelände erschließt sich am besten im Rahmen einer Führung, für Kinder gibt es spezielle Angebote. Ein besonderes Erlebnis – nicht nur für Kids – bietet das in einer ehemaligen Fördermaschinenhalle untergebrachte **Phänomania Erfahrungsfeld**. In diesem eher ungewöhnlichen

Sinnenmuseum ist Anfassen und Ausprobieren ausdrücklich erwünscht.

Zu den weiteren Glanzstücken gehört auch das **Folkwang Museum**, das im architektonisch beeindruckenden Neubau herausragende Kunst vom 19. Jahrhundert bis heute zeigt. Mit seinen Themengärten, Tropenhäusern und Tierbereichen lädt das weiträumige **Gelände der Gruga**, der 1929 eröffneten »Großen Ruhrländischen Gartenbauausstellung«, mitten in der Stadt zum Entspannen und Erholen ein. Auf den **Abenteuerspielplätzen** kommen aber auch Spaß und Bewegung nicht zu kurz.

Im Süden der Stadt erstreckt sich über eine Länge von acht Kilometern der **Baldeneysee**, der größte der Ruhrstauseen. Ob spazierengehen, radeln, skaten, auf einer Bank in der Sonne sitzen oder in einem der zahlreichen Lokale rasten – das Seeufer bietet für jeden etwas. Wer es bequem mag, steigt an Bord der »Weißen Flotte« und genießt eine **Bootsrundfahrt auf dem See**. Am Nordufer gibt es viele Tonnen Sand: Das **Seaside Beach**, ein 250 Meter langer und 35 Meter breiter künstlicher Traumstrand, wirkt mit seinen Palmen, den Liegestühlen und Cocktailbars auf den ersten Blick wie ein tropisches Urlaubsparadies. Neben Sonnenbaden kann man hier auch Minigolf und Beachvolleyball spielen, im **Seilgarten** klettern, Segway fahren und paddeln. Schwimmen ist im Baldeneysee leider nicht möglich.

## Zu Besuch in Alaska, Asien und Afrika

Richtung Nordosten geht Essen in die Stadt **Gelsenkirchen** über, Heimat des Fußball-Bundesligisten FC Schalke 04. Für Fußballbegeisterte bietet sich ein Besuch des vereinseigenen Museums und eine Besichtigung der **Veltins-Arena** an, wo man nicht nur den gigantischen Innenraum des Stadions mit all seiner Technik, sondern auch die »heiligen Hallen« dahinter zu sehen bekommt. Eine weit über die Grenzen Gelsenkirchens hinaus bekannte Attraktion ist die **ZOOM Erlebniswelt**, ein ganz neues Zookonzept, das mit den klassischen Einzelgehegen aufräumt und stattdessen komplette Naturräume samt ihrer Bewohner präsentiert. Hier bleibt man als Besucher nicht außen vor, sondern durchquert in der Erlebniswelt Alaska das Bärengelände auf einer Hängebrücke, nähert sich der afrikanischen Savanne per Boot an oder erlebt in der Asien-Welt die Flughunde hautnah über sich.

Die Astronomieausstellung »Sternstunden« verwandelte den Gasometer 2010 in ein riesiges Sonnensystem.

### Toller Ausflug

IM INNEREN DES GASOMETERS

Als Wahrzeichen der Stadt Oberhausen, die im Westen an Essen grenzt, reckt sich ein mächtiger Stahlzylinder 100 Meter in die Höhe. Diente der Bauch des Gasometers früher als Lagerstätte für Gichtgas, das bei der Eisen- und Stahlproduktion entstand, wird das Industriedenkmal heute als spektakulärer Ausstellungsraum genutzt. Ein gläserner Fahrstuhl führt durch das Innere der Stahltonne bis auf das Dach hinauf, wo ein grandioser Panoramablick auf das Ruhrgebiet wartet. Auch die Umgebung des Gasometers hat einiges zu bieten: Im angrenzenden Wäldchen gibt es einen Hochseilgarten mit 15 verschiedenen Parcours für Mutige ab 1,10 Metern Körpergröße. In unmittelbarer Nähe markiert Europas größtes Shoppingcenter Centro die Neue Mitte Oberhausens. Der überdachten Mall angegliedert ist ein kleiner Vergnügungspark mit Karussells, Rutschen, Wasserspielplätzen, Trampolinen und vielen anderen Attraktionen für Kinder ab vier Jahren.

Arenastr. 11, Oberhausen,
www.gasometer.de

Haldenkunst in Bottrop: Auf vier Stahlbetonsäulen errichtet, scheint der Tetraeder in der Luft zu schweben.

*Der besondere Tipp*

ÜBERNACHTEN IM KANALROHR

Auch wenn es zunächst unglaublich klingt: Der österreichische Künstler Andreas Strauss hat im Bottroper Bernepark mit seinen umfunktionierten Kanalrohren ein Hotel der besonderen Art geschaffen. Hier in der großzügigen Parkanlage auf der Emscherinsel stehen fünf Röhrensuiten für jeweils zwei Personen. Gebucht wird von Mai bis Oktober ganz einfach und bequem im Internet. Öffnet man die extrabreiten Türen mit dem zugewiesenen Sicherheitscode, findet man in der drei Meter langen Röhre, die immerhin einen Innendurchmesser von 2,4 Metern hat, unerwartet viel Komfort: ein Doppelbett mit frischen Leinenschlafsäcken und Wolldecken, ein kleines rundes Fenster, Licht und Strom. Für die notwendigen sanitären Bedürfnisse steht ein Container bereit, für die Verpflegung sorgt das benachbarte Restaurant. Bezahlt wird dieser ungewöhnliche Rückzugsort für »Alltagsflüchtlinge« nach dem Pay-as-you-wish-Prinzip: Jeder gibt so viel er will und kann.

www.dasparkhotel.net

## Skipisten, Achterbahnen und eine Pyramide

**Bottrop**, Essens nordwestlicher Nachbar, gilt mit seinem großen Wald- und Heidegebiet als eine der grünsten Regionen im Ruhrgebiet. Neben abwechslungsreicher Landschaft hat die Stadt noch viele weitere Familienattraktionen zu bieten: Im **Movie Park Germany**, wo sich alle Shows und Fahrgeschäfte um das Thema Hollywood drehen, findet jeder genau den richtigen Nervenkitzel. Der **Freizeitpark Schloss Beck**, errichtet nach dem Vorbild früherer französischer Lustschlösser, versprüht viel nostalgischen Charme und ist vor allem für Familien mit etwas jüngeren Kindern geeignet. Wer dachte, Skifahren geht nur im Winter, wird in Bottrop eines Besseren belehrt: Im **Alpincenter**, einer 640 Meter langen überdachten Skihalle, können sich Skifahrer und Snowboarder bei jedem Wetter austoben. Auf dem Außengelände der Halle gibt es außerdem eine **Sommerrodelbahn** und einen **Hochseilklettergarten** für Kinder ab neun Jahren. Gegenüber auf der **Halde Beckstraße** erhebt sich eine 50 Meter hohe Stahlkonstruktion in Form einer Pyramide, die zu den neuen Landmarken des Ruhrgebiets gehört. Wer Mut hat, kann auf diesen **Tetraeder** hinaufsteigen und wird mit einem beeindruckenden Rundblick belohnt.

Wer Mut hat, wird im Hochseilklettergarten in Bottrop mit einer grandiosen Aussicht belohnt.

# Ruhrmetropole Essen

## Infos und Adressen

### ANREISE

**Mit dem Flugzeug** nach Düsseldorf oder Köln, weiter mit Regionalexpress. **Per Bahn:** IC/ICE bis Essen Hbf. **Mit dem Auto** über die A42 aus Richtung Gelsenkirchen/Münster und Oberhausen/Duisburg bzw. die A40/A52 aus Richtung Bochum/Dortmund, Mülheim/Duisburg und Köln/Düsseldorf

### BESTE REISEZEIT

ganzjährig

### AKTIVITÄTEN

**Lichtburg.** Deutschlands größter Filmpalast, denkmalgeschütztes Kino mit großer Vergangenheit, das auch heute noch zu mancher Premiere den roten Teppich ausrollt, mit Kinderprogramm. Kettwiger Str. 36, Essen, www.lichtburg-essen.de

**GOP Varieté Essen.** Varieté-Theater mit Kleinkunst vom Feinsten, für Kinder ab acht Jahren. Rottstr. 30, www.variete.de

**Limbecker Platz.** Große Shoppingmall im Zentrum von Essen mit über 200 Markenläden, www.limbecker-platz.de

**Centro Oberhausen.** Ausgedehntes Einkaufs- und Freizeitzentrum. Alte Walz, Oberhausen, www.centro.de

### FÜR REGENTAGE

**Zeiss Planetarium.** Großer Kuppelbau mit Sternenprojektion, verschiedene astronomische Programme für Kinder und Erwachsene. Castroper Str. 67, Bochum, www.planetarium-bochum.de

**LWL-Museum für Archäologie.** Unterirdische Grabungslandschaft auf 3000 m² Fläche, die vom ersten Faustkeil bis zum Puppenkopf die Geschichte der Region offenbart. Führungen, spezielle Programme und Workshops auch für Kinder unterschiedlichen Alters. Europaplatz 1, Herne, www.lwl-landesmuseum-herne.de

**Sea Life Oberhausen.** Vom Seestern bis zum Riffhai – Meerestiere in über 50 Becken und Aquarien. Zum Aquarium 1, Oberhausen, www.visitsealife.com

**Lago.** Große Therme im Gysenbergpark mit Innen- und Außenbecken, Wellenbad, Kinderbadelandschaft, Solebecken und Sauna. Am Ruhmbach, Herne, www.gysenberg.de

### ESSEN UND TRINKEN

**Hülsmannshof.** Gediegenes À-la-carte-Restaurant mit spezieller Kinderkarte, schön gelegen auf der Magarethenhöhe im denkmalgeschützten Fachwerkhaus mit Biergarten. Lehnsgrund 14a, Essen, www.huelsmannshof.de

**Müllers auf der Rü.** Bodenständiges Imbiss-Restaurant des Sternekochs Nelson Müller mit Hausmannskost wie Currywurst und Bratkartoffeln. Rüttenscheider Str. 62, Essen, www.das-muellers.de

**Möhrchens Eis.** Eiscafé mit Tradition auf der Gourmetmeile im trendigen Essener Stadtteil Rüttenscheid; vielfältige hauseigene Eiskreationen. Rüttenscheider Str. 201, www.moerchensels.de

### ÜBERNACHTEN

**Pension am Zollverein.** Familiäre Pension mit Zimmern und Appartements bis zu acht Personen, in direkter Lage zur Zeche Zollverein. Gelsenkirchener Str. 122, Essen, www.pension-am-zollverein.de

**»Zimmer im Revier«.** Vermittlung von Privatzimmern, Appartements und Ferienwohnungen im gesamten Revier unter dem Motto »Wohnen wie zu Hause«, www.zimmer-im-revier.de

**Bauwagen-Camping.** Wohnen im hübsch sanierten Bauwagen direkt an der Ruhr, für bis zu 4 Pers., mit Heizung, Kochgelegenheit, Waschbecken und teilweise Bad. Ruhrcamping Bauer, In der Lake 76, Essen-Horst, www.ruhrcamping.de

### WEITERE INFOS

**EMG-Touristikzentrale Essen:** Am Hauptbahnhof 2, www.essen.de www.ruhr-tourismus.de

Feiner Sand und Wasser, soweit das Auge reicht – der Baldeneysee bietet Erholung für jeden Geschmack.

# 25 Sababurg und Reinhardswald

TOLL FÜR KINDER

**Dornröschen leibhaftig.** Jeden Sonntag tritt die Prinzessin mit ihrem Retter auf und trägt das Märchen in Versform vor, www.sababurg.de

**Tierpark Sababurg.** Bereits 1571 gegründet, gilt der 130 Hektar große Tierpark als ältester seiner Art in Europa. Heute leben dort unter anderem Wisente, Wildpferde und Wölfe, www.tierpark-sababurg.de

**Beberbeck/Hofgeismar.** Gestüt, Schloss und Schlosspark umfasst die weite Anlage, die einst zu den preußischen Hauptgestüten zählte. Hofgeismar, www.llh.hessen.de

TOLL FÜR ELTERN

**Weserstein.** Ein Findling mit Sinnspruch markiert in Hann. Münden die Stelle, an der sich Werra und Fulda zur Weser vereinen.

**Reinhardswald.** Angeblich Deutschlands meistfotografierter Wald, auf jeden Fall einer der einsamsten Landstriche, www.reinhardswald.de

**Brüder-Grimm-Museum.** Im Märchenstraßen-Hauptort Kassel bewahrt das Museum ein Handexemplar der *Kinder- und Hausmärchen*, www.grimms.de

Weit und breit nur Wald: Der Reinhardswald ist über 200 Quadratkilometer groß.

**Kein Wunder, dass in so einer Landschaft Märchen entstehen: In Nordhessen erstreckt sich der tiefe Reinhardswald, in dem das Dornröschenschloss der Brüder Grimm liegt. In der Sababurg fanden einst glanzvolle Feste statt, bevor sie zerfiel und überwucherte. Heute ist das Schloss ein zauberhaftes Hotel.**

## Dornröschen reloaded

Kinder sollten Erwachsenen kein Wort glauben, wenn die sagen, dass Märchen erfunden sind. Denn: Wie soll man einen Märchenwald erfinden? Und wie eine Burg, die trutzig vor einem steht und an der vor 400 Jahren Rosen über die Mauer gewuchert sind? Bis heute wachsen hier mehr davon, als in einen Burggarten passen. Und die Eichen im Hutewald, vielleicht 800 Jahre alt, wer kann beweisen, dass dort nicht Zwerge zwischen den Wurzeln hausen?

Es ist ein echter Urwald, dazu **Deutschlands ältestes Waldnaturschutzgebiet**, das sich um die **Sababurg** ausbreitet. Außer den Buchen und uralten Eichen ist der meterhohe Farn ein Kennzeichen des nordhessischen **Reinhardswaldes**: ein 200 Quadratkilometer großes Gebiet, kaum besiedelt, höchstens vielleicht von Hexen, Wölfen und anderem Gesindel.

Und mittendrin thront auf einem erloschenen **Vulkankegel** die Sababurg, die die Brüder Grimm vor Augen hatten, als sie das **Dornröschenschloss** ausschmückten: Zwei dicke runde Ecktürme, der eingefallene Palas, ein Treppenturm mit Dachkammer, ringsum wehrhafte Mauern. Auf den April 1334 lässt sich der Baubeginn der **»Zappaborgk«** datieren, später diente

## Infos und Adressen

ANREISE

**Mit dem Auto:** Die Region liegt nördlich von Kassel zwischen der A7 und der A44.

BESTE REISEZEIT

Mai bis Oktober

AKTIVITÄTEN

**Märchenführungen.** Um Dornröschen und das »Wunder vom Reinhardswald« geht es in den Führungen, die auf der Sababurg in den Sommermonaten stattfinden, im Winter bieten die Schattenrisslaternen der Schlossauffahrt den Hintergrund. Die Garten- und Pflanzenführungen des Burggärtners sind zur Rosenblüte begehrte Ortstermine, www.dornroeschenschloss.de

ESSEN UND TRINKEN

**Restaurant Rosenkrone, Sababurg.** Feines aus der Burgküche, bei Sonnenschein auf der Terrasse serviert, www.sababurg.de

**Die Reblaus, Hann. Münden.** Restaurant in einem der schönsten Fachwerkhäuser der Stadt, auf Wunsch sogar vegan. Ziegelstr. 32, www.die-reblaus.com

ÜBERNACHTEN

**Sababurg.** Die Nacht in einem der 17 Zimmer des Dornröschenschlosses verzaubert Eltern und Kinder. Im Reinhardswald, Hofgeismar, www.sababurg.de.

WEITERE INFOS

www.reinhardswald.de
www.hann.muenden.de

sie als kurfürstliches Jagdschloss. Die rauschenden Feste der Vergangenheit und der Efeumantel um das später verlassene Gemäuer ließen wohl die Fantasie vom schlafenden Schloss blühen. Heute ist die Sababurg ein märchenhaft schönes Hotel mit Turmzimmern, die »Im Einhorn« und »In der wilden Stute« heißen, mit **Märchenführungen** und **Open-Air-Theater**.

Als stellten sie die Staffage fürs Bühnenbild, träumen die fachwerkverwinkelten Ortschaften der Umgebung vor sich hin – **Hofgeismar** um das Rathaus von 1390 und das **»Steinerne Haus«** aus Sandstein. Auch **Hannoversch Münden** wirkt wie aus der Zeit gefallen mit dem **Fährenpfortenturm** und der **Alten Werrabrücke**, dem vielgiebeligen Rathaus und über 700 Fachwerkhäusern aus sechs Jahrhunderten. Sie sei eine der am schönsten gelegenen Städte der Welt, soll Alexander von Humboldt gesagt haben – aber das könnte auch erfunden sein.

Märchenhaft schön: Fachwerkerker und -giebel in Hann. Münden

## *Nicht verpassen*

DIE DEUTSCHE MÄRCHENSTRASSE

Wer sich eine Fahrt über die Deutsche Märchenstraße vornimmt, sollte Zeit mitbringen; das ist man den vielen Städtchen schuldig, die an der 600 Kilometer langen Route liegen. Die Straße beginnt in Hanau, dem Geburtsort der Brüder Grimm, geht über Steinau und Kassel, ihren Schul- und langjährigen Wohnort. In Kassel begegneten die Grimms Dorothea Viehmann, die ihnen über 40 Märchen erzählte. Hinter Kassel teilt sich die Route in den Frau-Holle- und den Dornröschen-Abzweig, vereint sich hinter Fürstenberg wieder und verläuft bis Bremerhaven. Stationen der Strecke sind das »Schneewittchen-Dorf« bei Bad Wildungen, die Trendelburg, von deren Turm Rapunzels Haar herabhing oder Buxtehude, wo Hase und Igel um die Wette liefen. In Museen, etwa dem Münchhausen-Museum, auf Theaterbühnen und mit anderen »märchenhaften Veranstaltungen«, etwa dem »Rattenfänger-Musical« in Hameln, halten die seit 1975 durch die Märchenstraße verbundenen Orte die Erinnerung an die Kindheit wach. So gerät die Märchenfahrt zu einer Zeitreise in die (eigene) Vergangenheit.

www.deutsche-maerchenstrasse.com

# 26 Unterwegs auf dem Eder-Radweg

TOLL FÜR KINDER

**Wisent-Wildnis.** Im April 2013 entließ man bei Bad Berleburg eine achtköpfige Wisentgruppe in die Freiheit, die nun durch die Wälder streift.

**Staumauer-West & Aquapark.** Am Ende des Edersees gelegen, mit spaßigen Wassererlebnisspielen.

**Fahrrad-Draisine.** Zwischen Affoldern und Hemfurth strampeln Familien auf den Schienen einer stillgelegten Bahntrasse.

**Abenteuerspielplatz Uferpromenade Waldeck.** Besondere Attraktionen für die kleinen Gäste bilden Drehscheiben, Balancierstangen, Hainbuchenlabyrinth, Kletterwald samt Hochsitz und Rutschbahn.

TOLL FÜR ELTERN

**Kletterpark Edersee.** Schwindelfreie bewegen sich auf Seilen, Balken und Netzen durch die Baumkronen.

**Fritzlar.** Rund um den Marktplatz laden prächtige Fachwerkbauten zum Bummeln ein.

Vom Ufer der Eder aus genießt man den berühmten Vier-Türme-Blick der alten Domstadt Fritzlar.

**Wenige Steigungen, mittelalterliche Fachwerkstädtchen und hier und da eine Märchenfigur – der Eder-Radweg begeistert Radler jeden Alters. Vom Rothaargebirge aus durchschlängelt die beschauliche Flusstour einladende Waldlandschaften und läuft rund um den Edersee zur Höchstform auf.**

## Schleife auf Schleife

Das Rothaargebirge ist Geburtsstätte zahlreicher Flüsse, so auch der 176 Kilometer langen Eder. Die ruhige Wegführung sowie die geringe Distanz laden regelrecht zu einer Fahrt mit der ganzen Familie ein. Radler, die den kompletten Radfernweg abfahren möchten, starten ihre Tour am besten am Bahnhof von Lützel, der sechs Kilometer von der Ederquelle entfernt ist. Dort angekommen, verwandelt die herrliche Abfahrt den Wald in einen grünen Rausch. Zu beiden Seiten des geschotterten Forstweges recken sich schlanke Nadelbäume dem Himmel entgegen und versprechen an warmen Sommertagen wohltuenden Schatten. Das eilig dahinströmende Wasser entführt Reiseradler in ein langsam breiter werdendes Hochtal, in dem sich die Gemeinde Erndtebrück ausstreckt. Bei Kilometer 36 lockt ein Abstecher ins nahe Bad Berleburg. Die 1200-jährige Geschichte der Residenzstadt hinterließ ein bedeutendes Kul-

turgut. Hohes Ansehen genießt das über die Jahrhunderte erweiterte **Schloss Berleburg**. Im Rahmen einer Führung wandeln Groß und Klein auf den Spuren der Fürsten zu Sayn-Wittgenstein durch verschiedene Festsäle und entdecken anhand der kostbaren Einrichtungsgegenstände den Glanz vergangener Tage.

## Nationalpark Kellerwald-Edersee

Der Eder-Radweg lässt Nordrhein-Westfalen hinter sich und beginnt seine 140 Kilometer lange Reise durch Hessen. **Frankenberg** ist der unumstrittene Höhepunkt der **Urlaubsregion Ederbergland** und das zehntürmige Rathaus eine wahre Perle. Der jetzige Prachtbau mit dem romantischen Fachwerkgebälk und den darüberliegenden Schieferplatten wurde 1509 auf den Fundamenten seines Vorgängers errichtet, der, wie die komplette Stadt, einer Feuersbrunst zum Opfer fiel. Die Petri-Kirche in Viermünden, die **Burg Hessenstein** und das **NationalparkZentrum Kellerwald** bilden die nächsten Reisestationen. Dort ist man für Kinderbesuche bestens gerüstet: Die Ausstellungen der Feenhügel, die Felsen und Blockhalden, die Quellen und Bäche und die Buchenurwälder begeistern Jung und Alt genauso wie das **4-D-SinneKino**.

Auf dem kommenden Abschnitt steht der Edersee auf dem Programm und beschert uns die malerischsten Streckenkilometer der Reise. Vor dem Lenker entfalten sich dicht bewachsene Steilhänge, die direkt aus dem Blau des Wassers emporsteigen. Die Fahrradroute folgt den sanft geschwungenen Halbinseln und taucht tief in schattige Buchten ein. Wahrlich traumhaft, dieser Flecken Erde! Die Naturpracht im Nationalpark Kellerwald-Edersee, der berühmt für seine alten Buchenwälder ist, gehört seit 2011 dem **UNESCO-Weltnaturerbe** an.

## Radurlaub im Märchenland

Anschließend heißt es Abschied nehmen von der malerischen Wasserlandschaft des Edersees, denn ab hier gibt erneut der Fluss die Richtung vor, und es geht zunächst steil ins Tal hinab. 100 Höhenmeter tiefer stoppen die Räder am **Vier-Türme-Blick der Domstadt Fritzlar**. Der Ortsname wurde 724 erstmals von Winfried erwähnt, der weithin als Bonifatius bekannt ist. In die Geschichtsbücher ging er vor allem mit der Fällung der Donareiche bei Geismar ein, die

Der Eder-Radweg lässt die Herzen von Naturliebhabern höherschlagen.

### Toller Ausflug

SCHAUBERGWERK »DELLE«

Der Untergrund des bis zu 843 Meter aufragenden Höhenzugs Rothaargebirge ist sehr schieferhaltig. Anno 1717 vergaben die Schlossherren in Berleburg eine Konzession zum Abbau des begehrten Baumaterials im heutigen Ortsteil Raumland. Zu den Spitzenzeiten schufteten rund 450 Bergleute in zehn Schiefergruben. Um die Erinnerung an den traditionsreichen Erwerbszweig aufrechtzuerhalten, wurde in der Grube »Delle« ein Schieferschaubergwerk eingerichtet. Neugierig tauschen die Sprösslinge den Fahrradhelm mit dem Grubenhelm und fahren in den Berg ein. Unter Tage erfahren sie spannende Details zur geologischen Entstehung des Schiefers und dessen Abbau. Mit der historischen Bergbautradition befasst sich außerdem der 14 Kilometer lange Wittgensteiner Schieferpfad.

Im Edertal, Bad Berleburg,
www.schieferschaubergwerk.de

## *Nicht verpassen*

### FREIZEITSPASS AM EDERSEE

Am Edersee finden Wald und Wasser malerisch zusammen – doch das war nicht immer so: Von 1908 bis 1914 vermauerten Arbeiter beim Bau der 47 Meter hohen Edertalsperre 300 000 Kubikmeter Bruchstein und schufen damit einen wahren Abenteuerspielplatz für Kinder. Ausflugsziele gibt es mehr als genug: Der Baumkronenweg etwa oder das Schloss Waldeck. Richtig Fahrt aufnehmen können Rennfahrer auf der 850 Meter langen Sommerrodelbahn. Nebenan finden die Kleinen mit dem Erlebnisgolf im Steingarten, dem Trampolin, dem Euro-Bungee und dem Streichelzoo weitere Attraktionen. Wer Tiere mag, kann den WildtierPark besuchen, der zudem eine sehenswerte Greifenwarte vorweist. Naturfreunde wandern unter der Führung eines Rangers durch den Nationalpark Kellerwald-Edersee, und Genießer lösen ein Ticket für die Ederseeschifffahrt.

Edersee Touristic, www.edersee.com

vom germanischen Stamm der Chatten als Heiligtum verehrt wurde. Heute hat die 15 000-Einwohner-Stadt eine Reihe von Trümpfen auf ihrer Seite: Ganz gleich, ob das Auge über die prächtigen Fachwerkbauten hinüber zum Dom wandert oder man die Atmosphäre der kopfsteingepflasterten Gassen auf sich wirken lässt – ein Spaziergang durch die zauberhafte Altstadt von Fritzlar entführt in vergangene Tage. Anschließend wird das Tal offener und die Hügelzüge ringsum laufen als kleine Kuppen gen Osten aus. Auf dem nächsten Teilstück entdecken Kinder in der Flussniederung mehrere Burgen. Zusammen mit dem allgegenwärtigen Wald beflügelten die stolzen Herrensitze früh die Fantasie der Geschichtenerzähler.

Besonders eindrucksvoll erscheint die **Felsburg** mit ihrem 30 Meter hohen **»Butterfassturm«**, die sich auf einem Basaltkegel über dem gleichnamigen Ort sonnt. Direkt gegenüber wirken die verfallene **Altenburg**, die geschliffene **Heiligenburg** und die **Klosterruine Eppenberg** wie weitere Requisiten aus den Kinder- und Hausmärchenbüchern der Brüder Grimm. Nach der genussvollen Fahrt durch den malerischen Landstrich rollen kleine und große »Pedalritter« entspannt hinunter zur Flussmündung in die Fulda – was für ein märchenhaftes Finale!

Fritzlar ist bekannt für seine schönen Fachwerkhäuser.

Der Edersee ist der flächenmäßig zweitgrößte Stausee Deutschlands.

# Unterwegs auf dem Eder-Radweg

## Infos und Adressen

### ANREISE

Lützel liegt an der B62 und ist über die A4, Ausfahrt Kreuztal/ Hilchenbach zu erreichen.

**Mit dem Auto** sind es von Berlin nach Lützel ca. 590 km, von Hamburg ca. 440 km, von Köln ca. 100 km, von München ca. 530 km.

**Mit der Bahn:** Die Ederquelle ist 6 km vom Bahnhaltepunkt Lützel entfernt. Die Heimreise erfolgt von Guxhagen oder der nahe gelegenen Stadt Kassel.

### BESTE REISEZEIT

Mitte April bis Ende September. Baden kann man im Edersee zwischen Juni und August.

### TOURVERLAUF

Lützel – Erndtebrück – Bad Berleburg – Frankenberg – Bringhausen – Fritzlar – Felsberg – Guxhagen

Der teils wellige Radweg verläuft überwiegend auf eigenen und verkehrsfernen Kies- und Asphaltwegen. Gekennzeichnet ist die Fahrradroute mit braunen Hinweisschildern.

### FÜR REGENTAGE

**Schmiede Arfeld.** Das Museum zeigt Maschinen und Werkzeuge, die von einem Wasserrad angetrieben werden.

**Burgbergstollen.** In Battenberg bekommt man bei einer Führung unter Tage Einblick in die Arbeitsbedingungen der Bergleute.

**Wildpark Frankenberg.** In den frei zugänglichen Gehegen leben Bergziegen, Schwarz-, Rot-, Dam-, Sika- und Muffelwild.

**Schloss Waldeck.** Im Museum erfahren Besucher Details zum leidvollen Aufenthalt der hier inhaftierten Gefangenen, www.schloss-hotel-waldeck.de

### ESSEN UND TRINKEN

**Hotel Ederblick.** Die radlerfreundliche Herberge bietet extra Speisen für Kinder und Vegetarier. Ederblick 1, Battenberg-Dodenau, www.hotel-ederblick.de

**Börni's Futterkrippe.** Hier gibt es viele Kindergerichte und eine Spielecke. Wildunger Str. 5, Edertal, www.boernis-futterkrippe.de

### ÜBERNACHTEN

**Campingplatz Asel Süd.** Liegt malerisch zwischen dem Edersee und dem Nationalpark. Asel-Süd 1, www.camping-asel-sued.eu

**Jugendherberge Waldeck am Edersee.** Das familienfreundliche Haus bietet einen wunderschönen Blick auf den Edersee. Klippenberg 3, Waldeck, www.waldeck.jugendherberge.de

**Campingplatz Fuldaschleife.** Liegt am Reiseziel Guxhagen und punktet neben der malerischen Lage durch seinen Kanuverleih. Zum Bruch 6, Guxhagen-Büchenwerra, www.fuldaschleife.de

### WEITERE INFOS

**Ederbergland Touristik:** www.ederbergland-touristik.de

**Regionalmanagement Nordhessen:** www.nordhessen.de

**Touristik Service Waldeck-Ederbergland:** www.waldecker-land.de

Willkommene Rast: Zeltplatz am Eder-Radweg

124
GÖ-H

Der Edersee stellt für die Segelschule
ein tolles Übungsgelände dar.

# 27 Nationalpark Hainich

TOLL FÜR KINDER

**Umweltbildungsstation am Wildkatzenkinderwald.** Mit umfangreichem Programm, das den Kleinen spielerisch die Natur näherbringt

**Kindererlebniswelt Rumpelburg.** Indoor-Spieleparadies auf fünf Ebenen, mit Piratenschiff und Riesenpuppenhaus. Bad Langensalza, www.kindererlebniswelt-rumpelburg.de

**mini-a-thür.** Miniaturen-Freizeitpark in Ruhla mit über 60 Thüringer Sehenswürdigkeiten im Kleinformat. Danach geht's zur Sommerrodelbahn, www.mini-a-thuer.de

TOLL FÜR ELTERN

**Skulpturenpfad in Behringen.** Danach Besichtigung des Goldackerschen Schlosses in Weberstedt

**Bachhaus Eisenach.** Mit Exponaten und Informationen über Johann Sebastian Bach, www.bachhaus.de

**Friederiken Therme.** U.a. mit Thermalquelle, Solebad, Biosauna, Wellness- und Saunabereich. Bad Langensalza, www.friederikentherme.de

Spektakuläre Aussichten bietet der Baumkronenpfad.

**Im westlichen Thüringen, auf dem Höhenzug des Hainich, wächst der größte zusammenhängende Rotbuchenwald Europas. Der Nationalpark liegt inmitten der Welterberegion Wartburg Hainich: Ausflüge in den »Urwald Deutschlands« lassen sich hier optimal mit Städtetrips kombinieren.**

## Naturerlebnisse der besonderen Art

Fruchtbare Auen, Flussläufe und sanfte Höhenzüge prägen die Landschaft um den Hainich. Besonders schön ist der Wald im Frühjahr, wenn Märzenbecher blühen, sich der Bärlauchteppich breitmacht und das zarte Grün der Bäume zum Vorschein kommt, und im Herbst, wenn sich die Blätter bunt verfärben. **Führungen** und **geführte Wanderungen** finden immer am Wochenende statt. Die 18 markierten Wege kann man aber auch selbst gehen, zum Beispiel den kurzen **Urwaldpfad** mit seinen zehn Stationen oder den **Erlebnispfad Feensteig**, der mit seinen Märchen auch für Kinder spannend ist. Ein **Spaziergang durch das Brunstal** ist auch mit Rollstuhl oder Kinderwagen gut zu machen.

Das Highlight im Hainich ist der **Baumkronenpfad**, der beim **Nationalparkzentrum** verläuft, das viele Informationen zum Wald bereithält. Der Pfad und sein Aussichtsturm sind einzigartig in Deutschland und machen den Wald zu

## Infos und Adressen

ANREISE
**Mit dem Auto** auf der A4 bis Eisenach Ost, dann weiter auf der B84.
**Mit der Bahn** bis Langensalza, von dort verkehren regelmäßig Wanderbusse

BESTE REISEZEIT
Frühjahr und Herbst

ESSEN UND TRINKEN
**Die Schokoladen- & Eismanufaktur.** Großes Angebot und herrliches Eis! Goldschmiedenstr. 1, Eisenach
**Zucker + Zimt.** Nettes Bistro in Eisenach mit Bio-Speisekarte und Produkten aus der Region. Am Markt, www.zucker-zimt-eisenach.de

ÜBERNACHTEN
**Jugendherberge Urwald LIFE Camp.** Mit Riesenangebot an Erfahrungs- und Spielmöglichkeiten. Harsbergstr. 4, Lauterbach/Thüringen
**Gasthof & Herberge Alter Bahnhof.** Mit Kinderbauernhof und Radverleih. Heyerode, www.alterbahnhof.net
**Hotel & Restaurant Zum Herrenhaus.** Nächtigen im Ambiente von 1680 mit Rittermahl und Veranstaltungen wie Kutschfahrten. Hörselberg-Hainich, www.hotel-zumherrenhaus.de

WEITERE INFOS
**Informationen zu Veranstaltungen und Aktivitäten im Hainich.** www.nationalpark-hainich.de

jeder Jahreszeit zu einem Erlebnis. Extra für Kinder gibt es so spannende Events wie **Bastelnachmittage**, die spannende **Schatzsuche**, **Ferienradtouren** und den besonderen Waldspielplatz **Wildkatzenkinderwald** mit Waldgeistersuche, Kletter-Labyrinth und das Kriechtunnelsystem Mausoleum. Ein besonderes Highlight ist auch die **Holzorgel** am Naturpfad Thiemsburg. Seit 2014 kann man den Nationalpark mit einer **Panoramabahn** erkunden. Ab dem ersten Samstag nach Ostern bis Ende Oktober fährt die Bahn immer samstags um 10 Uhr am Wanderparkplatz Zollgarten ab.

Nach so viel Natur locken Ausflüge in die umliegenden Städte wie das hübsche **Eisenach** mit seinem Stadtschloss und dem Bachhaus, das an den berühmten Musiker erinnert. Interessant sind auch die Rekonstruktionen germanischer Hütten im **Opfermoor bei Niederdorla**, das schon im 6. Jahrhundert v. Chr. eine Kultstätte war.

Der Turm über den Baumkronen ist einzigartig in Deutschland.

### Nicht verpassen

BESUCH VON WARTBURG UND DRACHENSCHLUCHT

Schon von Weitem sieht man die Burg, die über dem Städtchen Eisenach thront. Wer den steilen Stufenweg scheut, kann den Weg vom Parkplatz zur Burg auf traditionelle Weise mit Eseln zurücklegen. Der Grundstein zu dieser mächtigen Burg wurde bereits im Jahr 1067 gelegt. Im 13. Jahrhundert soll hier der Sängerwettstreit stattgefunden haben, der Richard Wagner zum *Tannhäuser* inspirierte und Luther übersetzte hier das Neue Testament. Neben einer Führung durch die Burg ist der Aufstieg auf den Burgfried zu empfehlen, von dem man einen herrlichen Blick hat. Südlich der Burg liegt die enge Drachenschlucht, durch die das Wasser rauscht und die über einen Bohlenweg erwandert werden kann. Auch wenn man hier wohl keine Drachen zu Gesicht bekommt: Feuersalamander halten sich gern zwischen den Steinen auf und geben Anlass zu einem netten Suchspiel während des Spaziergangs.

www.wartburg-eisenach.de und www.eisenach.info

# 28 Weimar für Kids

TOLL FÜR KINDER

**Spurensuche.** Ein spielerisches Angebot, das Kindern Einblick in das Leben im klassischen Weimar gibt, www.klassik-stiftung.de

**Kindererlebniswelt.** Im Einkaufszentrum Atrium mit Kletterturm und Trampolin, Elektro-Kartbahn u.v.m.

**Kutschfahrten.** Entweder durch den Park an der Ilm oder klassisch durch die Stadt – so oder so ein Erlebnis, www.weimar.de

TOLL FÜR ELTERN

**Museen im Palais Schardt.** Goethepavillon, Duftgarten, Scherenschnitt- und Puppenstubenausstellung. Leckeres gibt es im Café Charlotte. Scherfgasse 3, www.goethepavillon.de

**Bauhaus-Museum Weimar.** Für Kinder gibt es eine Rucksacktour, www.klassik-stiftung.de

**Goethe-Schiller-Denkmal.** Das wohl berühmteste Dichterdenkmal auf dem Platz vor dem Nationaltheater, das einen Besuch lohnt, www.nationaltheater-weimar.de

Der Rokokosaal der Herzogin-Anna-Amalia-Bibliothek gehört seit 1998 zum Weltkulturerbe der UNESCO.

**Weimar, das Städtchen mitten in Thüringen, muss man einfach mögen. Goethe, Schiller, Anna Amalia: Kultur und Klassik werden hier großgeschrieben. Dabei versteht es die Stadt, auch kleine Besucher in den Bann zu ziehen – mit einem umfangreichen Angebot extra für Kinder.**

## Stadtentdeckungen voller Vielfalt und Kreativität

Zu den bedeutenden Einrichtungen der Stadt gehören die **Herzogin-Anna-Amalia-Bibliothek** mit dem Rokokosaal, das **Schloss** mit seiner Kunstsammlung und das Neue Museum für zeitgenössische Kunst. Zahlreiche Museen bieten Führungen und Programm extra für Kinder an. Im **Schlossmuseum Weimar** zum Beispiel gibt es die **Schatzsuche im Schloss**. Da schreiben die Kleinen mit Gänsekiel und Tinte und knacken auf ihrer Entdeckungsreise Rätsel. Weimars Geschichte können Familien im **Weimar Haus** entdecken, das mit Multimedia, Wachsfiguren und Spezialeffekten arbeitet. Das **Museum für Ur- und Frühgeschichte Thüringen** beeindruckt durch lebensgroße altsteinzeitliche Jäger und die Reste eiszeitlicher Tiere, die hier gelebt haben. Das **Deutsche Bienenmuseum** bietet Wissenswertes rund um die fleißigen Tierchen und die Imkerei. Der Schau- und Lehrbienenstand sowie der Honigschleuderraum und das Bienenhaus machen das Handwerk erlebbar.

## Infos und Adressen

### ANREISE
**Mit dem Auto** über die A4 bzw. E40. Weimar hat ICE-Anschluss und ist **per Zug** gut zu erreichen.

### BESTE REISEZEIT
ganzjährig

### AKTIVITÄTEN
Weimar bietet jede Menge Kinder-Führungen und Rucksacktouren an, die Eltern die Gelegenheit geben, ihren eigenen Interessen folgend auf Entdeckungsreise zu gehen, z. B.:
**Tore auf!** Die Herzöge bitten zum Empfang. Interaktive Kinder-Erlebnisführung zur Hof- und Tafelkultur der Goethezeit; **Zauberlehrling, Wilhelm Toll und Co.** Kinderführung durch die Dichterzimmer im Stadtschloss; **Herzogin Anna Amalia Bibliothek.** Kinderrundgang durch das historische Gebäude mit »Anna aus Berlin«
**Infos:** www.klassik-stiftung.de

### ESSEN UND TRINKEN
**Anno 1900.** Stilvolles Café im Wintergarten des Hotel Cemnitius. Geleitstr. 12a, www.anno1900-weimar.de

### ÜBERNACHTEN
**Familienhotel Weimar.** Ökologische Bauweise, am Goethehaus. Seifengasse 8, www.familienhotel-weimar.de

### WEITERE INFOS
**weimar card:** 48 Stunden Rabatte und kostenlose Fahrten in den Stadtbussen, www.weimar.de

Ein interessantes Untertagemuseum ist die **Parkhöhle**: ein zwölf Meter tiefes Stollensystem unter dem Park an der Ilm, das einst zur Bierlagerung angelegt wurde. Mit der Museumsbox »Expedition Parkhöhle« und mit Flemar, der Fledermaus, erleben Kinder die Welt unter Tage. Beim **Blick hinter die Kulissen** im Nationaltheater zeigt der Requisitenmeister, wie Regen, Nebel, Blitz und Donner gemacht werden. Spannend ist die Maskenwerkstatt, wo Perücken und Masken entstehen. Wer gern auf Entdeckungstour geht, sollte den **Gänsemännchenstadtrundgang** machen, zu dem es eine Broschüre in der Tourist-Information gibt. 29 Stationen kann man so im eigenen Tempo ansteuern. Sehenswert ist außerdem die Puppenstuben-Ausstellung im **Palais Schardt**. Der Tante-Emma-Laden und der alte Bauernhof sind ein Blickfang, und die Kaminküche von 1800 ist das Highlight des Museums.

Weimar mit der Pferdekutsche – hier vor dem Stadtschloss – ist für Kinder ein Erlebnis.

## Toller Ausflug

### DER ZOO DER GROSSEN TIERE
Rund 3500 Tiere aus aller Welt leben im drittgrößten Zoo Deutschlands, nördlich von Erfurt am Fuß des Roten Berges inmitten einer herrlichen Wald- und Wiesenlandschaft. Neben KangarooLand und Afrikasavanne ist der Berberberg interessant, ein Freigelände für Affen, das man betreten kann, um die frechen Tierchen ganz aus der Nähe zu beobachten. Besser, man hat nichts Essbares in den Hosentaschen! Ebenfalls begehbar ist die Damwildanlage. Auf dem historischen »Axmanns Hof« leben riesige Shire-Pferde, Ponys, Esel, Schweine, Gänse sowie Hühner und Schafe. Bei den kleineren Kindern besonders beliebt ist das Gehege der Westafrikanischen Zwergziegen, die ganz wild auf kleine Streichelhände sind, und natürlich der Abenteuerspielplatz.

www.zoopark-erfurt.de

# 29 Lausitz: Kulturinsel Einsiedel

TOLL FÜR KINDER

**Abenteuerpaddeln auf der Neiße.** Über den wild anmutenden Grenzfluss geht es durch die Wildnis.

**Auf den Spuren von Jack London.** Oberlausitzer Heide- und Teichlandschaft, Muskauer Heide. Im größten zusammenhängenden Waldgebiet Europas leben sogar wieder Wölfe.

**Zittauer Gebirge.** Mit rund 50 Quadratkilometern Fläche das kleinste Gebirge Deutschlands

TOLL FÜR ELTERN

**Görlitz.** Ein Spaziergang durch die geteilte Stadt an der Neiße verspricht eindrucksvolle Impressionen von Polen nach Deutschland und umgekehrt.

**Weltkulturerbe Fürst-Pückler-Park in Bad Muskau.** Er gab nicht nur der Eiscreme den Namen, sondern schuf auch einen beeindruckenden Landschaftspark, der lange geteilt war.

**Findlingspark Nochten.** Zeugen der Eiszeit in blühender Landschaft

Hier ist zum Glück alles ganz schief, bunt und verrückt!

**Rund 20 Kilometer hinter Görlitz liegt ein besonderer Wald: Farbenfrohe Autos und Holzhäuser sprießen auf Bäumen, eine Toilette mit Gewand und Mütze thront vorwitzig auf einem Hügelchen, Infotafeln führen in Irrgärten. Willkommen im ersten Baumhaushotel Deutschlands und auf der Kulturinsel Einsiedel!**

## Märchen erleben an der Lausitz

Ein seltsames **Freilichtmuseum** ist das, alles so krumm und schief und bunt, verrückte Bauwerke und Skulpturen fast unüberschaubar mit einer wilden Landschaft verwoben. Verwachsene Brücken, Treppchen und Gänge führen ins Ungewisse und immer wieder an andere neue verrückte Orte. Zwischen all dem klettern Kinder, auch Erwachsene robben kichernd durch Höhlensysteme und balancieren über Hängebrücken.

In der **»Feuerschänke«** züngeln Flammen aus Holztischen, über großen Lagerfeuern baden fast nackte Besucher in riesigen Kesseln. Fast könnte man sich fühlen wie ein kleiner Däumling oder Alice im Wunderland. Diese andere Welt, die den Besucher förmlich verschlingt, liegt vor den Auen der Neiße im deutsch-polnischen Grenzgebiet. Sie beschreibt die Kultur eines Volkes, das dort vor rund 1000 Jahren gelebt haben soll, das Kunst und Natur als

Auf der Kulturinsel trifft man auch diese und andere Bewohner an.

## Infos und Adressen

ANREISE

**Mit dem Auto:** A4 (Dresden-Bautzen-Görlitz), Abfahrt Kodersdorf, Richtung Görlitz, an der Kreuzung in der Senke links abbiegen in Richtung Rothenburg. Die Kulturinsel liegt circa 2 km hinter der Ortschaft Zentendorf im Wald an der Neiße.

**Mit der Bahn:** Bis zum Bahnhof Görlitz und mit der Buslinie 139 oder 140 bis Zentendorf/Kulturinsel

BESTE REISEZEIT

Mai bis September

FÜR REGENTAGE

**Neiße-Bad Görlitz.** Schwimm- und Erlebnisbad mit Sprudelbecken für alle und Wellnessbereich für die Großen, www.neisse-bad-goerlitz.de

**Kinder-Spiel-Land Görlitz.** Indoorspielplatz mit Mini-Kartbahn, Trampolins u.v.m. www.kinder-spiel-land.de

ESSEN UND TRINKEN

**Die »Feuerschänke«** in der Kulturinsel Einsiedel ist urgemütlich.

ÜBERNACHTEN

**Im Baumhaushotel** der Kulturinsel Einsiedel

WEITERE INFOS

www.kulturinsel.com

Einheit verstand und in Baumhäusern wohnte, wie sie heute den Hotelgästen zur Verfügung stehen. Nebenbei: ein Hotel mit allem Drum und Dran, stilvoller Ausstattung, Lobby, Minibar. Nur eben auf Bäumen und – nun gut, es gibt keine Fernseher.

Turi Sede heißt das Volk, und seine Geschichte ist reine Fiktion, geschaffen nach Ideen des Holzkünstlers Jürgen Bergmann, doch man steht schon mal grübelnd vor dem überzeugend gestalteten **Museumsbaumhaus** und fragt sich, ob manch ausgestelltes Stück nicht doch bei Ausgrabungen slawischer Siedlungen gefunden worden sein könnte. Die Landschaft der **Oberen Lausitz** ist geradezu wie geschaffen, um Abenteuer und Märchen zu erleben: Durch urwüchsige, endlos erscheinende Wälder und über die nicht begradigte Neiße mit ihren wilden Ufern geht es bis nach Polen. Spannende Ziele in der Region sind außerdem die **Muskauer Heide** und das **Zittauer Gebirge**. Wer kulturelle Eindrücke sucht, dem sei die geteilte Stadt **Görlitz** empfohlen.

## Toller Ausflug

### MIT DER FLOSS-FÄHRE NACH POLEN

Gar nicht weit von der Kulturinsel Einsiedel zieht ein mittelalterlich gekleideter Fährmann ächzend an einer Kette und befördert Familien mit Fahrrädern über den Fluss. Die »Neißefähre« ist Teil einer Route, die durch polnische Wälder, über die Dörfer Bielawa Dolna jenseits und Deschka diesseits der Grenze zurück zum Ausgangspunkt führt. Vier Minuten dauert die Überfahrt auf dem großen Holzfloß, einem schwimmenden Kunstwerk mit Kajüte, Bar, Sonnenliege, Schirm und quasi ein Sinnbild für die neue Form der Verständigung mit den polnischen Nachbarn: In Bielawa Dolna haben der Holzkünstler Jürgen Bergmann und sein Team den Dorfplatz gestaltet.

# 30 Zu Gast in Dresden

TOLL FÜR KINDER

**Schlittschuhlaufen.** In den Wintermonaten lockt in Dresden das Eisvergnügen. Mitten in der Stadt im Taschenbergpalais Hotel Kempinski kann Schlittschuh gelaufen werden (mit Verleih). Die Bahn ist im romantischen Innenhof, nicht allzu groß, aber sehr gemütlich. Auch Anfänger können ihr Glück versuchen, ringsum ist eine hohe Bande, und für die Kleinen gibt es Hilfsmittel in Form von Pinguinen.

TOLL FÜR ELTERN

**Bar neben der Schlittschuhbahn.** Gleich neben der Eisbahn gibt es eine Bar mit kalten und heißen Getränken sowie kleinen Speisen. So können auch Familienmitglieder, die nicht gern auf Kufen stehen, dabei sein, zuschauen oder an kleinen Tischen sitzen. Und wer es sich doch noch überlegt, kann jederzeit in den Winterspaß einsteigen. Schlittschuhe in allen Größen sind zum kleinen Preis vorhanden.

Abkühlung in der Großstadt? Kein Problem hier an diesen abwechselnd sprudelnden Fontänen an der Hauptstraße!

**Kunstliebhaber schätzen Dresden als besonderen Ort. Doch wer glaubt, dass Kultur im Familienurlaub nur langweilig ist, der irrt. In der Elbestadt gibt es viele spannende Angebote auch für die jüngere Generation. Vom Museum über Abenteuerspielplatz, Kletterwald oder Kindercafé – es wird sicher für jeden etwas dabei sein.**

## Barock zum Anfassen

Ein Muss ist das **Schloss in der Innenstadt**. Die frühere Residenz der sächsischen Könige wird zwar immer noch saniert, es gibt trotzdem viel zu sehen. Gleich mehrere Museen der Staatlichen Kunstsammlungen präsentieren ihre Schätze. Glitzerfans kommen im **Grünen Gewölbe**, der Schatzkammer Sachsens, auf ihre Kosten. So viele prächtige Edelsteine dürften Mädchen wie Jungen beeindrucken. Wer weniger für Geschmeide brennt, sollte sich den **Kirschkern** anschauen (im Neuen Grünen Gewölbe). Auf einen einzigen Kern sind fast 200 Gesichter geritzt, ein Meisterwerk der Mikroschnitzkunst. Unterhaltsam und ein Erlebnis für Ritterfans ist ein Abstecher in die **Rüstkammer des Schlosses** mit prächtigen Ritterrüstungen, reich geschmückten (Holz-) pferden, Schwertern und Säbeln.

## Theater für Kinder

Nicht jeder liebt klassische Musik und Oper, doch die **Semperoper** am Theaterplatz sollte zumindest mit einer Führung erkundet werden. Es gibt **Themenrundgänge**, unter anderem zu Berufen in einem Musiktheater. Auf einer kleinen Bühne (Anbau zur Elbseite) hat das **Kindermusiktheater** ein Zuhause. Die »Junge Szene« bietet etwa 200 Besuchern Platz. Falls **»Kapelle für Kids«** auf dem Spielplan der Oper steht: unbedingt hingehen! Auf spielerische Weise erklären Musiker der Sächsischen Staatskapelle Dresden ihre Instrumente – da können auch Große etwas lernen.

Wer eher ein Opernmuffel ist, könnte vom **»theater junge generation (tjg)«** begeistert sein. 1949 gegründet, ist das Kinder- und Jugendtheater das älteste und größte seiner Art in Deutschland. Auch wenn der Weg von der Stadt etwas weiter ist: Die Theatervorstellungen lohnen sich. Die Puppenbühne des Theaters befindet sich hingegen zentral im **Rundkino an der Prager Straße**.

## Kirche mit »Story«

Auch wer mit Kindern nach Dresden reist, kommt an der Frauenkirche nicht vorbei. Die Stiftung **Frauenkirche** hat sich auf junge Besucher eingestellt. Es gibt extra Führungen und mit **»Kirchenklänge für junge Ohren«** ein musikalisches Angebot für Familien mit Kindern zwischen fünf und zwölf Jahren. Zu empfehlen ist eine **Turmbesteigung** mit tollem Blick über die Stadt – bei klarem Wetter sogar bis in die Sächsische Schweiz.

Nicht ganz im Zentrum, aber immer noch gut erreichbar sind gleich mehrere touristische Höhepunkte östlich der Altstadt: Autofreaks sollten einen Besuch in der **Gläsernen VW-Manufaktur** am Großen Garten anstreben. Der Phaeton-Hersteller bietet Gruppenführungen durch die Produktionshallen. Eine Voranmeldung ist zu empfehlen. Für Kinder gibt es eine Extra-Führung. Ganz in der Nähe des VW-Werkes ist das **Fußballstadion der Dynamo-Elf**. Beim Blick hinter die Kulissen darf sich dann jeder wie ein Profi fühlen und den Weg von der Kabine bis zur Trainerbank einmal selbst zurücklegen.

Familienmitglieder, die keine Fußballfans sind, könnten in der Zwischenzeit eine Runde mit der **Parkeisenbahn** durch den **Großen Garten** drehen oder auf dem **Carolasee** gemütlich Boot fahren. Auch der **Dresdner Zoo** ist nicht weit weg und lädt zu einem Besuch ein. Besonderheit in Dresden: Neben Tieren gibt es auch ein sehenswertes **Kasperlethea-**

Die Gläserne Manufaktur von VW: Vorbereitung auf die »Hochzeit«, bei der die Karosserie mit dem Fahrwerk verschraubt wird

### Toller Ausflug

DIE UMGEBUNG LOCKT

Wer etwas mehr Zeit hat, sollte ein paar Kilometer fahren nach Radebeul, Meißen und Moritzburg. Das Weingut und Museum Hoflößnitz in Radebeul bietet im Sommer einen herrlichen Platz unter Bäumen zum Verweilen bei einem Glas Wein oder Wasser. Es gibt auch einen tollen Spielplatz und ein kleines Restaurant im Winzerhaus.

Indianerfans sollten ins Karl-May-Museum in Radebeul, Märchenfans nach Moritzburg ins Jagdschloss, wo ein Teil des populären deutsch-tschechischen Films *Drei Haselnüsse für Aschenbrödel* gedreht wurde. Eisenbahnfans ist eine Fahrt mit der Schmalspurbahn durch den malerischen Lößnitzgrund ans Herz zu legen. Der »Lößnitzdackel« dampft zwischen Radebeul, Moritzburg und Radeberg über gut 16 km.

Sehr zu empfehlen ist zudem ein Besuch der Meißner Albrechtsburg, wo eine exzellente Audio-Kinderführung auf die jüngsten Besucher wartet. Die durch das Porzellan weltweit bekannt gewordene Stadt liegt knapp 20 km von Dresden entfernt.

*Nicht verpassen!*

DRESDNER ELBHANGFEST

Immer am letzten Juniwochenende feiern die Bewohner des Dresdner Elbhangs mit einem eigenen Fest ihr schönes Zuhause. An fünf Orten längs des Elbhanges, auf einer Strecke von etwa sieben Kilometern, werden an die 200 Veranstaltungen angeboten. Auf Dorfplätzen, in Parks und Villen, am Elbufer und an den Hängen bietet das Kunst- und Bürgerfest Konzerte von klassisch bis Jazz, Lesungen, Vorträge, Theater und Tanz, Handwerksmärkte und viel Gastronomie. Privatleute und Kirchgemeinden zwischen Loschwitz und Pillnitz öffnen ihre Gärten, bieten Kuchen und Musik. Auf der Elbe gibt es sogar ein Drachenbootrennen. Es zieht Tausende Besucher an, die die Chance auf eine sehr persönliche Begegnung mit der Region, mit Geschichten und Kuriositäten haben. Ein großer Festumzug eröffnet die Feierlichkeiten.

www.elbhangfest.de

**ter**. Absolut lohnend für Groß und Klein ist die **Kinderausstellung im Deutschen Hygiene-Museum Dresden**. Hier wird über die fünf Sinne aufgeklärt – anschaulich, faktenreich und unterhaltsam. Auf rund 500 Quadratmetern gilt es, im »Kinder-Museum« vieles selbst herauszufinden.

## Siesta im Alaunpark

Wer Dresdens alternative Seite kennenlernen will, sollte auf die andere Elbseite in die **Neustadt** fahren. Dort gibt es viel Individuelles, kleine Läden, schöne Cafés und Spielplätze. Im **Alaunpark** kann eine Siesta im Freien eingelegt werden. Im nahegelegenen **Café Komisch** ist alles auf Kinderhöhe, es gibt Spiele, Bücher und leckeres Softeis. Nach einem Bummel durch den **Kunsthof** bietet sich ein Besuch des **Mini-Bauernhofes und Abenteuerspielplatzes »Panama«** an. Zu empfehlen ist auch ein Abstecher zur **Molkerei Pfund**, mit Milchbrunnen und wunderschönen Fließen. Ganz in der Nähe wartet die **Kinder- und Frauenbuchhandlung Pusteblume** auf neugierige Leser. Wer im Juni in Dresden ist, erwischt vielleicht das Stadtteilfest **»Bunte Republik Neustadt«**, eines der beliebtesten Feste in Dresden.

## Auf dem Fluss wie August der Starke

Zum früheren Lustschloss der sächsischen Könige in Dresden-Pillnitz kann die ganze Familie vom Terrassenufer in der Innenstadt aus mit dem historischen **Schaufelraddampfer** fahren. **Schloss Pillnitz** bietet seltene Baum- und Pflanzenarten, ein Restaurant und im Sommer Konzerte. Kurfürst August der Starke (1670–1733) veranstaltete dort ausschweifende Feste.

Im Deutschen Hygiene-Museum Dresden werden die Sinne angeregt.

Der Englische Pavillon im märchenhaften Park von Schloss Pillnitz

# Zu Gast in Dresden

## Infos und Adressen

### ANREISE

**Mit dem Auto:** Dresden ist über die A4, A13 und A17 gut zu erreichen. **Mit dem Zug** erreicht man im Fernverkehr den Hauptbahnhof bzw. Dresden-Neustadt.

### BESTE REISEZEIT

ganzjährig; durch seine Elbtallage gehört Dresden zu den wärmsten Städten Deutschlands

### AKTIVITÄTEN

**Residenzschloss.** Taschenberg 2, Eingang über Sophienstraße oder von der Schlossstraße durch das Löwentor, www.skd.museum

**Historisches Grünes Gewölbe.** Der Einlass erfolgt ausschließlich mit Zeitkarten.

**Semperoper.** Besonders Ballettvorführungen sind oft auch für Kinder spannend. Bevor sich der Vorhang hebt, wird genießerisch flaniert. In allen Foyerbereichen gibt es kulinarische Kleinigkeiten und Getränke an weiß-goldenen Theken. Lohnend sind auch die Führungen durch die Oper zu verschiedenen Themen und für alle Altersstufen. Theaterplatz 2, www.semperoper.de und für Führungen: www.semperoper-erleben.de

**Gläserne Manufaktur.** Lennéstr. 1, www.glaesernemanufaktur.de

**Deutsches Hygiene-Museum Dresden.** Alles rund um den (menschlichen) Körper. Lingnerplatz 1, www.dhmd.de

**Abenteuerspielplatz »Panama«.** Seifhennersdorfer Str. 2, panama.treberhilfe-dresden.de

**Sächsische Dampfschifffahrt.** An Bord der ältesten und größten Raddampferflotte der Welt lassen sich die Stadt und das Umland auf besonders angenehme Weise erkunden. www.saechsische-dampfschifffahrt.de

**Stadion Dresden.** Auch wenn kein Spiel ist, kann das Oval an allen Montagen und an jedem dritten Sonntag im Monat besichtigt werden. Angeboten werden verschiedene Themenführungen. Lennéstr. 12, www.stadion-dresden.com

### ESSEN UND TRINKEN

Dresden hat eine Menge regionaler Spezialitäten zu bieten: Dresdner Eierschecke, Quarkkeulchen, sächsische Kartoffelsuppe und der hervorragende Wein aus dem Elbtal gehören dazu.

**Café Komisch.** Vielleicht das beste Softeis in ganz Dresden. Bischofsweg 50

**Café Schinkelwache.** Vis-à-vis der Semperoper findet man hier klassische Kaffeehaustradition und regionale Küche. Theaterplatz 2, www.schinkelwache-dresden.de

**Dresdner Speisekammer.** Wie in alten Zeiten werden hier Vorräte in Einweckgläsern angelegt und mit dem frischen Angebot des Marktes ergänzt und kombiniert. Sporrergasse 5, www.dresdner-speisekammer.de

### ÜBERNACHTEN

**Aparthotel am Zwinger.** Gemütliche Hotelzimmer und großzügige Ferienwohnungen in einem der wenigen Gründerzeithäuser. Maxstr. 3–7

**Jugendgästehaus.** Die größte Jugendherberge Sachsens befindet sich in bester Citylage, nur wenige Gehminuten vom historischen Stadtzentrum entfernt. Maternistr. 22, www.jugendherberge-sachsen.de

### WEITERE INFOS

www.dresden.de
www.dresden-tourismus.de

Festlich geschmückte Tafel in der Schauhalle der Porzellanmanufaktur Meißen, die auch einen Ausflug wert ist.

Fahrvergnügen im Dresdner Verkehrsmuseum

# 31 Sächsische Schweiz

TOLL FÜR KINDER

**Felslabyrinth Langenhennersdorf.** Drei Kilometer vom Köngsdorf entfernt und vor allem für Kinder ein Spaß. Der Weg ist mit Zahlen gekennzeichnet, damit sich niemand verirrt beim Kriechen, Rutschen, Klettern und beim Abstieg in die Schlucht. www.saechsische-schweiz.de

**Kirnitzschtal.** Wer etwas mehr Abenteuer liebt, sollte mit der Kirnitzschtalbahn von Bad Schandau aus zum Lichtenhainer Wasserfall fahren. Von dort kann man zum »Kuhstall« wandern, einem der größten Felsentore im Elbsandsteingebirge.

TOLL FÜR ELTERN

**Hinterhermsdorf und Kahnfahrt durch die Klamm.** In Grenznähe zu Tschechien gelegen. Hier kann man ca. 80 z. T. originalgetreu erhaltene Umgebindehäuser aus dem 18. und 19. Jh. besichtigen. Der 37 Meter hohe Turm auf dem Weifberg bietet einen tollen Rundblick über den Nationalpark Sächsische Schweiz.

Der Opferkessel am Pfaffenstein entstand wohl während der letzten Eiszeit. Hierher führt ein Wanderweg, der auch für Kinder gut geeignet ist.

**Wandern mit Kindern hat in der Sächsischen Schweiz einen hohen Spaßfaktor. Zerklüftete Steine, schiefe Wege, Leitern, kleine Felsen, große Felsen – es gibt alles, was die Jüngsten begeistern dürfte – auch Sagen und Geschichten über Könige.**

## Wandern und Klettern für Groß und Klein

Der mehr als 300 Meter hohe **Rauenstein** ist an einem Vormittag erklettert und macht Lust auf mehr. Der Gratweg über den Rauenstein macht vor allem Kindern Spaß, es geht auf und ab, und so ziemlich jede Art von Treppen und Leitern ist zu bewältigen. Brücken führen über tiefe Abgründe, doch richtig schwierig wird es nie, alles ist gut ausgebaut und abgesichert. Wer will, erweitert die Wanderung und läuft noch zu den Bärensteinen und durch den Damengrund zurück nach Wehlen.

Eine andere kurzweilige Halbtagstour ist der **Aufstieg auf den Pfaffenstein**, einen der bekanntesten Tafelberge der Region. Oben auf dem Berg ist die berühmte und sagenumwobene **Barbarine** zu bestaunen, ein Wahrzeichen der Sächsischen Schweiz. Selbst Bergsteiger kommen am Pfaffenstein auf ihre Kosten, denn es gibt rund **30 Kletterfelsen**. Zudem führt der Weg durch das sogenannte Nadelöhr. Der Pfad besteht aus rund 600 ungleichmäßig hohen Stu-

## Infos und Adressen

ANREISE
Das Elbsandsteingebirge liegt ca. 30 km von Dresden entfernt und Ist mit dem Auto über die A17 oder A4 und mit Öffentlichen Verkehrsmitteln gut zu erreichen.

BESTE REISEZEIT
ganzjährig, je nach Aktivität

SEHENSWERT
**Bastei.** Fast schon ein Muss – allerdings auch sehr touristisch – ist der Blick von der Bastei. Von der Sandsteinbrücke in fast 200 m Höhe sind die Tafelberge der Sächsischen Schweiz bis weit in die benachbarte Landschaft des Lausitzer Berglandes und des Osterzgebirges zu sehen.

ESSEN UND TRINKEN
**Gasthaus Zum Pfaffenstein.** Sächsische Küche, einfache Zimmer, Pfaffensteinweg 1, Königstein, www.gasthaus-zum-pfaffenstein.de
**Amselfallbaude.** Historische Gastwirtschaft am Amselfall, 30 Minuten von Rathen, Wanderkost, einheimische Wurst- und Fleischwaren, hervorragendes Bauernfrühstück.
April bis Oktober,
Tel. 035975 - 81 22 6

AKTIVITÄTEN
**Ruderbetrieb Amselsee.**
Mai, September, Oktober 9–16 Uhr sowie Juni, Juli, August 10–17 Uhr
**Kahnfahrten Obere Schleuse/ Hinterhermsdorf.**
www.nationalpark-saechsische-schweiz.de

WEITERE INFOS
www.saechsische-schweiz.de

fen und ist in seinem oberen Abschnitt so eng, dass keine zwei Personen nebeneinander Platz finden.

Wer nicht so viel wandern, dafür aber etwas mehr über die Geschichte der Region lernen möchte, sollte einen Ausflug auf die **Festung Königstein** einplanen. Für Kinder gibt es einen kostenlosen Audioguide, mit dem sie die Anlage entdecken können. Zur Festung führt ein gläserner Panorama-Aufzug.

Selbst wer mit dem Kinderwagen unterwegs ist, kann die Felsenwelt der Sächsischen Schweiz genießen. Vom Ort Hohnstein aus führt ein fast gerader Weg ohne Höhenunterschiede zur **Brandaussicht**. Sie wird gern »Balkon der Sächsischen Schweiz« genannt. Vor und in der Brandbaude gibt es leckeres Essen.

Von der Bastei aus öffnet sich ein herrlicher Blick ins Elbtal.

### Mitmachen!

AUF ERLEBNISTOUR IN DER WALDHUSCHE

Kinder werden in der »Waldhusche« ihre Freude haben. Auf spielerische Art wird hier das Thema Wald- und Forstwirtschaft behandelt. In dem großen Freigelände sind mehr als 40 Stationen auf fünf vernetzten Themenwegen eingerichtet, die über jahreszeitliche Besonderheiten, Waldpflege und vieles mehr aufklären. Die neugierigen kleinen Besucher erwartet ein »Waldabenteuerweg« und der eher sinnliche »Naturgenussweg«. Besonders eindrucksvoll ist eine Bootsfahrt in der wilden und weitgehend ursprünglichen Kirnitzschklamm. Der auf 700 Meter angestaute Wildbach wurde früher für die Flößerei benötigt. Heute fahren Boote ruhig durch das enge, stille Felsenreich bis zur Staumauer der Oberen Schleuse. Die Fahrt durch die Klamm dauert etwa 20 Minuten. Zur Oberen Schleuse in Hinterhermsdorf gelangt man vom Parkplatz Buchenparkhalle in 45 Minuten Fußweg oder mit einem Kremser.

# 32 Streifzug durch Köln

TOLL FÜR KINDER

**Wildgehege des Kölner Stadtwaldes.** Rund hundert Ziegen, Soay-Schafe und Ponys dürfen gestreichelt und gefüttert werden. Eine große Herde Damwild komplettiert den Zoo.

**Kletterfabrik Ehrenfeld.** Kraxeln, klettern, bouldern ist hier auf einer Fläche von mehr als 2000 Quadratmetern möglich. Zwei bis vier Meter hoch ohne Gurt und Seil und dann in die Matten springen.

**Rautenstrauch-Joest-Museum.** Kinderprogramme für 8- bis 14-Jährige erschließen in Kursform die Ausstellungen des ethnologischen Museums. Im Juniormuseum wird anhand des Alltags von fünf Kindern der Schritt in die Welt der Erwachsenen nachvollziehbar gemacht.

TOLL FÜR ELTERN

**RheinEnergieStadion.** Eine Führung durch die Wirkungsstätte des 1. FC Köln gewährt hautnahe Einblicke, inklusive Katakomben, FC-Museum und jeder Menge Histörchen.

**COMEDIA Colonia.** Seit 1982 die feste Location für die Kinder- und Jugendtheater-Produktionen von Ömmes und Oimel und eine der bekanntesten Bühnen für Kinder- und Jugendtheater

Kölner Dom und Museum Ludwig: Das ist das Mindeste an »Kultur«, was man in Köln gesehen haben sollte.

**Die Domstadt am Rhein gemeinsam mit Kindern erobern, das ist keine Hexerei. Mit ein wenig Vorbereitung wird aus dem Abenteuer Großstadt ein vergnüglicher Aufenthalt zwischen Kultur, Erlebnisausflug und Geschichtsreise. Und die vielen Events, mit denen Köln lockt, machen auch mit dem Nachwuchs Laune.**

## Tiere und Parks

Zu einem Großstadttrip mit Kindern gehört er einfach dazu: der Zoobesuch. Der **Kölner Tierpark** lockt nicht nur mit Elefantengehege und wettersicherem Urwaldhaus, sondern auch durch seine Anbindung an den **Rheinpark**. Mit der **Rheinseilbahn** geht es vom Zoo über den Fluss auf das Gelände der Bundesgartenschau von 1957. Neben den großen Wiesen und dem Rheinufer mit flach abfallenden Buchten ist die große **Spielelandschaft** in der Mitte das Highlight. Dank einer langen Röhrenrutsche, der Seil-Kletterlandschaft, einer Seilbahn mit Startrampe und natürlich Schaukeln plus Sand haben hier Kids vom Krabbelalter bis jenseits des zehnten Geburtstages Spaß. Erkunden lässt sich das Gelände gut mit der **Schmalspur-Eisenbahn**: Auf zwei Kilometern dreht sie ihre Runden durch den Park.

## Sagenhafte Gestalten

Berühmte Kölner, die so gut wie jedes Kind kennt, tragen Schnurrhaare oder Zipfelmützen. Die Maus – ja, die aus dem Fernsehen – ist in Köln zu Hause. Und natürlich die Heinzel-

männchen. Die Maus kann man auf der rechten Rheinseite im **Odysseum** besuchen: ein für Kinder konzipiertes Wissenschaftsmuseum. Zu den Bereichen Mensch, Natur und Technik werden im Innen- und Außengelände sechs Themenwelten mit 200 Erlebnisstationen angeboten. Der Fernsehstar mit den großen Klimperaugen ist im **Museum mit der Maus** präsent. Die Themen der beliebten Sachgeschichten gibt es nicht nur zum Zuschauen, sondern auch zum Ausprobieren. Den Kölner Heinzelmännchen kommt man ganz nah in einer **Stadtführung für Kinder**, die zum Beispiel von »colonia prima« angeboten wird: Kinder von sechs bis zehn werden auf den Pfaden der Heinzelmännchen mit einer Geschichte hinter der Geschichte durch die Stadt geführt.

## Museen für jeden Geschmack

Per se kinderkompatibel ist das **Schokoladenmuseum**. Es lockt nicht nur mit der Geschichte von Schokolade und Kakao, sondern auch mit einem Schokoladebrunnen und vielfältigen Verkostungsmöglichkeiten. Bewegung zum Ausgleich gibt's im nahe gelegenen **Sport- und Olympiamuseum**. Die Dauerausstellung zeigt spannende Exponate, auf dem Museumsdach steht den Besuchern ein **Sportplatz** zur Verfügung.

Das **Römisch-Germanische Museum** hat speziell auf Kinder ab acht Jahren zugeschnittene Führungen im Angebot. Der pädagogische Schwerpunkt liegt auf der Erschließung des Alltags von der Urgeschichte bis zum frühen Mittelalter. So wird beispielsweise das Leben der Sklaven thematisiert, die Gastfreundschaft der Römer oder das Lagerleben der Legionäre am Rhein. Im **Museum Ludwig** werden Familienführungen offeriert. Und für Kids ab acht gibt es eigene Rundgänge – beste Gelegenheit für die Großen zum kinderfreien Kunstgenuss. Währenddessen werden die kleinen Besucher durch die Ausstellungen geführt und bekommen die modernen Gemälde, Installationen und Kunstobjekte kindgerecht vorgestellt.

## Ein Muss: der Dom zu Köln

Er lässt sich erklimmen oder unterwandern: 533 Stufen muss man nehmen, um ihm aufs Dach zu steigen. Je nach Alter der Kinder ist der **Turmbesteigung** dann eher ein Besuch in der funkelnden **Schatzkammer** in den Katakomben vorzuziehen. Einen guten, weil spielerischen Zugang zum

»Kölsche Pänz« im Karneval – früh übt sich ...

### *Nicht verpassen*

VON KARNEVAL BIS LITERATUR

Kölner Events sind ein guter Anlass, um die Stadt gemeinsam mit Kindern zu entdecken. Wer in der fünften Jahreszeit mit Kindern in die Hochburg des Rheinischen Frohsinns reist, findet eine ganze Reihe von Karnevalsumzügen, die gerade mit Kindern Spaß machen. Am Karnevalssonntag sind die Kinder der Kölner Schulen mit dem »Schull- un Veedelszöch« in der Innenstadt unterwegs. Dieselben Gruppen sind dann am Veilchendienstag Teil der Züge, die durch die Hauptstraßen der einzelnen Stadtteile gehen. Den Schlachtruf »Kamelle« haben alle Kinder schnell raus: Von den Fußtruppen und Wagen wird tonnenweise Süßkram geworfen. Die Kombi Kleinkind plus niedliche Verkleidung ist ein Garant für gute Beute.

Im März zieht alljährlich die »Lit.COLOGNE« große literarische Namen nach Köln. In diesem Rahmen bietet die »lit.kid.COLOGNE« auch rund 80 Lesungen mit internationalen Stars der Kinder- und Jugendbuchszene.

## Mitmachen!

### AUSSPANNEN AM FÜHLINGER SEE

Im Kölner Norden liegen am Fühlinger See familienkompatible Freizeitflächen. Sieben untereinander verbundene Seen mit einer Wasserfläche von 100 Hektar, drum herum nochmal genauso viel Wiese, durchzogen von einem fast 20 Kilometer langen Wegenetz, bilden Kölns beliebtestes Sport- und Freizeitareal. Im Zentrum liegt die zwei Kilometer lange Regattastrecke. Sie wird sowohl für den Trainingsbetrieb als auch für Wettkämpfe genutzt. Die einzelnen Seen sind unterschiedlichen Nutzungsmöglichkeiten vorbehalten: ein See für Freibad und Sporttauchen, ein Angelsee, ein Surfsee und drei Bade- und Bootsseen sowie ein Ruder- und Kanu-See zum An- und Ablegen mit Durchfahrt zur Regattastrecke. Wer Infrastruktur in Form von Umkleidekabinen und Verpflegung braucht, der geht an den »Blackfoot Beach«, ein Strandbad mit Gastronomie, Klettern im Hochseilgarten, Kanu fahren, tauchen, Bogenschießen und Beach Fitness. Echtes Feriengefühl kommt auf, wenn man eines der gemütlichen Beach-Betten ergattert.

Action am und im Wasser gibt's am Fühlinger See.

gotischen Monument bieten die **Führungen**, die das Domforum anbietet: Kinder von sechs bis zwölf Jahren können so gemeinsam mit ihren Eltern die Kathedrale hautnah erleben. Den Weg zwischen Zoo, Schokolademuseum und Dom bewältigen Kinder wohl am liebsten mit der **Kölner Bimmelbahn**. Das gelb-grüne Bähnchen schlängelt sich alle 15 Minuten langsam durchs Gewühl entlang des Rheinufers und verbindet die kinderkompatiblen Highlights der Innenstadt.

## Große Töne spucken

Die **Kölner Kinderoper** geht im alten Pfandhaus in der Südstadt über die Bühne, ab 2016 wieder im eigenen Haus am Offenbachplatz. Geboten werden Klassiker wie Mozarts *Zauberflöte* und der *Opernführer für Kinder*: Dabei wird eine komplette Oper anhand musikalischer Beispiele auf unterhaltsame und leicht verständliche Weise dem jungen Publikum nahegebracht.

Groß St. Martin und der Heumarkt

# Streifzug durch Köln

## Infos und Adressen

### ANREISE

**Per Flugzeug** zum Flughafen Köln/Bonn, **mit der Bahn** zum Kölner Hauptbahnhof, **Fernbusse** fahren zum Zentralen Omnibusbahnhof, Breslauer Platz oder Köln-Deutz Gummersbacher Str. 31.

### BESTE REISEZEIT

Frühling, Sommer, Herbst. Aufgrund der besonderen klimatischen Verhältnisse in der Kölner Bucht wird es auch im Winter nicht wirklich kalt.

### AKTIVITÄTEN

**Zoologischer Garten.** Riehler Str. 173, Köln, www.koelnerzoo.de

**Kölner Bimmelbahn.** Alle 15 Minuten vom Kölner Hauptbahnhof über Schokoladenmuseum nach Zoo/Flora und zurück – ein vergnüglicher Kurztripp. www.bimmelbahnen.de

**Wildgehege Köln-Lindenthal.** Kitschburger Straße, www.lindenthaler-tierpark.de

**Naturfreibad Fühlingen.** Oranjehofstr. 103–105, Köln, www.koeln-fuehlinger-see.de

**Blackfoot Beach.** Stallagsbergweg 1, Köln, www.blackfoot-beach.de

**Karneval.** Alle Termine der aktuellen Session finden sich beim Festkomitee des Kölner Karnevals, www.koelnerkarneval.de

### FÜR REGENTAGE

**Odyseum.** Corintostr. 1, Köln, www.odysseum.de

**Römisch-Germanisches Museum.** Roncalliplatz 4, Köln, www.museenkoeln.de/roemisch-germanisches-museum

**Museum Ludwig.** Heinrich-Böll-Platz, Köln, www.museum-ludwig.de

**Kletterfabrik.** Oskar-Jäger-Str. 173, Köln, www.kletterfabrik-koeln.de

**RheinEnergieStadion.** Olympiaweg 7, Köln, Karten via www.koelnticket.de, Suchwort: Stadionführung Köln

**Domforum.** Domkloster 3, Köln, www.domforum.de

**Kölner Künstler Theater.** Grüner Weg 5/Ecke Melatengürtel Köln, www.k-k-t.de

**Comedia Colonia.** Vondelstr. 4-8, Köln, www.comedia-koeln.de

**Rautenstrauch-Joest-Museum.** Cäcilienstr. 29–33, Köln

### ESSEN UND TRINKEN

**Lokal Alte Feuerwache.** Das Restaurant des Bürgerzentrums liegt in einem abgeschlossenen Hof mit Spielplatz. Melchiorstr. 3, Köln **Maybach.** Moderne Küche, alter Backstein und die Terrasse grenzt an eine große Wiese. Maybachstr. 111, Köln, www.maybach111.de

**Sünner Keller.** Kleine Gäste sind in den Kölner Brauhäusern überall willkommen. In Kalk ist der Biergarten ein zusätzliches Argument. Kalker Hauptstr. 260–262, Köln, www.suenner-keller.de

### ÜBERNACHTEN

**Friends.** Schön-buntes Privathotel mit richtigen Familienzimmern. Roggendorfstr. 23–25, Köln, www.hotelfriends.de

**Maternushaus.** Im Gästehaus des Erzbischofs logieren Familien mit dem »Segen von oben«. Kardinal-Frings-Str. 1–3, Köln, www.maternushaus.de

**Hotel Leonardo Royal.** Ruhig und trotzdem gut an die Innenstadt angebunden, direkt am Stadtwald. Dürener Str. 287, Köln, www.leonardo-hotels.de

### WEITERE INFOS

**Offiziele Tourismusseite für Köln.** www.koelntourismus.de

Das Schokoladenmuseum am Rheinufer

# 33 Im Bergischen Land

TOLL FÜR KINDER

**Affen- und Vogelpark Reichshof.** Am Bromberg, Reichshof-Eckenhagen, www.affen-und-vogelpark.de

**Deutscher Märchenwald.** Märchenwaldweg 15, Odenthal, www.deutscher-maerchenwald.de

**Wildpark.** Wiehl, www.wiehl.de

**Höhlen in der Region.** Z. B. die Tropfsteinhöhle in Wiehl, die Aggertalhöhle in Engelskirchen-Ründeroth oder das Zwergenloch in Lindlar-Scheel

**life-ness Freizeitcenter in Radevormwald.** Schwimmbad mit Nessi-Kinderland, für die Großen gibt es einen Fitnessbereich und eine Saunalandschaft, www.nessi-kinderland.de

TOLL FÜR ELTERN

**LVR Industriemuseum.** Deutschlands größtes Papiermuseum in der ehemaligen Papiermühle »Alte Dombach«, mit Kinderführungen. Bergisch-Gladbach, www.industriemuseum.lvr.de

**Schloss Hückeswagen.** Schlossbesichtigung mit Heimatmuseum und anschließendem Spaziergang durch die historische Altstadt, www.hueckeswagen.de

**Grüne Wälder, zahlreiche Seen, idyllische Täler und hübsche Fachwerkstädtchen locken im Bergischen Land: Mit ihrem vielfältigen Erholungs- und Freizeitangebot ist die Region ein wunderbares Reiseziel für Familien. Rad fahren, reiten und tolle Natur entdecken – Kinder kommen hier überall auf ihre Kosten.**

## Wanderreiten, Wasserquintett und Naturparks

Das Bergische Land ist Reiterland. Besonders im **Oberbergischen Kreis** sind die Reiter zu Hause. Ein dichtes Netz von Wanderreitstationen und geführten Wanderritten ist ideal für einen erlebnisreichen Urlaub. Zum Beispiel mit den **»Curly Horses«**, gelockten Pferden, die in Hückeswagen von Daniela Söhnchen gezüchtet werden und die auch für Pferdeallergiker geeignet sind. Der Klassiker für Aktive ist der **Wasserquintett-Radweg**. Die Themenroute auf 80 Kilometern führt durch die Talsperrenlandschaft. Schön ist die Runde ab Marienheide über die Wipperquelle und die Lingesetalsperre, dann entlang der ehemaligen Bahntrasse nach Ohl, wo das **Schwarzpulvermuseum** besichtigt werden kann. Weiter geht es zur alten Hansestadt **Wipperfürth** und dann nach **Hückeswagen**. Über Kreuzberg und Rönsahl geht es dann zurück nach **Marienheide** – eine Rundtour entlang der ehemaligen **Wippertalbahntrasse**. Die Städtchen lohnen allesamt einen Bummel, sodass man genügend Zeit einplanen sollte.

Blick von der Ketzbergerhöhe bei Wermelskirchen

Entspannt Natur auf dem Wasser genießen

## Infos und Adressen

ANREISE
Das Bergische Land ist mit dem Auto und der Bahn aus allen Richtungen gut zu erreichen.

BESTE REISEZEIT
Frühjahr bis Herbst

AKTIVITÄTEN
**Wanderreitstationen.** Das Angebot für Ausflüge mit und zu Pferd ist vielfältig, z. B. **Much:** www.horse-lovers-hut.de; **Wipperfürth:** www.gutnagelsgaul.de
**Reiten für Allergiker:** www.curly-horses-germany.de

ESSEN UND TRINKEN
Berühmt ist die Bergische Kaffeetafel, die hier überall süß und herzhaft gedeckt ist, z. B. auf der Rengser Mühle in Bergneustadt – mit Vorbestellung, www.rengser-muehle.de oder an anderen Orten: www.dasbergische.de

ÜBERNACHTEN
**Historische Holstein's Mühle.** Im Homburger Bröltal gelegene ehemalige Mühle, Nümbrecht, www.holsteins-muehle.de

WEITERE INFOS
**Führungen im Bergischen Land.** www.dasbergische.de

Totenkopfäffchen, Berberaffen, aber auch die niedlichen Erdmännchen und imposante Schneeeulen können Kinder im **Affen- und Vogelpark** in Reichshof-Eckenhagen aus der Nähe betrachten. Alle Aufmerksamkeit zieht der sprechende Beo auf sich, wenn er »Hände hoch, peng, peng!« ruft. Durch den Park fährt eine kleine Bahn, und bei Regenwetter locken die **Indoorerlebnishalle** und eine Kletterwand. Spannend ist auch ein Besuch im **Wildpark** von Wiehl mit seinem **Wald- und Naturlehrpfad**. Beginn des knapp zwei Kilometer langen Rundwegs ist bei der **Tropfsteinhöhle Wiehl**, die ebenfalls einen Besuch lohnt. Besonders für kleinere Kinder interessant ist der **Deutsche Märchenwald** in Odenthal. Idyllische Waldwege mit Szenen aus Sagen und Märchen, untermalt mit Musik und Erzähltexten, machen Spaß, und wer im Sommer oder am Wochenende kommt, kann den Märchenerzählerinnen zuhören und sich live verzaubern lassen.

### *Toller Ausflug*

MIT KANU ODER KAJAK DURCH DIE NATUR

Paddel hoch und sich ein Stück treiben lassen: So geht Entspannung. Bootswandern im Naturpark entspannt, bietet Bewegungshungrigen aber auch ein paar sportliche Herausforderungen. Zum Beispiel bei einer Fahrt auf der Dhünn. Start der beliebten Tour ist beim Staudamm der Dhünn-Talsperre bei Dabringhausen-Lindscheid (Wermelskirchen). Wer mag, kann dann auf der Wupper weiterfahren. Die Tour hat eine Länge von 24 Kilometern und ist familientauglich.

Wer es sportlich mag, wählt die Route auf dem Eifgenbach. Los geht's am Wanderparkplatz an der Landstraße Wermelskirchen. Die Weiterfahrt auf der Dhünn ist möglich. Länge der Tour, die nicht für Anfänger geeignet ist: 17 Kilometer.

# 34 Dreiländerpunkt Aachen

TOLL FÜR KINDER

**MTB-Guide-Eifel.** Mountainbike-Verleih und geführte Touren, Monschau-Rohren, mtb-guide-eifel.de

**Planwagentouren im Hohen Venn.** Zwei Stunden über Forstwege durchs Heideland. Mit Halt an außergewöhnlichen Sehenswürdigkeiten wie dem Wasserfall von Bayehonn, www.botrange.be

**Brückenkopf-Park Jülich.** Zwischen April und Oktober regelmäßig Veranstaltungen wie Märkte, historische Spektakel und Kinderevents, www.brueckenkopf-park.de

TOLL FÜR ELTERN

**Museum Zitadelle Jülich.** Mit Museum. Schlossstraße, www.juelich.de/museum

**Internationales Zeitungsmuseum Aachen.** Faszinierende Einblicke in die Welt der Medien und über 200 000 Exponate zum Thema. Auch für Kinder spannend. Pontstr. 13, www.izm.de

**Nachtwächterführung mit dem Lühtemann durch Aachen.**
www.nachtwaechter-aachen.de

Der Aachener Dom wurde um 800 errichtet. Baumeister war Udo von Metz.

**Der Dreiländerpunkt Aachen liegt auf dem höchsten Berg der Niederlande, dem Vaalserberg (322 Meter). Die Region zwischen Deutschland, Belgien und den Niederlanden hat für einen Familienurlaub einiges zu bieten: die Kaiserstadt Aachen, ein Labyrinth, Freizeitparks und tolle Begegnungen mit der Natur.**

## Schöne Aussichten und jede Menge Spaß

Wer das Dreiländereck überblicken möchte, wandert auf den **Vaalserberg**. Auf dem Gipfel wartet der **Balduinturm**, der den Rundumblick über die gesamte Region bis nach Maastricht und ins **Hohe Venn** freigibt. Lustig ist das **Labyrinth** am Dreiländerpunkt. Im Irrgarten aus Hecken, Mauern und Wasserfontänen kann man schon mal die Orientierung verlieren. Ganz in der Nähe liegt ein netter Spielplatz, und wer mag, schaut auf dem Rückweg nach Aachen beim **Viadukt in Morresnet** vorbei. Die Kaiserstadt **Aachen** bietet viel für Besucher und ist ideal für Touren in die Region. Wer sie auf eigene Faust entdecken möchte, kann dies mit der Broschüre **»Kaiser Karl führt durch Aachen«** tun, die den 1,5 Kilometer langen Rundgang entlang der 140 Bronzenägel im Boden illustriert. Start und Ende ist am Elisenbrunnen. Für den **Euregiozoo in Aachen** sollte man einen ganzen Tag einplanen. Empfehlenswert sind die kostenlosen

Der Karneval von Maastricht ist schrill, bunt und sehr musikalisch.

## Infos und Adressen

ANREISE

**Mit dem Auto** über die A4 und A544. **Mit der Bahn:** gute Anbindungen an Nah- und Fernverkehr aus allen Richtungen

BESTE REISEZEIT

Mai bis September

AKTIVITÄTEN

**Stadtrundgang »Kaiser Karl führt durch Aachen«.** Broschüre in der Tourist-Information Elisenbrunnen am Friedrich-Wilhelm-Platz und als App für Android und Apple

ÜBERNACHTEN

**Novotel Aachen City.** Mit Familienzimmern. Peterstr. 66, www.novotel.com

**Hotel Mennicken.** Nahe des Würselener Waldes mit See und Wanderwegen. Jülicherstr. 80, Würselen, www.hotel-mennicken.de

ESSEN UND TRINKEN

**See-Gastronomie Broichtal.** Im Naherholungsgebiet, mit See zum Tretbootfahren vor der Tür. Herrenweg, Alsdorf

**Bahnhofsvision am Vennbahnweg.** Biergarten an einem alten Bahnhof, www.bahnhofsvision.de

WEITERE INFOS

www.kingkalli.de/orte/ferienanbieter

www.aachen.de

www.drielandenpunt.nl

Zooführungen, über die man sich am Eingang informieren kann. Ein Ausflug führt nach Jülich zum **Brückenkopf-Park**: purer Freizeitspaß für Jung und Alt. Aktionsflächen wechseln sich mit Garten- und Waldlandschaften ab. Schön ist der Barfußpfad im Garten der Sinne. Für Kinder gibt es Spielplätze, einen Kletterfelsen und Wasserspiellandschaften, dazu einen Zoo.

Interessant im hübschen Jülich ist das **Museum Zitadelle**, ein Lehrstück in Sachen Festungsgeschichte. Eine andere Tagestour geht zur **Sommerbobbahn Monschau-Rohren**. Davor oder danach kann man auf dem Natur- und Waldlehrpfad rund um Rohren wandern. Und im deutsch-belgischen **Naturpark Hohes Venn – Eifel** schließlich gibt es eine Reihe von Erlebnispfaden und -ausstellungen. Das **Naturparkzentrum Botrange** etwa im Osten Belgiens bietet unter anderem eine **Planwagenrundfahrt durch das Heideland**. Keine Zeit für Langeweile am Dreiländerpunkt!

### Toller Ausflug

MAASTRICHT

Rund 30 Kilometer von Aachen entfernt liegt Maastricht, die Hauptstadt der niederländischen Provinz Limburg und eine der ältesten Städte der Niederlande. Sehenswert ist dort das Bonnefantenmuseum – ein Museum für alte und zeitgenössische Kunst, das in einem architektonisch interessanten Gebäude untergebracht ist. Nicht versäumen sollte man eine Bootsfahrt auf der Maas und natürlich einen Bummel durch die historische Altstadt mit ihren schönen Cafés. Interessant sind auch die Höhlen von Sint Pieter; ein Tunnelsystem, das beim Bergbau entstanden ist und besichtigt werden kann. Wer sich gern unter der Erde »herumtreibt«, dem sei außerdem eine Führung durch die Kasematten empfohlen, die man im Fremdenverkehrsamt buchen kann.

www.vvvmaastricht.nl

Beim Radeln am Forggensee gestalten Tegelberg, Säuling und die Tannheimer Berge die Kulisse.

# Deutschland: vom Taunus bis zum Allgäu

# 35 Auf Römerspuren im Taunus

TOLL FÜR KINDER

**Hessenpark.** In der Puppen-Theater-Werkstatt im Freilichtmuseum Hessenpark gibt es Kasper, Hexe, Frau Holle, Rapunzel, Rumpelstilzchen und viele andere Märchenfiguren zu bestaunen, www.hessenpark.de

**Saalburg.** Das Freizeitzentrum Lochmühle bietet neben Ponyreiten und Kutschfahrten auch einen Abenteuer- und Ballspielplatz.

**Hasselbach.** Vogelburg Hochtaunus mit Papageien und Eulen sowie einem ornithologischen Lehrpfad, der sich um den Park zieht, www.vogelburg.de

TOLL FÜR ELTERN

**Saalburg.** Das nachgebaute Römerkastell war ein Wehrbau am Limes und lädt zu einem Rundgang durch die römische Geschichte ein, www.saalburgmuseum.de

**Obernhain.** Freilichtmuseum Hessenpark. Veranstaltungen, Führungen und Feste von März bis Dezember finden sich im Veranstaltungsprogramm, www.hessenpark.de

Ein Spaß für Kinder sind die Floßtouren im Freizeitpark Lochmühle.

**Das Rheintal mit berühmten Weinorten, Burgen und Aussichtsfelsen wie der Loreley lockt hier ebenso wie der Feldberg, die höchste Erhebung im Naturpark Hochtaunus. Auch Klöster und Schlösser, reizvolle Orte mit zahlreichen Sehenswürdigkeiten sowie Wachtürme am römischen Limes laden Familien zum Besuch ein.**

## Über dem Rhein und auf den Spuren der Römer

Ausgangspunkt ist die hessische Landeshauptstadt **Wiesbaden**, wo das **Erbprinzenpalais** in der Wilhelmstraße oder das **Waterloo-Denkmal** auf dem Luisenplatz zu den Sehenswürdigkeiten gehören. Lohnend ist ein Ausflug auf den 245 Meter hohen **Neroberg** mit großartiger Aussicht auf die Stadt, nach Mainz und zum Rhein. Er ist bequem mit der **Nerobergbahn** zu erreichen, wo das **Opelbad** zum Besuch einlädt. Sehenswert ist auch die **russische Kirche** mit ihren vergoldeten Zwiebeltürmen.

Wer in Wiesbaden-Biebrich am **Barockschloss** dem Rheinsteig folgt, wird eine Fülle schöner Sehenswürdigkeiten hoch über dem Rhein erleben. Durch reizvolle Weinorte führt der Weg zum **Kloster Eberbach**, zum berühmten **Niederwalddenkmal**, an Burgen und Burgruinen vorbei zur

Die historische Neroberg-Drahtseilbahn verkehrt auf dem Hausberg Wiesbadens.

## Infos und Adressen

ANREISE
**Mit der Bahn** von Frankfurt/Main zu allen genannten Orten

BESTE REISEZEIT
Frühjahr bis Herbst

ESSEN UND TRINKEN
**Neroberg.** Opelbad und Bistro »Der Turm« mit fantasievoller Kinderkarte, www.wagner-gastronomie.de
**Freizeitzentrum Lochmühle.** Ein Selbstbedienungsrestaurant am Teich mit Biergarten und eine Brezelbäckerei laden zum Verweilen ein.
**Freilichtmuseum Hessenpark.** Wirtshaus Zum Adler und Landhotel Zum Hessenpark mit dem Restaurant Alter Markt, www.hessenpark.de

ÜBERNACHTEN
**Hotel Taunus Residence.** Gut für Familien geeignet. Caspar-Hofmann-Platz 2, Bad Camberg, www.taunus-residence.de
**Landhotel Zum Hessenpark.** Charmantes Fachwerkhaus mit liebevoll eingerichteten Zimmern. Laubweg 1, Neu-Anspach, hepa-gastro.de

WEITERE INFOS
**Taunus-Informationszentrum.** www.taunus.info
**Wiesbaden: Tourist-Information.** www.wiesbaden.de

sagenhaften **Loreley**, dem berühmtesten Aussichtspunkt am Rhein.

Der Bahnhof Saalburg ist ein günstiger Ausgangspunkt für einen Spaziergang zum berühmten **Römerkastell Saalburg**. Zunächst lohnt sich ein Aufenthalt im **Freizeitzentrum Lochmühle**, im Wiesengrund des Erlenbaches gelegen. Hier vertrauen wir uns dem Limeszeichen – dem Wachturm – an und gelangen zum Kastell. Als ehemaliges Kohorten-Kastell der Römer um 90 n. Chr. errichtet, wurde es 135 n. Chr. zu einem 3,2 Hektar großen Lager erweitert und war der eindrucksvollste Wehrbau am Limes, der ehemaligen Grenze des Römerreiches. Auf einem Rundweg gelangen wir zum **Kastell Heidenstock** und an der **Stahlhainer Mühle** vorbei zum interessanten **Freilichtmuseum Hessenpark** (s. »Nicht verpassen«) bei Obernhain. Lohnend ist auch ein Ausflug in das reizvolle **Weiltal** mit Rod an der Weil und Hasselbach, wo die **Vogelburg Hochtaunus** zum Besuch einlädt.

### *Nicht verpassen*

FREILICHTMUSEUM HESSENPARK

In diesem Freilichtmuseum wurden über 100 Gebäude vom nordhessischen Gutshof über das mittelhessische Tagelöhnerhaus bis zum südhessischen Wirtshaus errichtet. Es sind vorwiegend Fachwerkhäuser, die aus verschiedenen Teilen Hessens stammen und als typisches Haufendorf, Reihendorf und Weiler angeordnet sind. Teilweise sind die Gebäude einer bestimmten Zeit entsprechend eingerichtet, aber auch die Umgebung ist mit Gärten und Äckern nach historischen Vorbildern gestaltet. Die Felder werden im Rahmen der Dreifelderwirtschaft bestellt, die über Jahrhunderte erfolgreich praktiziert wurde. Alte Getreidearten, Futterpflanzen und vergessene Kulturpflanzen wie Flachs, Tabak oder Faserhanf werden angebaut, die Wiesen und der historische Weinberg laden zum Spazierengehen ein. So vermittelt das Museum einen lebendigen Eindruck, wie sich Bauen und Wohnen in den Regionen seit 400 Jahren entwickelt haben.

www.hessenpark.de

# 36 Büdingen und Ronneburg

TOLL FÜR KINDER

**Kinderstadtführungen in Büdingen.** Zusammen mit dem Alchimisten den Geheimnissen der ehemaligen Festungsstadt auf die Spur kommen

**Burgmuseum Ronneburg.** In der Waffenkammer, in der alten Burgküche und im Herrengemach zum echten Ritter werden

**Hoherodskopf.** Auf der Sommerrodelbahn, im Baumkronenpfad oder im Kletterwald alles geben

TOLL FÜR ELTERN

**Garten Kölsch.** Vor den Mauern der Büdinger Altstadt kann man in der kleinen grünen Oase die blühende Vielfalt bewundern.

**50er-Jahre-Museum.** Vom Nierentisch bis zur Jukebox – im authentischen Tante-Emma-Laden und in der Milchbar des Büdinger Museums in der Altstadt wird das Rock'n'Roll-Jahrzehnt wieder lebendig.

**Glauberg.** Archäologischer Park an der Fundstelle der sensationellen Fürstengräber. Hier kann man die geheimnisvolle Welt der Kelten entdecken.

**Klein, aber fein: Mit seinen Fachwerkhäusern, Toren und Türmen besitzt das hessische Büdingen europaweit eine der besterhaltenen mittelalterlichen Altstädte. Neben dem historischen Glanz kann die Stadt am Fuß des Vogelsberges mit viel Grün und zahlreichen Sehenswürdigkeiten in der Umgebung aufwarten.**

## Beschauliches Städtchen mit attraktivem Freizeitangebot

Bei einem Bummel durch die Altstadt gibt es viel zu sehen: Da ist zum Beispiel der mächtige **Festungsgürtel**, der das historische Zentrum umschließt. Seine Mauern, Wehrtürme und Stadttore, wie das 1503 fertiggestellte Jerusalemer Tor oder Untertor, sind noch heute begehbar. Auch der im Renaissancestil erbaute **Oberhof** und das historische Rathaus mit dem **Heuson-Museum** zur Stadtgeschichte sind einen Blick wert. Das **Büdinger Schloss** wird noch immer von der Fürstenfamilie zu Ysenburg bewohnt. Der Schlosshof und der schöne Schlosspark sind jedoch frei zugänglich. Der beste Blick auf Schloss und Altstadt bietet sich vom **Wilden Stein**, einer imposanten Felsformation vulkanischen Ursprungs. Wer mit der Familie Erholung oder Abenteuer im Grünen sucht, ist im angrenzenden **Traumwald** genau richtig. Hier finden sich der Wildpark, ein Waldseilgarten und eine Spielwiese. Nicht weit von Büdingen entfernt erhebt sich weithin sichtbar die **Ronneburg**, eine wohl bereits im 12. Jahrhundert errichtete Höhenburg.

Auf der Ronneburg finden regelmäßig mittelalterliche Märkte und Burgfestspiele mit Rittern, Gauklern und Marketendern statt.

## Infos und Adressen

ANREISE

**Mit der Bahn:** IC/ICE nach Frankfurt/M. Hbf., weiter mit Regionalverkehr. **Mit dem Auto** über die A45, Ausfahrt Altenstadt, B521 oder über die A66, Ausfahrt Gründau/Lieblos, B457

BESTE REISEZEIT

ganzjährig

FÜR REGENTAGE

**Schloss Büdingen.** Museum mit Palas, Alchimistenküche und gotischer Schlosskapelle. Führungen nach Vereinbarung, www.schloss-buedingen.de

**Keltenwelt am Glauberg.** Multimedial aufbereitete Ausstellung zur Kultur der Kelten. Am Glauberg 1, Glauburg, www.keltenwelt-glauberg.de

ESSEN UND TRINKEN

**Café am Rathaus.** Gemütliches Café in der Altstadt mit großem Kuchen- und Tortenangebot. Altstadt 13, Büdingen

**Burg Restaurant mit Café.** Spezialitäten der Region im historischen Burgambiente. Ronneburger Hof 1, Ronneburg, www.restaurant-ronneburg.de

ÜBERNACHTEN

**Wohnen am Schlosspark.** Ferienwohnungen für bis zu vier Personen mit Balkon bzw. Terrasse. Am Hain 10, Büdingen, www.wohnenamschlosspark.com

**Ferienhaus Bruno 11.** Kleines Fachwerkhaus mit Garten in zentraler Lage in der Altstadt. Brunostr. 11, Büdingen, www.ferienwohnung.bruno11.de

WEITERE INFOS

**Büdinger Tourismus und Marketing GmbH.** Marktplatz 9, Büdingen, www.stadt-buedingen.de

Sie lässt mit ihrem Museum den Geist der Ritterzeit aufleben. Am etwa 15 Kilometer entfernten **Glauberg** wartet eine weitere Familienattraktion: Hier wurden bedeutende Funde aus dem 5. Jahrhundert v. Chr. gemacht. Der »Keltenfürst vom Glauberg«, eine fast zwei Meter hohe Statue, ist im **Museum** ausgestellt. Als zweithöchste Erhebung im Vogelsberg bietet der rund 40 Kilometer von Büdingen entfernte **Hoherodskopf** (773 Meter) vielfältigen Freizeitspaß für alle Altersklassen. Im Sommer gibt es herrliche **Wanderwege** und als besonderes Vergnügen für Kinder eine **Sommerrodelbahn** (ab fünf Jahren), einen schwebenden **Baumkronenpfad** (ab neun Jahren) sowie einen **Kletterwald** (ab 1,30 Meter Körpergröße).

Im Schlaghaus, einst Schlachthaus von Büdingen, ist heute das Metzgermuseum untergebracht.

### Toller Ausflug

FALKNEREI RONNEBURG – ADLER, GEIER UND EULEN HAUTNAH

Zu einem Ausflug auf die Ronneburg gehört unbedingt ein Besuch bei der Falknerei, die hier ihre majestätischen Vögel vom Frühjahr bis zum Herbst im Rahmen von regelmäßigen Flugvorführungen vorstellt. Vor den historischen Mauern der Burg zeigen Weißkopfseeadler, Wüstenbussard, Wanderfalke und andere Meister der Lüfte ihre Flugkünste. Auch Gänsegeier, Truthahngeier und Uhu geben sich die Ehre und kommen dabei dem Publikum so nahe, dass jede einzelne Feder ihres prächtigen Gefieders zu erkennen ist. Doch am nächsten dran ist der kleine Steinkauz Speedy, der sogar die Köpfe der Zuschauer als Landeplatz benutzt. Wer vom bloßen Zuschauen noch nicht genug hat, erfährt vom Falkner noch Spannendes über die Lebensweise der verschiedenen Greifvögel und Eulen.

www.falknerei-ronneburg.de

# 37 Ausflüge im Spessart

### TOLL FÜR KINDER

**Mespelbrunn.** Im Wasserschloss sind im Rittersaal Rüstungen und Waffen zu bewundern und im Gobelinsaal wird ein Schwert des Fürstbischofs Julius Echter von Mespelbrunn aufbewahrt, www.schloss-mespelbrunn.de

**Klingenberg.** Im Teddymuseum sind Bären namhafter Hersteller zu sehen, auch über gezeichnete Teddybären gibt es Infos, www.historisches-franken.de

**Steinau an der Straße.** Der Erlebnispark Steinau bietet für Kinder jeden Alters etwas. Klettermax und Autoscooter sind genauso beliebt wie der Streichelzoo, www.erlebnispark-steinau.de

### TOLL FÜR ELTERN

**Klingenberg.** Weinbau- und Heimatmuseum mit Ausstellungen zur Geschichte des Weinbaus, Tonbergwerkstollen sowie zahlreichen Gerätschaften. Wilhelmstr. 13a, www.klingenberg-main.de

**Steinau an der Straße.** Brüder-Grimm-Haus und Museum, ehemaliger Wohnsitz der Familie Grimm und heute Museum, www.brueder-grimm-haus.de

**An drei Seiten vom Main und im Norden vom Kinzigtal begrenzt, bietet der Spessart eine beeindruckende Landschaft. Historisch bedeutsame Orte, Burgen, Schlösser und Aussichtspunkte sind ebenso lohnende Ausflugsziele mit Kindern wie das reizvolle Maintal mit seinen Weinbergen und Häckerwirtschaften.**

## Weinberge und Spukschloss

Das **Maintal** mit seinen Weinbergen und hübschen Orten ist immer eine Reise wert. Als Geburtsstadt von Schneewittchen ist das kleine Städtchen **Lohr** berühmt, Fachwerkhäuser, Weinstuben und verwinkelte Gassen bestimmen das Bild der malerischen Altstadt. Ein Besuch des **Spessartmuseums**, dem einstigen Residenzschloss der Grafen von Rieneck, lohnt sich auf jeden Fall. Folgen wir dem Main abwärts, gelangen wir zwischen ausgedehnten Weinbergen über **Wertheim** und **Miltenberg** mit seiner schönen Altstadt nach Klingenberg. Dort bietet sich ein Ausflug zur **Clingenburg** an, wo sich eine grandiose Aussicht auf Klingenberg und den Main bietet.

Auf jeden Fall sollte man einen Abstecher nach **Mespelbrunn** einplanen, wo das berühmte wildromantische Wasserschloss besichtigt werden kann. Als **Spukschloss** im Spessart berühmt, wurde es zwischen 1551 und 1569 von den Edlen von Echter errichtet. Unweit davon steht die

Viele Wege führen durch den Spessart.

## Infos und Adressen

ANREISE

**Lohr:** Bahnstation auf der Strecke Frankfurt–Aschaffenburg. **Mespelbrunn:** Busverbindung nach Aschaffenburg. **Klingenberg:** Mit dem Auto von Aschaffenburg auf der B469 nach Klingenberg. **Steinau an der Straße:** Bahnstation auf der Strecke Frankfurt–Fulda

BESTE REISEZEIT

Frühjahr bis Herbst

ESSEN UND TRINKEN

**Franziskushöhe.** Das Hotel-Restaurant mit seiner schönen Terrasse bietet fränkische Spezialitäten und einen Blick über das Maintal. Ruppertshüttener Str. 70, Lohr, www.franziskushoehe.de

ÜBERNACHTEN

**Burgmannenhaus.** Historisches Gebäude, mit Restaurant. Gebrüder-Grimm-Str. 49, Steinau an der Straße, www.burgmannenhaus-steinau.de

**Straubs Schöne Aussicht.** Direkt am Main gelegen. Bahnhofstr. 18, Klingenberg, www.straubs-schoene-aussicht.de

WEITERE INFOS

www.spessart-mainland.de

Wallfahrtskirche, die als Grablege der Echter von Mespelbrunn diente.

Im Norden an der **Via Regia**, der alten Handelsstraße von Frankfurt nach Leipzig gelegen, ist Steinau an der Straße als **Brüder-Grimm-Stadt** bekannt. Hier verbrachten die Gebrüder Grimm einen Teil ihrer Jugend. An ihre Märchen erinnert der **Märchenbrunnen** am Rathaus, die Gedenkstätte **Brüder-Grimm-Haus** im ehemaligen Amtshaus, das eines der bedeutendsten Museen über die Märchenschreiber ist und der **Froschkönigbrunnen** davor.

Sehenswert ist auch das **Schloss**, die größte und am besten erhaltene Renaissanceanlage in Hessen. Es ist von einem Graben umgeben und beherbergt das **Schlossmuseum** mit einer Brüder-Grimm-Ausstellung. Im Marstall ist das **Marionettentheater** *Die Holzköppe* untergebracht.

Blick über den Main zur Burg von Wertheim

### Nicht verpassen

DAS SCHNEEWITTCHEN VON LOHR

Lohr soll »Geburtsstadt« von Schneewittchen sein, das hier viele Spuren in Form von Schneewittchen-Pralinen, Schneewittchen-Früchtetees und mehr hinterlassen hat. Dem Märchen vom Schneewittchen ist im Spessartmuseum im Schloss Lohr ein Teil gewidmet. Hier lebte Maria Sophia Margaretha Christina von Erthal, die am 19. Juni 1729 im Lohrer Schloss geboren wurde. Ihre Mutter Maria Eva von Erthal starb kurz nach der Geburt ihrer Tochter, und Vater Freiherr Christoph Philipp von Erthal vermählte sich wieder. Nicht belegt ist, ob die Stiefmutter Claudia Elisabeth sie wirklich töten wollte und Schneewittchen über die sieben Berge zwischen Biebergemünd und Lohr in den Biebergrund flüchtete. Dort arbeiteten in den Stollen oft Jugendliche, die nach Silber und Kupfer gruben.

www.spessartmuseum.de

# 38 Feriendorf Auenland

TOLL FÜR KINDER

**Freizeitpark Waffenrod.** Der Park hat ganzjährig geöffnet, die Sommerrodelbahn von Mai bis Oktober. Zum Burgberg 1, Eisfeld, www.freizeitpark-waffenrod.de

**Milch- und Reklamemuseum Hildburghausen.** Spannendes über Milch, Käse und Butter gibt's im ersten Teil und für die Eltern eine einzigartige Sammlung von Emaille-Schildern aus der Zeit von etwa 1900 bis in die 1930er-Jahre im zweiten Teil des Museums. Knappengasse 26, Hildburghausen

TOLL FÜR ELTERN

**Coburg entdecken.** Zum Beispiel mit einem Audioguide durch die Stadt oder auf den Spuren Martin Luthers – und danach z. B. eine Coburger Bratwurst im Gasthaus Goldenes Kreuz, dem ältesten Gebäude der Stadt, genießen, www.coburg.de

**Wellnesstag in der Therme Bad Rodach.** Einen Tag ThermeNatur mit Sauna und Aromamassage – herrlich! www.therme-natur.de

**Die Erdhäuser im Feriendorf Auenland sind eine ganz besondere Unterkunft für Urlaub mit der Familie. Im Umkreis gibt es eine Reihe von Wander-, Rad und Skilanglauftouren und das sehenswerte Städtchen Eisfeld, das besonders für Spielzeugfans zwei schöne Museen zu bieten hat.**

## Wohnen wie die Hobbits

Übernachten in einem Drei-Sterne-Erdhaus, fernab von Verkehr und in einem Naturparadies, in dem die Kleinen nach Lust und Laune auf Entdeckungsreise gehen können – das ist mal ein ausgesprochen entspanntes Urlaubsfeeling! Urig eingerichtete Appartements mit allem Komfort machen schon das Übernachten zu einem außergewöhnlichen Erlebnis.

In unmittelbarer Nähe des Feriendorfes liegen der **Freizeitpark Waffenrod** mit einer rasanten, 420 Meter langen Sommerrodelbahn. **»Mystica«** heißt der große, kostenfreie Abenteuerspielplatz, der als Spiel,- Lern- und Erlebnisgarten konzipiert wurde.

Wer die Unterhaltungsangebote rund ums Feriendorf genossen hat, kann sich ins nahe gelegene **Eisfeld** aufmachen, eine typische Kleinstadt im Thüringer Wald und idyllisch am Oberlauf der Werra gelegen. Neben dem **Werratal-Radweg** gibt es hier eine ganze Reihe von schönen Wanderwegen, etwa den **Werra-Burgen-Steig**,

Wie aus einer Fantasiewelt: die Erdhäuser im Feriendorf

Abenteuer gibt es hier reichlich zu bestehen.

## Infos und Adressen

ANREISE

**Mit dem Auto:** Eisfeld liegt an der A73 zwischen Bamberg und Suhl.

BESTE REISEZEIT

Pfingsten bis September

AKTIVITÄTEN

**Thüringer Porzellanstraße.** Alles rund ums weiße Gold in spannenden Museen und Produktionsstandorten, www.thueringer-porzellan.de

FÜR REGENTAGE

**Werra Sport- und Freizeitbad Hildburghausen.** Oberes Kleinodsfeld 16, Hildburghausen, www.sprung-frei.de

ESSEN UND TRINKEN

**Restaurant Bergbaude.** Leckeres Essen mit Panoramablick auf die umliegenden Berge des Thüringer Waldes. Gehört zum Feriendorf

ÜBERNACHTEN

**Feriendorf Auenland.** Zum Burgberg 1, Waffenrod/Hinterrod, Eisfeld, www.feriendorf-auenland.de

**Campingplatz »Quartier bei Baron von Münchhausen«.** Direkt am Werraradweg, mit Hütten für die, die Camping-Feeling lieben, aber den PKW bevorzugen. Waldstr. 6, Eisfeld OT Bockstadt, www.unterkunft-werraradweg.de

WEITERE INFOS

www.feriendorf-auenland.de
www.thueringer-wald.de

der nach Bockstadt zum **Schloss** der ehemaligen Barone von Münchhausen führt und weiter entlang der Werra bis Schloss Landsberg bei Meiningen. In Eisfeld ist der historische Stadtkern mit dem Schloss einen Besuch wert. Genau genommen handelt es sich um eine Burganlage aus dem 11. und 12. Jahrhundert. Imposant sind die Mauern, die das Areal umgeben, und der Garten. Im Schloss befindet sich ein Museum, das eine der größten Sammlungen zur Geschichte des Thüringer Porzellans beherbergt. Für Kinder interessant sind die Ausstellungen des **Murmel-Museums** in Eisfeld und im vier Kilometer entfernten Sachsenbrunn, die alles über die faszinierende »Märbel«, wie man die Glaskugel hier nennt, präsentieren. Spannende Geschichten erzählen vom Handwerk, und allerlei interessante Gerätschaften sind zu sehen, die man für die Spielzeugproduktion einst verwendete.

### Besonderer Ausflug

WILDPARK SCHLOSS TAMBACH

Zwei lohnenswerte Ausflugsziele sind der prächtige Schlosspark und der mehr als 50 Hektar große Wildpark Tambach. Das Areal wurde im 19. Jahrhundert als englischer Landschaftsgarten rund um das malerische Schloss angelegt und befindet sich noch heute im Besitz der Grafen zu Ortenburg. Seit 1970 gibt es den landschaftlich überaus reizvollen Wildpark inmitten alter Bäume, Teiche und Bachläufe. Spannend sind die Führungen zu Wolf und Luchs, bei denen man viel über diese scheuen Tiere erfahren kann. Eine Augenweide ist der Landschaftspark im Frühjahr, wenn Zehntausende Narzissen und Krokusse erblühen. Inmitten der wildromantischen Landschaft steht ein barockes Forsthaus mit alter Mühle, und ein Biergarten mit großem Spielplatz ist der ideale Platz zum Verweilen.

www.wildpark-tambach.de

# 39 Natur- und Geopark Vulkaneifel

TOLL FÜR KINDER

**Vulkanhaus Strohn.** Hier kann man experimentieren, anfassen und ausprobieren. Nicht verpassen: die Vulkanspalte und die Strohner Lavabombe! www.vulkanhaus-strohn.de

**Maarmuseum.** Wissenswertes über die Eifelmaare – aufschlussreich und unterhaltsam, www.maarmuseum.de

**Adler- und Wolfspark Kasselburg.** Volieren mit Adlern, Falken und Nachtgreifvögeln. Im nahen Gehege lebt das größte Wolfsrudel Westeuropas. Regelmäßige Flugvorführungen, www.adler-wolfspark.de

TOLL FÜR ELTERN

**Glockengießerei Mark.** Der Familienbetrieb stellt hochwertige Glocken her – und das schon seit 1620. Brockscheid, www.glockengiesser.de

**Dauner Kaffeerösterei.** Wenn der Duft von frisch geröstetem Kaffee Daun durchströmt, findet man auf Anhieb die kleine Kaffeerösterei, in der handverlesene Kaffeesorten auf traditionelle Weise veredelt werden, www.dauner-kaffeeroesterei.de

Die drei Dauner Maare, die berühmtesten »Augen der Eifel«, entstanden durch Wasserdampfexplosionen beim Zusammentreffen von Grundwasser und heißem Magma.

**Die Vulkaneifel ist die jüngste Vulkanlandschaft Deutschlands. Ausgeschilderte Geo-Routen, Exkursionen mit zertifizierten Natur- und Geoparkführern und spannende Geo-Museen erschließen die erdgeschichtliche Vielfalt. Viele Aktivitäten wurden speziell für Familien mit Kindern konzipiert.**

## Vielseitige Vulkanlandschaft

Tiefblau und geheimnisvoll glänzt das Wasser in den kreisrunden Maarseen, eingebettet zwischen bewaldeten Hügelrücken. Wer in die »Augen der Eifel« schaut, mag sich kaum vorstellen, dass das Idyll einen ganz und gar nicht friedlichen Ursprung hat. Vor nicht allzu langer Zeit wüteten in der Region heftige Vulkanausbrüche: Gewaltige Explosionen rissen tiefe Löcher in die Erde, rotglühende Lavaströme ergossen sich in die Landschaft. Erst vor 10 000 Jahren (Ulmener Maar) erlosch das Feuer – vorerst. Zurück blieb eine vielseitige Vulkanlandschaft: 350 Vulkane, Maare, Lavaströme, Mineral- und Kohlensäurequellen prägen das Bild der jüngsten Vulkanlandschaft Deutschlands, rote Sandsteine und tropische Kalksteinriffe zeugen von den Ereignissen der letzten 400 Millionen Jahre. Eine gute geologische Übersicht bietet die **»Deutsche Vulkanstraße«**. Die 280 Kilometer lange Route verbindet 39 Sehenswürdigkeiten zum Thema Eifelvulkanismus und bezieht auch die Osteifel mit ein. Vertiefen kann man die Eindrücke auf den vielen Geo-Themenpfaden. Der **Gerol-**

**steiner Felsenpfad** (8,4 km, 4 Std.) führt durch die Gerolsteiner Dolomiten – vor 380 Millionen Jahren ein subtropisches Flachmeer mit mächtigen Korallenriffen. In der **Buchenlochhöhle** fanden einst Steinzeitmenschen Schutz. Auch der **Sarresdorfer Lavastrom**, der jüngste der Eifel, hat hier seinen Ursprung. Unterwegs lockt ein Besuch der **Kasselburg**, in der ein Adler- und Wolfspark untergebracht ist. Familienfreundlich ist auch die Runde der **Dauner Maare** (16 km, 4 Std.). Das **Schalkenmehrener**, **Weinfelder** und **Gemündener Maar** entstanden bei einer Reihe heftiger Explosionen vor 15 000 bis 30 000 Jahren. Bei schönem Wetter lohnt sich die Mitnahme eines Picknickkorbs, denn unterwegs gibt es viele schöne Rastgelegenheiten mit tollen Ausblicken. Für Radfahrer empfiehlt sich der **Maare-Mosel-Radweg** (58 km). Der Radweg, angelegt auf einer ehemaligen Bahntrasse, führt von Daun nach Bernkastel-Kues und gilt als besonders kinderfreundlich, denn er hat nahezu keine Steigungen und kreuzt kaum Straßen.

## Radwege, extra für Kids

Teile des Maare-Mosel-Radwegs (Daun–Gillenfeld, 11 km) und des Kyll-Radwegs (Bewingen–Densborn, 20 km) sind als **Kinderradweg** ausgewiesen. Gemeinsam mit den Freunden Biggi Biene, Elli Eule, Freddi Fledermaus und Willi Basalt entwirren die Kids dort die **Geheimnisse der Vulkaneifel**. An vielen Stellen erläutern die »kleinen Experten« auf Schautafeln Wissenswertes zu Maaren und Vulkanen, Greifvögeln und trutzigen Burgen oder zu seltenen Fledermausarten. Und warum nicht mal mit einem zertifizierten Natur- und Geoparkführer die Region durchstreifen? Viele Exkursionen sind eigens für Familien konzipiert. Bei der Ende Oktober in **Strohn** stattfindenden **Fackelwanderung** begegnet man der imposanten **Strohner Lavabombe** und erkundet im Alftal einen 30 000 Jahre alten Lavastrom, nach Einbruch der Dunkelheit geht es mit Fackeln über das verlandete Sprinker Maar zurück. Beim **Geocaching** in Gerolstein, einer Art moderne Schnitzeljagd, gehen die Kids mit dem GPS-Gerät auf »Schatzsuche«. In **Gerolstein** erforschen kleine Wasserdetektive (6–12 Jahre) Mineralquellen und experimentieren dabei mit Brausepulver und Luftballons. Beim Programm **Junior-Ranger Vulkaneifel** können naturbegeisterte Jugendliche (12–16 Jahre) nach

In den Herbstferien hat man die familienfreundlichen Radwege fast für sich allein.

### *Nicht verpassen*

AUF DEN BRUBBEL IST VERLASS

Neben den Maaren, Vulkanen, Lavaströmen und Mineralquellen wartet die Vulkaneifel mit einer weiteren Besonderheit auf: Im Ort Wallenborn befindet sich der einzige Kaltwassergeysir (9 °C) der Region. Der Wallende Born, im Volksmund »Brubbel« genannt, ist absolut verlässlich und bricht im 30-Minuten-Takt aus. Während der etwa fünf Minuten andauernden Eruption wird innerhalb von Sekunden eine bis zu drei Meter hohe Wassersäule ausgeworfen, im Verlauf der weiteren Wallung (ca. 5 Min.) geht die Anstiegshöhe des Wasserspiegels auf 60 Zentimeter zurück. »Treibgas« des Geysirs ist aus dem Untergrund aufsteigendes Kohlendioxidgas ($CO_2$). Es sammelt sich in einem unterirdischen Wasserreservoir bis zur Übersättigung und entleert sich schlagartig – wie eine Mineralwasserflasche, die geschüttelt wurde. An den Wallenden Born schließt sich der 3,5 Kilometer lange Brubbelpfad an. Infotafeln am Wegesrand gewähren Einblicke in das Dorfleben von Wallenborn, in den lokalen Dialekt und in die landschaftlichen Besonderheiten.

*Mitmachen!*

BURGENFEST MANDERSCHEID

Ein Fanfarensignal ertönt. In grandioser Pracht präsentieren sich die Löwenritter dem schaulustigen Fußvolk. Mit Bogen und Lanze reiten sie gegen den »wilden Eber«. Auch die Bogenschützen geben eine Kostprobe ihrer Geschicklichkeit. Dann der große Augenblick: Der Kampf »Mann gegen Mann« wird angekündigt. Sobald das Signal gegeben ist, galoppieren die Pferde los. Die Lanzen senken sich … Der Ritterkampf ist der Höhepunkt des Burgenfestes, das jährlich Ende August auf der Niederburg stattfindet. Hier werden die schönen Seiten des Mittelalters in Erinnerung gerufen, die jeden Sommer Tausende Besucher in ihren Bann ziehen. Bänkelsänger, Jongleure und Handwerker zeigen ihr Geschick, betörende Gerüche und harmonische Klänge sind ein Fest für die Sinne – ein farbenfrohes Spektakel. Für die Kids gibt es Puppentheater im Burgkeller mit Geschichten und Märchen aus längst vergangener Zeit und ein Kinderritterturnier. Ein weiteres Plus sind die familienfreundlichen Eintrittspreise.

www.niederburg-manderscheid.de

In der Niederburg spukte es jahrhundertelang.

der Ausbildung durch Wissenschaftler und Pädagogen später selbst der Familie oder Freunden berichten, wo die Wildkatze lebt oder wie die Maare entstanden sind.

## Vulkane zum Leben erwecken

Hintergrundwissen vermitteln zahllose spannende Geo-Museen. Das **Naturkundemuseum in Gerolstein** ist ein Muss für Freunde von Fossilien und Mineralien. Eine Etage höher ertönen dort auf Knopfdruck Tierstimmen, die den entsprechenden Tieren zuzuordnen sind. Mithilfe von Blackboxen wird der Tastsinn geschult: Gras, knorrige Wurzeln oder feuchte Erde, in Kisten verborgen, lassen sich durch Tasten bestimmen. Im **Eifel-Vulkanmuseum** in **Daun** kann man mit einigen kräftigen Tritten auf ein Pedal einen »echten« Vulkan zum Leben erwecken! Das **Maarmuseum** in **Manderscheid** erläutert mit multimedialer Technik das Entstehen der Eifeler Seen. Im **Vulkanhaus Strohn**, dem jüngsten Geo-Museum, bieten Experimente, in Erlebniswänden verborgene Exponate und begehbare Erlebnisräume erstaunliche Eindrücke. Das Highlight ist die 12 000 Jahre alte, sechs Meter lange und vier Meter hohe **Lavaspaltenwand**, die 1992 im nahen Steinbruch entdeckt und ins Museum verfrachtet wurde. Förmlich erschlagen wird man von der in der Nähe des Museums aufgestellten **Lavabombe**. Ein Koloss von 120 Tonnen!

Im Adler- und Wolfspark Kasselburg kommt man den stattlichen Greifvögeln ganz nahe.

# Natur- und Geopark Vulkaneifel

## Infos und Adressen

ANREISE

**Mit dem Auto** erreicht man das Gebiet von Norden her über Köln und die A1, von Süden über Koblenz und die A48/A1. **Mit der Bahn:** Regionalbahn von Köln nach Gerolstein bzw. von Koblenz nach Daun

BESTE REISEZEIT

Mai bis Oktober

FÜR REGENTAGE

**Eifel-Vulkanmuseum.** Vulkanismus der Eifel und weltweit. www.vulkaneifel.de/eifel-vulkanmuseum

**Naturkundemuseum Gerolstein.** Fossilien, Mineralien, Fauna und Flora, www.naturkundemuseum-gerolstein.de

**Mausefallenmuseum Neroth.** Das kuriose Museum zeigt den Einfallsreichtum bei der Herstellung von Mausefallen

**Vulkanhof.** Die Ziegenkäserei in Gillenfeld gehört zu den besten Käsereien Deutschlands, www.vulkanhof.de

**Schulmuseum Ulmen.** Eine typische Dorfschule wie vor 100 Jahren, eingerichtet mit Schulbänken, Schiefertafel und vielen liebevollen Details

ESSEN UND TRINKEN

**Landgasthaus Janshen.** Hier kann man gemütlich von der Terrasse bei Schnittchen, selbst gebackenem Kuchen und Kaffee den Kleinen auf dem Spielplatz oder im Streichelzoo zusehen. Moselweg 11, Ellscheid, www.janshen-ellscheid.de

**Mausefalle.** Gemütliches Bistro-Café mit der größten Mausefalle der Welt (6 x 3 m) vor der Tür. Die Spielwiese mit Rutsche, Schaukel, Trampolin und Seilbahn lässt keinen Kinderwunsch unerfüllt. Hauptstr. 42, Neroth, www.mausefalle-neroth.de

**Bauernhofcafé Morgenfelderhof.** Hier gibt es hausgebackene Kuchen und andere regionale Köstlichkeiten, für die Kids einen Spielplatz und einen Streichelzoo mit Ziegen, Hühnern und Ponys. Brunnenstr. 37, Eckfeld, www.bauernhofcafe-morgenfelderhof.de

**Waldcafé.** Schmackhafte, preisgünstige Gerichte und familiäre Atmosphäre. Kinderspielgeräte bieten Abwechslung für kleine Besucher. Maarstr. 7, Daun, www.waldcafe-daun.de

ÜBERNACHTEN

**Kapellenhof.** Auf dem mehrfach als beliebtester Bauernhof von Rheinland-Pfalz ausgezeichneten Hof der Familie Krämer können Kinder im Stroh spielen, Tiere füttern, Hühnereier sammeln und beim Melken helfen. Manderscheid, www.kapellenhof.de

**Sporthotel & Resort Grafenwald.** Familienfreundliche Zimmer, Ferienhäuser und Appartements. Während die Eltern im Fitness- und Wellnessbereich entspannen, sind die Kids im »Club der Knirpse« gut aufgehoben. Der Abenteuerspielplatz mit Rutschen, Ritterburg, Seilbahn usw. und eine echte Dampflokomotive sorgen für viel Spielfreude. Im Grafenwald, Daun, www.sporthotel-grafenwald.de

**NaturPurHotel Maarblick.** Das familienfreundliche Hotel am Meerfelder Maar verwöhnt Eltern mit einem Wellnessbereich und Kids mit einer Spielecke und einem nahen Spielplatz. Meerfeld, www.landhotel-maarblick.de

**Waldferienpark Gerolstein.** Gut ausgestattete Bungalows und Campingplatz mit Kinderspielplatz, Streichelzoo, Minigolf und Hallenbad. Hillenseifen 200, Gerolstein-Hinterhausen, www.parkgerolstein.com

**Wolffhotel.** Kleines Landhotel am Waldrand. Im Herbst hört man hautnah das Röhren der Hirsche im Wald. Birresbornerstr. 8, Kopp, www.wolffhotel.de

WEITERE INFOS

**Natur- und Geopark Vulkaneifel:** www.geopark-vulkaneifel.de

**Tourist-Information Daun:** www.gesundland-vulkaneifel.de

**Tourist-Information Gerolsteiner Land:** www.gerolsteiner-land.de

**Tourist-Information Manderscheid:** www.gesundland-vulkaneifel.de

**Urlaubsregion Hillesheim:** www.hillesheim.de

Die Strohner Lavabombe, die sich 1969 bei einer Sprengung im Steinbruch am Wartgesberg aus der Bruchwand löste, beeindruckt mit einem Durchmesser von fast fünf Metern.

Auf Holzwegen geht es durch das Schwarze Moor in der Rhön.

# 40 Mit dem Rad vom Main zur Rhön

TOLL FÜR KINDER

**Freizeitbad Sinnflut.** Die Therme bietet den Kleinen u. a. einen Wasserspielgarten, ein Erlebnisbecken und eine Kletterwand.

**Paddeln auf der Saale.** Der seichte Fluss kann per Kanu, Kajak, Kanadier, Schlauch- oder Ruderboot befahren werden.

**Ruine Trimburg.** Der Abenteuerspielplatz bei Elfershausen wird an Sonn- und Feiertagen bewirtet.

**Sternenpark Rhön.** Die dünn besiedelte Rhön ist ein erstklassiger Fleck zum Sterne beobachten.

**Triamare Bad Neustadt.** Die 94-m-Riesenrutsche hinunterzubrausen ist ein Traum.

TOLL FÜR ELTERN

**Haus der Langen Rhön.** In Oberelsbach gibt es Informationen zum Biosphärenreservat Rhön.

**Deutsches Fahrradmuseum.** Es residiert im Jugendstilgebäude der Villa Füglein im Herzen Bad Brückenaus.

**Museum Obere Saline.** Namhafte Personen logierten hier bei ihrem Kuraufenthalt in Bad Kissingen.

Fladungen ist die nördlichste Stadt in Unterfranken und liegt auf einer Höhe von 414 Metern.

**Der 330 Kilometer lange Rundkurs erschließt die hügelige Mitte Deutschlands für radelnde Familien. Unterwegs geben die kleinen Flüsse Saale und Sinn den Reiseweg vor, der gespickt mit einladenden Kleinstädten wie Gemünden, Bad Kissingen und Fladungen ist.**

## Radwandern auf dem Dreisterneweg

Der Radweg »Vom Main zur Rhön« gilt noch als Geheimtipp für Naturradler. Die von der **Ruine der Scherenburg** bewachte Dreiflüssestadt **Gemünden am Main** markiert den Start- und Zielort. Entlang der Fränkischen Saale geht der vorbildlich ausgebaute Radweg kaum spürbar ansteigend den sanften Talschleifen nach. Unterwegs bestimmen Streuobstwiesen die Szenerie, dann wieder Orte wie Hammelburg, Euerdorf und **Bad Kissingen**. Im 19. Jahrhundert ließ Ludwig I. von Bayern die Stadt gezielt zu einem mondänen Badeort ausbauen, der sich heute mit dem Titel »Bayerisches Staatsbad« schmückt. Bereits seit dem Jahr 823 sprudeln in Bad Kissingen sieben Heilquellen. Da ist es wenig verwunderlich, dass sich bereits im ausgehenden Mittelalter der Ruf der Stadt als exzellenter Kur- und Heilort festigte. Im 19. Jahrhundert ließ Ludwig I. von Bayern die Stadt gezielt zu einem mondänen Badeort ausbauen, der sich heute mit dem Titel »Bayerisches Staatsbad« schmückt.

Die sehr ruhige Rundtour führt im Saaletal durch ausgedehnte Wiesenlandschaften.

## Infos und Adressen

ANREISE

**Mit dem Auto:** Gemünden liegt an der B26 und ist über die A7 Ausfahrt Hammelburg zu erreichen. Von Berlin sind es ca. 480 km, von Hamburg ca. 490 km, von Köln ca. 280 km, von München ca. 320 km.

**Mit dem Zug:** Gemünden ist ein bedeutender Eisenbahnknotenpunkt. Entlang der Strecke gibt es zahlreiche Bahnhöfe.

TOURENVERLAUF

Gemünden – Hammelburg – Bad Kissingen – Bad Bocklet – Bad Neustadt – Bad Königshofen – Mellrichstadt – Fladungen – Bischofsheim – Bad Brückenau – Burgsinn – Gemünden

Entlang der Flüsse Saale und Sinn kann der ruhige Radwanderweg als Genussstrecke bezeichnet werden. Im mittleren Abschnitt verlangt die bergige Rhön einiges ab.

Der Rundkurs ist in beide Richtungen ausgewiesen.

WEITERE INFOS

**Tourismus GmbH Bayerische Rhön:**
www.vom-main-zur-rhoen.de

**Bayern Tourismus Marketing:**
www.bayern.by

**Tourenkarte Radfahren** unter:
www.bayerninfo.de/rad

Bis heute führt Bad Kissingen die Tradition fort und gibt sich als moderner Wellnessort.

Hinter **Bad Bocklet** mit seiner Balthasar-Neumann-Quelle ist **Bad Neustadt** die dritte Erholungsoase im Bunde. Die Fahrradroute wird welliger und führt nach einem kurzen Ausflug durch Thüringen ins 50 Kilometer entfernte **Fladungen**. Radler, die die nördlichste Stadt Bayerns erreichen, erkennen sofort, warum die Rhön als »Land der offenen Fernen« bezeichnet wird. Rings um das **Obere Streutal** erstrecken sich bis zum Horizont blumenübersäte Matten und Wiesen. Sie konkurrieren mit den sanft gerundeten Bergen und Kuppen um das schönste Fotomotiv. Anschließend steigt der Weg deutlich an und entschädigt Kinder für ihre Mühen mit fantastischen Panoramablicken. **Bischofsheim** liegt am Fuß des 938 Meter aufragenden Kreuzberges und wird von einer gut erhaltenen Stadtmauer eingefasst. Wenig später beginnt die lange Abfahrt durch das enge **Sinntal**. Dabei taucht die Qualitätsfahrradroute in den Mischwald des **Spessarts** ein und lässt **Bad Brückenau** sowie **Burgsinn** hinter sich.

### *Nicht verpassen*

FRÄNKISCHES FREILANDMUSEUM FLADUNGEN

Das Freilandmuseum Fladungen vermittelt anschaulich, wie es in Franken zu früheren Zeiten ausgesehen hat. Die Sammlung ist in die Landstriche Spessart-Rhön und Grabfeld-Haßberge unterteilt und beherbergt komplett erhaltene Hofstellen, Mühlen, eine Dorfschule, ein Brauhaus, eine Schäferei und natürlich eine kleine Kirche. Auch ein Blick in den Rhöner Bauernladen darf nicht fehlen, denn dort gibt es frische Lebensmittel sowie kunsthandwerkliche Gegenstände aus der Region. Direkt neben dem zwölf Hektar großen Museumsgelände liegt der Heimatbahnhof des Rhön-Zügles, das an den Wochenenden zu nostalgischen Dampfbetriebsfahrten durch das Tal nach Mellrichstadt einlädt. Radler lassen den Museumsbesuch anschließend im Museumswirtshaus Zum Schwarzen Adler ausklingen.

Bahnhofstr. 19, Fladungen, www.freilandmuseum-fladungen.de

# 41 Auf dem Main-Radweg

TOLL FÜR KINDER

**Tierpark Röhrensee.** Im Süden Bayreuths gelegen, mitsamt einem Streichelzoo

**Coburger Puppenmuseum.** Über 2000 Exponate, darunter 350 Teepuppen

**Villa Kunterbunt Hallenspielplatz Kitzingen.** Neben Electrocarts lockt eine Riesenkletterwand.

**WaldWichtelWeg Marktheidenfeld.** Rundkurs zum Entdecken von Wald und Umwelt

TOLL FÜR ELTERN

**Naturkundemuseum Bamberg.** Ausstellungsstücke zur Paläontologie, Vogel- und Insektenkunde sowie Mineralogie

**Erlebnisbad Nautiland.** Abenteuerbecken mit Strömungskanal, Sprudelliegen und Wasserfällen, dazu ein Wasserspielgarten und eine lange Wasserrutsche

**Main-Golf.** Minigolfvariante mit Hindernissen und hohem Spaßfaktor

**Frankfurter Flughafen.** Deutschlands größter Airport bietet informative Busrundfahrten hinaus auf das Rollfeld

Die Festung Marienberg thront erhaben über dem Main in Würzburg.

**Der Main schlängelt sich durch die Mitte Deutschlands. Umfasst von wogenden Feldern und geheimnisvollen Wäldern, ebnet der malerische Fluss das Terrain für radelnde Familien. Abgerundet wird die Mehrtagesreise von wehrhaften Burgen, romantischen Fachwerkorten und tollen Spielplätzen.**

## Mee, Moi oder Mää?

Radtouren mit Kindern liegen im Trend. Der vorbildlich ausgeschilderte Main-Radweg verspricht eine problemlose Familienfahrt. Seit Jahren zählt die leichte Genießerstrecke zu den beliebtesten Radwanderstrecken Deutschlands und wurde vom Allgemeinen Deutschen Fahrrad-Club (ADFC) als erster Fernradweg mit fünf Sternen ausgezeichnet. Für den Fluss Main kursieren, je nach Region, die verschiedensten Aussprachen: Während er am Oberlauf Maa ausgesprochen wird, gibt es stromabwärts noch Bezeichnungen wie Mee, Moi oder Mää! Kompliziert? Nein – die Namen spiegeln nur die verschiedenen Kulturräume am 520 Kilometer langen Fließgewässer wider. Reiseradler, die den Main-Radweg befahren wollen, stehen zu Beginn der Reise vor der Qual der Wahl. Sowohl der **»Weiße Main«**, der im Fichtelgebirge entspringt, als auch der **»Rote Main«**, der in der Fränkischen Schweiz beginnt, bieten ein ruhiges Revier für Ausflüge mit Kindern.

**Kulmbach**, **Bayreuth** und **Bamberg** sind die ersten Stadtperlen. Unterwegs bringen das Sport- und Spaßbad **Aqua Riese** und das **Freizeitbad Bambados** beanspruchte Muskeln wieder auf Vordermann.

Auf dem nächsten Teilstück schlängelt sich der Radweg südlich entlang des **Naturparks Haßberge** und überschreitet die imaginäre Grenze zwischen Bier- und Weinfranken. Dabei stoppen Familien an einladenden Spielplätzen und machen hier und da in der Natur Rast. Beiderseits der Fahrradroute reihen sich **Geocachingpunkte** – für eine Schatzsuche mit dem GPS-Gerät – aneinander und lassen Kinder spielend vorwärtsradeln. Auch sonst wird längs des Flussradwegs viel Wert auf Hilfestellungen gelegt. So gibt es eine kostenfreie Main-Radweg-App mit nützlichen Infos zum Reiseweg, eine kompakte Broschüre mit Wissenswertem und ein engmaschiges Netz aus Servicestationen.

## Märchen- und Räuberwälder

Von **Volkach** aus entführt der Main die Radfahrer in beschauliche Winzerorte. Bald darauf kündet die hoch über dem Tal errichtete **Festung Marienberg** mit Würzburg einen weiteren Reisehöhepunkt an. Dort können Abenteurer zwischen den dicken Mauern Ritter spielen. Einen Besuch lohnen zudem das **Kinderland**, die **Fürstbischöfliche Residenz** sowie das **Erlebnisbad Nautiland**. Die Weinlandschaft wird hinter Karlstadt allmählich von dichten Wäldern abgelöst, die anschließend das Landschaftsbild dominieren.

**Lohr am Main** ist eine schmucke Fachwerkstadt und bezeichnet sich als das »Tor zum Spessart«. Im **Schneewittchenschloss** gibt es nicht nur Märchenspiegel zu sehen, sondern obendrein alte Räuberwaldgeschichten zu hören. Zu den Perlen des Mainvierecks gehört auch **Wertheim** – die nördlichste Stadt Baden-Württembergs. Bereits von Weitem ist die Burg zu sehen und thront als ehrwürdiges Symbol der 800-jährigen Stadtgeschichte über der Taubermündung. Von hier aus wendet sich die Tour erst Richtung Westen, um bei der **Bilderbuchstadt Miltenberg**, eingerahmt von Odenwald und Spessart, erneut gen Norden zu laufen.

## Von Bayern nach Hessen

Der Flussabschnitt bis **Seligenstadt** bildete einstmals den Grenzverlauf des Obergermanisch-Raetischen Limes. Dort, wo die römischen Truppen einst den Mainlimes und den Handel

Pause am Rudufersee, dessen grüne Ufer ideale Picknickplätze bieten

### Nicht verpassen

DEUTSCHES DAMPFLOKOMOTIV-MUSEUM

Familien, die ihre Tour am Weißen Main starten, können sich mit dem Deutschen Dampflokomotiv-Museum auf ein erstes Reisehighlight freuen. Das Spezialmuseum ist das größte seiner Art in der Bundesrepublik: Mehr als 30 Dampflokomotiven veranschaulichen die Entwicklung der riesigen Stahlrösser, die heute Klein wie Groß gleichermaßen ins Schwärmen bringen. Besuchermagnet ist der 15-ständige Ringlokschuppen mit Segmentdrehscheibe, in dem die betagten Schmuckstücke zur Schau gestellt werden. Lohnende Fotomotive versprechen zudem die noch arbeitstüchtigen Dampf-, Wasser- und Kohlekräne. Spannend ist eine Fahrt mit dem Museumszug: Unter dem Motto »Vom Eisenbahnerhimmel ins Bierparadies« rattert man in das Bayerische Brauerei- und Bäckereimuseum nach Kulmbach.

Birkenstr. 5, Neuenmarkt, www.dampflokmuseum.de

## Toller Ausflug

FRANKFURTER ZOO

Der 1858 eröffnete Tierpark ist der zweitälteste Deutschlands. Berühmtheit erlangte der Zoo vor allem durch die Arbeit des einstigen Direktors Bernhard Grzimek und die aktuellen Dokumentationen *Giraffe, Erdmännchen & Co.* Heute leben hier rund 4500 Individuen aus ca. 500 Tierarten. Stars sind die seltenen Arten wie der Sumatra-Tiger, der Mandschurenkranich oder der Asiatische Löwe. Kinderaugen leuchten beim Anblick der Affenbabys, der Okapis und natürlich der putzigen Erdmännchen. Großer Beliebtheit erfreuen sich die Fütterungen der Piranhas, der Pinguine und der flinken Robben. Neben dem klassischen Zoobesuch gibt es spannende Nachtexpeditionen mitsamt Lagerfeuer. Auch zoopädagogische Führungen, Familienfeiern und Kindergeburtstage werden angeboten.

Bernhard-Grzimek-Allee 1, www.zoo-frankfurt.de

mit den Germanen überwachten, rollen heute Radler auf gepflegten Asphaltbahnen genüsslich Richtung **Aschaffenburg**. Weithin sichtbar prägt das aus rotem Sandstein errichtete **Schloss Johannisburg** das Gesicht der Kulturstadt. Im Nachbarort Haibach verspricht der neben dem **Wildpark** gelegene **Hochseilgarten** Nervenkitzel pur.

Vorbei an Seligenstadt führt der Main-Radweg in die **Brüder-Grimm-Stadt Hanau**. Von Mai bis Juli verwandelt sich der Geburtsort der weltberühmten Märchensammler zu einem kunterbunten Spektakel. Dann werden während der Brüder-Grimm-Festspiele alte Märchen und Fabeln zum Leben erweckt. Auf der Weiterfahrt sticht dann bald darauf die unverwechselbare Skyline von **Frankfurt am Main** in den Himmel. Neben den berühmten Sehenswürdigkeiten wie **Senckenberg Naturmuseum**, **Flughafen** und **Frankfurter Zoo** lohnen auch weniger bekannte Attraktionen, etwa das **Kinder Museum** oder das **Kinderkino** einen Familienbesuch. Hinter der größten Stadt Hessens trennen einen nur wenige Pedalumdrehungen vom Reiseziel **Mainz**. Dort steigen Eltern und Kinder mit vielen neuen Eindrücken vom Rad.

Die Wallfahrtskirche Mariä Heimsuchung in Würzburg

Im Schloss von Lohr am Main »residiert« das Spessartmuseum.

# Auf dem Main-Radweg

## Infos und Adressen

### ANREISE

**Mit dem Auto:** Creußen liegt an der B85 und ist über die A9 (Ausfahrt Trockau) zu erreichen. **Mit dem Zug** ist Creußen ebenfalls zu erreichen, vom Reiseziel Mainz kann man per Zug bequem nach Hause reisen.

### BESTE REISEZEIT

Malerisch zeigt sich das Maintal im April und Mai. In den Sommermonaten laden zahlreiche Badeseen und Freibäder zu einer Erfrischung ein. Angenehm für Aktivferien ist noch der September.

### TOURVERLAUF

Bischofsgrün – Kulmbach – Bamberg – Schweinfurt – Kitzingen – Würzburg – Wertheim – Aschaffenburg – Seligenstadt – Frankfurt – Mainz. Die meist verkehrsberuhigte Streckenführung punktet durch vorzüglich ausgebaute Asphaltbahnen. Zu Beginn genießen Familien eine schöne Abfahrt und dann gibt es nur wenige Kurzanstiege zu überwinden. Die Reiseroute ist in beiden Richtungen durchgehend mit »Main Radweg« ausgeschildert.

### FÜR REGENTAGE

**Plassenburg.** Das Wahrzeichen von Kulmbach verfügt über gleich vier Museen, plassenburg.de

**AquaRiese.** Das Sport- und Spaßbad Aqua Riese in Bad Staffelstein bietet mit seinen drei separaten Wasserbecken Freizeitvergnügen bei jedem Wetter, www.aquariese.de

**Spessartmuseum.** Im Schloss von Lohr am Main wird das Märchen vom Schneewittchen wahr, www.spessartmuseum.de

**Museum.Burg.Miltenberg.** Das verwinkelte Bauwerk lädt regelrecht zum Erkunden ein, www.museum-miltenberg.de

**Senckenberg Naturmuseum.** Auf einer Fläche von 6000 m² werden mehrere Tausend, zum Teil weltweit einzigartige Exponate präsentiert, www.senckenberg.de

### ESSEN UND TRINKEN

**Alte Mainmühle.** Hier passt nicht nur der Blick, sondern auch die fränkische Küche. Mainkai 1, Würzburg, www.alte-mainmuehle.de

**Landgasthof Baumhof-Tenne.** Radfamilien sind zum Essen sowie zur Übernachtung willkommen. Baumhofstr. 147, Marktheidenfeld, www.baumhoftenne.de

**Gasthaus Zum Bären.** Liegt in der Nähe des Mains. Kinder sitzen auf passenden Stühlen und können sich auf den Piratenteller freuen. Höchster Schlossplatz 8, Frankfurt, www.zumbaeren.net

### ÜBERNACHTEN

**Tandem Hotel.** Die fahrradfreundliche Unterkunft liegt im Zentrum von Bamberg. Untere Sandstr. 20, www.tandem-hotel.de

**Campingplatz Sand am Main.** Kinder können sich auf dem Beachvolleyballfeld oder am Badestrand austoben und per Boot den See erkunden, www.campingplatz-sand-am-main.de

**Jugendherberge Burg Rothenfels.** Das Bollwerk thront hoch über dem Main und hat einen Rittersaal für 300 Personen. Burg Rothenfels, www.diejugendherbergen.de

### WEITERE INFOS

**Tourismusverband Franken e. V.:** www.frankentourismus.de

**Infos zum Radweg:** www.mainradweg.com

**Hessen Tourismus:** www.hessen-tourismus.de und www.radroutenplaner.hessen.de

Blick über die Mainschleife bei Volkach

# 42 Entlang der Burgenstraße

TOLL FÜR KINDER

**playmobil Funpark**. »Aktiv sein statt Schlange stehen« heißt das Motto, zu Recht: Aktivspielplätze, Piratenschiff, Ritterburg u.v.m. warten auf die Kids.

**Burg Rabenstein.** Eine Ritterburg, gleich daneben die Falknerei mit einer kindgerechten Flugshow. Nur etwa 10 Minuten Fußweg zur Sophienhöhle

**Spielzeugmuseum.** Nürnberg ist die deutsche Spielzeughauptstadt, hier läuft die größte Spielwarenmesse der Welt. Dem Thema ist auch ein eigenes Museum gewidmet.

TOLL FÜR ERWACHSENE

**Rothenburg ob der Tauber.** Fachwerkbauten, begehbare Stadtmauer und ein immerwährender Weihnachtsmarkt in der wohl romantischsten Stadt Deutschlands

**Wolframs-Eschenbach.** Heimat des Parzivaldichters mit malerischer Altstadt. Mit Abenteuer-Ritterspielplatz

**Aufseß.** Die Gemeinde trumpft auf mit zwei Burgen und der höchsten Brauereidichte der Welt.

**Ihren Namen hat diese Ferienstraße wirklich verdient: Mehr als 90 Burgen und Schlösser säumen die Route. Die Burgenstraße ist lang, führt von Mannheim über Heilbronn, Nürnberg, Coburg und Bayreuth bis in die goldene Stadt Prag. Und sie hat neben Schlössern viele andere lohnende Ziele zu bieten.**

## Am schönsten ist es im Camper

Der Abschnitt zwischen **Heilbronn** und **Bamberg** bietet sich besonders für ein paar Tage Familienurlaub an, weil er sich gut in einer Rundtour befahren lässt. Da sich nördlich von Heilbronn ein großer Wohnwagen- und Wohnmobilverleih befindet, ist die Stadt am Neckar eine lohnende erste Station, auch weil sich hier das **Mitmachmuseum »Experimenta«** befindet.

Abends dann ein kleiner Abstecher in eine »Besenwirtschaft«, wo Winzer Hausmannskost und Wein aus eigenem Anbau servieren. Weiter auf der Burgenstraße in Richtung Osten liegt **Rothenburg ob der Tauber**, die romantischste Stadt Deutschlands. Die begehbare Stadtmauer mit ihren schmalen Treppen und Holzbohlen ist auch für Kinder ein tolles Erlebnis. Wer der Ferienstraße weiter in Richtung Süden folgt, kommt nach **Wolframs-Eschenbach**, Geburtsort des Parzivaldichters. In der Altstadt wurde

Fränkische Schweiz: Die Burg Rabenstein thront über dem Ahorntal.

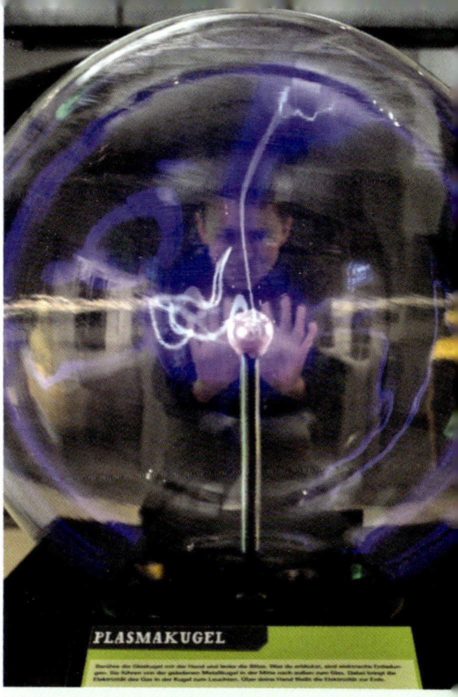


Spielstationen der Experimenta: Im E-Werk entladen sich Blitze in der Plasmakugel.

## Infos und Adressen

ANREISE
Am besten **mit dem Auto** oder mit **Wohnmobil**, um die Ferienstraße im eigenen Tempo erkunden zu können

BESTE REISEZEIT
Hauptsaison sind die warmen Monate. Aber auch in der Weihnachtszeit wird es gemütlich, etwa im romantischen Rothenburg oder auf dem Nürnberger Christkindlesmarkt.

ESSEN UND TRINKEN
**Restaurant Gary.** Unbedingt probieren sollten Sie in Wolframs-Eschenbach die preisgekrönten Bratwürste aus eigener Herstellung, www.landhotel-gary.de

ÜBERNACHTEN
Die Burgenstraße lässt sich super per Wohnmobil erkunden. Wer selbst keines besitzt, kann kostengünstig eines mieten, zum Beispiel in Wertheim, beim größten Caravanhändler Europas, www.guema-caravan.de

WEITERE INFOS
**Broschüre zu Entdeckertouren:** mit allen Sehenswürdigkeiten, Stell- und Campingplätzen, www.burgenstrasse.de

einst der Film *Räuber Hotzenplotz* gedreht. Auch der **Abenteuer-Ritterspielplatz** hinter der Stadtmauer lohnt einen Besuch.

**Nürnberg** ist eine Familienstadt, bietet mit **Spielzeugmuseum**, dem großen **Zoo**, der imposanten **Kaiserburg** sowie **Planetarium** und Mitmachmuseum **»Turm der Sinne«** unzählige Möglichkeiten. Ganz in der Nähe hat playmobil nicht nur seine Zentrale, sondern auch einen eigenen **Funpark** aufgebaut.

Weiter in Richtung Norden bietet die **Burg Rabenstein** in der Felsenlandschaft der fränkischen Schweiz ein Highlight – für Kinder wie Erwachsene. Ritterrüstungen auf der Burg, die rasante **Flugshow der Greifvögel**, die herrliche **Tropfsteinhöhle**, hier passt alles zusammen. Auch Bierliebhaber kommen auf ihre Kosten – in der **Gemeinde Aufseß**, die man auch wandernderweise auf dem Brauereiweg erkunden kann. Die Gemeinde steht im Guinnessbuch der Rekorde mit der höchsten Brauereidichte der Welt – sage und schreibe vier Brauereien auf 1100 Einwohner.

*Mitmachen!*

DIE EXPERIMENTA IN HEILBRONN

Nicht nur für Regentage ein toller Familienausflug: Die Experimenta ist alles andere als ein langweiliger Rundgang mit Schautafeln ohne Ende. Ein Tag hier reicht Kindern (und Erwachsenen) kaum aus, um das Mitmachmuseum zu erkunden. Da wird angefasst, geknobelt, gepumpt, um die Wette gelaufen und gehopst, kreativ an Filmen und Zeitungen gearbeitet. Und danach sind selbst die erlebnishungrigsten Kinder fix und fertig. Nach dem Eingangsbereich schließen sich auf den drei oberen Etagen die unterschiedlichen Experimentierwelten mit 150 Spielstationen an. Dazu gehört etwa das E-Werk, in dem die Kinder mit Energie experimentieren können, zum Beispiel Blitze an der Plasmakugel zur Entladung bringen. Mit Metallröhren Musik machen, an einer virtuellen Wand Volleyball spielen – das geht am besten an den Stationen im »Spielwerk«. Die obere Etage ist ganz der Kreativität gewidmet: In der »Talentschmiede« können die Kinder selbst eine Zeitung gestalten, einen Film machen, Musik mixen oder Autos bauen.

www.experimenta-heilbronn.de

# 43 Fränkische Schweiz

TOLL FÜR KINDER

**Ebermannstadt.** Eine Fahrt mit der Museumseisenbahn zwischen Ebermannstadt und Behringersmühle gehört zu den besonderen Erlebnissen, www.dfs.ebermannstadt.de

**Pottenstein.** Sommerrodelbahn am Schöngrundsee mit einer Länge von 1160 Metern, auf der man mit einer Geschwindigkeit von 40 Stundenkilometern ins Tal rauscht, www.sommerrodelbahnen-pottenstein.de

**Gößweinstein.** Sehenswertes Spielzeugmuseum mit Puppenstuben, Eisenbahnen, Teddys,
www.spielzeugmuseum-goessweinstein.de

TOLL FÜR ELTERN

**Pottenstein.** Die Teufelshöhle bei Pottenstein ist mit einer Länge von 1,4 Kilometern die größte Schauhöhle der Fränkischen Schweiz. Mit sehenswerten Tropfsteinbildungen,
www.teufelshoehle.de

**Tüchersfeld.** Fränkische Schweiz-Museum mit Ausstellungen über Geschichte, Geologie und Landwirtschaft,
www.fraenkische-schweiz-museum.de

**Dieses kleine Wandergebiet in Oberfranken mit tief eingeschnittenen Tälern, bizarren Felsen, zahlreichen Höhlen, sanften Wiesenhängen und reichen Obstgärten bietet eine Fülle an Naturerlebnissen. Dazu kommen zahlreiche kulturhistorische Sehenswürdigkeiten wie Kirchen, Burgen und Schlösser.**

## Schöngrundsee und Teufelshöhle

Unweit von Pottenstein befindet sich das **Freizeit-Eldorado Schöngrundsee** mit **Bunjee-Trampolin**, **Frankenrodel** und **Frankenbob**, der bei jedem Wetter startklar ist. Wer es ruhiger liebt, kann auf dem Schöngrundsee mit dem **Boot fahren** oder im gegenüberliegenden **Felsenbad** faulenzen. Ein reizvoller Wanderweg führt im Weiherbachtal zur **Teufelshöhle** und in das **Klumpertal**, ein landschaftliches Kleinod. Nur rund fünf Kilometer von Pottenstein entfernt lädt im schönen Püttlachtal das **Felsendorf Tüchersfeld** zum Besuch ein. Felsentürme wie Bischofsgruppe, Hubertusfelsen oder Wachposten überragen das kleine Dorf. Lohnend ist ein Besuch des Judenhofes, ein Fachwerkbau, in dem das **Fränkische Schweiz-Museum** untergebracht ist.

Von der Ortsmitte in Streitberg führt ein Wanderweg zur **Binghöhle** (Markierung schwarzer Ring), die wir nach nur zehn Minuten erreichen. Der Weg wird auch »Promilleweg« genannt, denn er führt direkt an der Adlerbrennerei

Die Teufelshöhle bei Pottenstein

## Infos und Adressen

ANREISE
Die Fränkische Schweiz liegt zischen Bayreuth, Bamberg und Nürnberg und ist **mit dem Auto** über die A73, Ausfahrt Forchheim-Süd, die A3, Ausfahrt Höchstadt-Ost in Richtung Forchheim, zu erreichen. Die B470 durchzieht die gesamte Region. Pottenstein, Streitberg, Gößweinstein und Ebermannstadt sind auch per Bahn und Bus zu erreichen.

BESTE REISEZEIT
Frühjahr bis Herbst

FÜR REGENTAGE
**Binghöhle.** Ein Besuch der Binghöhle in Streitberg ist von März bis November möglich, www.binghoehle.de

ESSEN UND TRINKEN
**Gasthaus Brauerei Hufeisen.** Schöner Biergarten. Hauptstr. 38, Pottenstein, www.hufeisen-braeu.de
**Scheffel-Gasthof.** Mit schattigem Biergarten. Balthasar-Neumann-Str. 6, Gößweinstein, www.scheffel-gasthof.de

ÜBERNACHTEN
**Brauereigasthof Mager.** Hauptstr. 17, Pottenstein, www.brauerei-mager.de
**Gasthof Stern.** Pezoldstr. 5, Gößweinstein, www.sternteam.de

WEITERE INFOS
**Tourismuszentrale Fränkische Schweiz.**
www.fraenkische-schweiz.com

Pircher vorbei. Der Aufstieg zur Höhle verläuft auf zahlreichen Stufen. Die Binghöhle hat besonders schöne Tropfsteinbildungen, die Kerzensaal, Riesensäule oder Venusgrotte genannt werden. Vom Höhleneingang bietet sich eine schöne Aussicht auf Streitberg und die **Ruine Neideck** über dem Wiesenttal, ab 1312 Stammsitz der Schlüsselberger. Sie ist die größte Burganlage der Fränkischen Schweiz und ihr Wahrzeichen.

Nicht versäumen sollte man einen Besuch von **Gößweinstein**, das mit seiner weithin sichtbaren und nach den Plänen von Balthasar Neumann gebauten Basilika als Wallfahrtsort jedes Jahr Tausende von Pilgern anzieht. Wanderer benutzen diesen Ort gern als Ausgangspunkt für Touren in das Wiesenttal. Im Sommer ist hier die historische **Dampfbahn Fränkische Schweiz** unterwegs. Besonders für Kinder ist die Fahrt mit der Museumsbahn ein Erlebnis.

Luchse kann man mit etwas Glück in Hundshaupten beobachten.

### *Nicht verpassen*

WILDPARK HUNDSHAUPTEN
Ein besonderes Erlebnis für Kinder ist der Besuch des Wildparks Hundshaupten. Rot- und Damwild, das in großräumigen Gehegen untergebracht ist, kann aus nächster Nähe beobachtet werden. Außerdem gibt es eine Fülle anderer wild lebender Tiere wie Elch, Luchs, Wiesent, Wolf oder Fasan, aber auch verschiedene Haustiere zu beobachten. Ein kleiner Rundweg führt an Gehegen und Volieren vorbei, in denen Füchse, Waschbären, Steinmarder, Waldkäuze und Wildkatzen leben. Hauptattraktion für Kinder ist der Streichelzoo mit Zwergziegen, die sich gern füttern lassen. Zum Abschluss bietet sich eine Rast in der Gaststätte mit Biergarten an, wo warme Mahlzeiten, kleine Imbisse und Brotzeiten angeboten werden.

www.hundshaupten.de

Unterwegs im Bayerischen Wald kann man immer irgendwo die Füße reinhalten.

# 44 Im Bayerischen Wald

TOLL FÜR KINDER

**Sommerrodelbahn.** Suchtgefahr auf der Egidi Rodelbahn in St. Englmar bei rasantem Rodelvergnügen, www.sommerrodeln.de

**Goldwaschen.** Mit Rucksack und Waschpfanne machen sich große und kleine Abenteurer auf die Spuren früherer Goldwäscher, www.nationalpark-kinderland-bayerischer-wald.de

**Wildniscamp am Falkenstein.** Übernachten in der Wildnis, Wald-Workshops und Wanderungen schweißen Eltern und Kinder zusammen, www.wildniscamp.de

**Waldwipfelweg.** Zwischen den Wipfeln wandern, klettern und sich über optische Phänomene wundern, www.waldwipfelweg.de

TOLL FÜR ELTERN

**Frauenau.** Deutschlands bekannteste Glashütten, Glasmuseum, gläserne Gärten und schöne Rokokokirche, www.frauenau.de

**Wellness im Hotel Mooshof.** Ein Tag Auszeit im Wellnessbereich wirkt Wunder. Mooshof 7, Bodenmais, www.hotel-mooshof.de

**Waldmuseum.** Alles, was mit Wald, Heimat und Glas zu tun hat, modern aufbereitet. Kirchplatz 3, Zwiesel, www.waldmuseum-zwiesel.de

Ausprobieren ist auf dem Waldspielgelände unbedingt erwünscht!

**Blauweißer Himmel, wogende Wipfel und sattgrüne Wiesen. Der Bayerische Wald ist nicht nur schön anzuschauen, sondern steckt auch voller Abenteuer. Ein Urwald will entdeckt, das Wildniscamp erobert oder der Waldwipfelweg erwandert werden. Kräfte tanken können Abenteurer dann auf einem Bauernhof.**

## Urwald und Wildnis satt

Aststümpfe ragen wie Schwerter aus einem umgestürzten Baumstamm. Flechten, dick wie Tauwerk, halten abgebrochene Äste zusammen und bilden einen undurchdringlichen Vorhang. Über den Waldboden winden sich armdicke Wurzeln, die wie Schlangen aussehen. Ein paar Meter weiter rauscht ein Wasserfall in die Tiefe, reißt alles mit, was nicht niet- und nagelfest ist. Sonnenstrahlen durchdringen die dichten Baumkronen nur selten. Der **Urwald Höllnachgespreng** am Falkenstein macht seinem Namen alle Ehre. Seit Jahrhunderten hat keine Menschenhand eingegriffen, wurde nichts begradigt oder beschnitten. Verständlicherweise glaubten die Menschen früher, dieser düstere Teil des Bayerischen Waldes müsse der Eingang zur Hölle sein. Später wurde der Baumbestand unter Schutz gestellt, und heute gehört er zum **Nationalpark Bayerischer Wald**.

Wanderwege durchziehen den Urwald, führen Besucher bis auf den Gipfel des **Großen Falkensteins**, der mit seinen 1315 Metern Höhe zu den Tausendern im Bayerischen Wald zählt. Gipfelstürmer können sich im Schutzhaus ausruhen,

stärken und den Panoramablick über den Talkessel des **Zwieseler Winkels** bis zum Großen Arber genießen. Unten, am Fuße der Ostseite des Berges, verstecken sich sieben Hütten zwischen Büschen und Bäumen. Man muss schon genau hinsehen, um Baumhaus, Wiesenbett, Erdhöhle oder die vier anderen **Themenhütten** zu entdecken, die zum **Wildniscamp am Falkenstein** gehören. Besucher schlafen in Hängematten, im Heu oder auf einfachen Pritschen. Und am Tag geht es raus in die Wildnis.

## Waldabenteuer für kleine Forscher

Waldpädagogen erklären den Kindern Krabbeltiere, die sie hochkonzentriert mit der Becherlupe begutachten. Andere sammeln Kräuter und Blumen fürs Abendessen, und wieder andere wandern. Wobei Wandern kein ehrgeiziges Kilometerfressen meint, sondern einfach bedeutet, eine spannende Zeit in der Natur zu verbringen. Klar, dass dabei auch gelaufen wird. Aber hauptsächlich gespielt, gebadet und natürlich gegessen: Blaubeeren naschen zum Beispiel und mittags dann eine zünftige Brotzeit. Ganz nebenbei erfahren alle etwas über Tiere, Pflanzen und den Rhythmus der Jahreszeiten. Abends werden die gemeinsam überstandenen Abenteuer noch einmal am **Lagerfeuer** erlebt. Derweil brutzeln Würstchen, und Kinder rösten Stockbrot. Eigentlich will hier niemand weg. Verständlich, aber schade, denn auch die Region rund um den Arber bietet einiges.

Zum Beispiel **Ferien auf dem Bauernhof**, wo gescheckte Kälbchen ihre Mäuler durch den Zaun strecken, um den Löwenzahn aus Kinderhänden zu ergattern. Gelingt es, quietschen die Knirpse, denn die feuchte Zunge kitzelt. Nebenan machen Kaninchen und Ziegen Kunststücke, denn auch sie wollen etwas haben. Ein braunes Pony hatte Erfolg und kaut genüsslich einen Apfel. Jungs interessieren sich für die Arbeitsgeräte des Bauern, der ihnen Kettensägen, Traktor und Landmaschinen zeigt.

Eltern genießen derweil die kinderfreie Zeit, räkeln sich in der Sonne, lesen oder schlafen. **Himmlische Ruhe**. Das ist keine Momentaufnahme, sondern ein Bild, das sich jeden Tag so oder so ähnlich wiederholt.

## Aktiv in der Natur

Wer in und um **St. Englmar** nächtigt, erhält zudem die Gästekarte, die ein wahrer Schatz ist, gewährt die **Erlebnis Plus**

Dem Himmel ganz nah sind Besucher auf dem Waldwipfelweg in St. Englmar.

### *Nicht verpassen*

WEINFURTNER – DAS GLASDORF

Bekannt ist der Bayerische Wald für sein Glas. Kein Wunder, ist hier doch alles vorhanden, was man für die Herstellung benötigt: Holz als Energiequelle, der Hauptrohstoff Quarz, Pottasche aus Buchenholz und Kalk. Fast jede Fabrik ist für Gäste offen. Besonders schön können Familien die Geheimnisse der Glasbläserkunst im Glasdorf Weinfurtner erforschen. Auf dem großen Areal werden Geschichte und Entwicklung von Glas erklärt. Wer will, kann in der Traditions-Glashütte selbst einmal sein Können im Glasblasen ausprobieren. Vom glühenden Klumpen bis zum filigranen Kunstwerk können Besucher jeden Schritt verfolgen und vieles selbst ausprobieren. Die Innovations-Glashütte zeigt die neuesten Trends. Daneben gibt es weitere, themenbezogene Ausstellungen. Super für Kinder ist der Glasgarten, in dem sie klettern, toben und Tiere streicheln können. Das Glasdorf ist absolut familientauglich – auch die Preise in der Gastronomie.

www.weinfurtner.de

*Mitmachen!*

KLETTERWALD ST. ENGLMAR

Am Boden haben viele noch eine »große Klappe«. Doch spätestens, wenn ihnen die Guides Helme und Klettergurte anpassen, wird es still. Dafür klopfen die Herzen hörbar, und Adrenalin rauscht durch die Körper. Verstohlen blicken die Kletter-Aspiranten in die Bäume, wo Seile, Brücken, Netze und andere Herausforderungen in schwindelerregender Höhe leicht schwanken. Konzentriert balancieren Besucher über fingerdicke Stahlseile, Brücken und andere Konstruktionen von Baum zu Baum. Schließlich sausen sie mit einer Seilbahn wieder auf die sichere Erde. Gefühlt fast in den Wolken, tatsächlich höchstens zehn Meter über dem Boden. Für die Kleinen ab vier Jahren liegt der Parcours etwa anderthalb Meter hoch. Menschen ab sechs klettern und schwingen in vier bis sechs Metern über dem Waldboden. Guides erklären, wie man sich sichert, und prüfen, ob alle die Technik verstanden haben. Dann erst dürfen Besucher in die Höhe. Der Kletterwald St. Englmar hat sogar einen Parcours für Kleinkinder – mit Bobbycar-Flugstrecke.

www.kletterwald-englmar.de

Gut gesichert mit Helm und Haken sind schon die ganz die Kleinen im Kletterwald unterwegs.

**Card** doch zahlreiche Rabatte und sogar kostenlosen Eintritt zu vielen Attraktionen. Sie reichen vom Ponyreiten über eine Fahrt im Sightseeing-Bus bis zum Klettergarten.

Ein richtiger Kracher ist die **Sommerrodelbahn am Egidi-Buckel** mit ihrer rasanten Abfahrt. Wer die Karte hat, kann dreimal kostenlos fahren und profitiert von vielen anderen Attraktionen, die den Geldbeutel nicht belasten. Etwa die **Riesenrutschen** vom Aussichtsturm, der **Streichelzoo**, super ausgestattete Spielplätze oder die **Tretroller-Rennstrecke**. Regnet es, spielt man eben innen weiter. Das Angebot ist so vielfältig, dass ein Tag nicht reicht, um alles auszuprobieren.

Hoch hinaus geht es auf dem **Waldwipfelweg**. In bis zu 30 Metern Höhe spazieren die Besucher über und zwischen den Baumwipfeln. Die luftige Holzbrücke ist barrierefrei und eingezäunt. Bei klarer Sicht präsentieren sich die Höhenzüge des Bayerischen Waldes, das Donautal und die Ebenen des Gäubodens. Wunderschön für die Eltern! Unter dem Wipfelweg verläuft der **Naturerlebnispfad**, der dann Kinder wieder ganz in den Bann zieht: Die **Mitmach-Stationen** sind vielfältig und spannend für kleine Entdecker: Kinderseilgärten, Kletterwände, ein Indianer-Tipi sowie Kängurus, Lamas und Schafe sind auch für kleinere Kinder interessant. Die Größeren machen auf dem **Pfad der Optischen Phänomene** große Augen.

Überall an den Waldwegen sind Erklärungstafeln angebracht.

# Im Bayerischen Wald

## Infos und Adressen

ANREISE
Mit dem Auto über die A92, A3 oder A9

BESTE REISEZEIT
Mai bis September

FÜR REGENTAGE
**Haus zur Wildnis.** Bei gutem Wetter sind die Außengehege mit Luchsen, Wölfen, Urpferden und Urrindern spannend. Aber auch das Haus zur Wildnis ist grandios. Kein stumpfes »Schautafelnglotzen«, sondern mitmachen und ausprobieren. Mit Abenteuerspielplatz, www.nationalpark-bayerischer-wald.de
**Indoorspielhalle.** Roller, Rutschen und Riesenklettertürme und vieles mehr sorgen dafür, dass die Kinder sich auch bei Regen auspowern können, www.urlaubsregion-sankt-englmar.de
**Besucherbergwerk.** Eine Führung durch den Barbarastollen im Silberberg mit Helm und Kittel gibt einen Einblick in die Arbeit unter Tage, www.silberberg-online.de

ESSEN UND TRINKEN
**Dampfbräu.** Gemütlich, gutbürgerliche Küche und große Portionen erwarten Besucher im Dampfbräu. Stadtplatz 6, Zwiesel
**Sonnenhügel.** Bei gutem Wetter sitzt man auf der großen Terrasse mit herrlichem Blick und vespert eine Brotzeit oder à la carte. Bayerweg 65, St. Englmar, www.sonnen-huegel.de
**Cafe Bar Zucchero.** Mal etwas anderes als bayerische Hausmannskost serviert Cafe Bar Zucchero: nämlich super leckere Pizza. Kötzinger Straße 22, Bodenmais, www.cafe-bar-zucchero.de

ÜBERNACHTEN
**Beckerbauernhof.** Ein toller Bauernhof mit vielen Tieren, Spielscheune und Familienanschluss ist der Beckerbauernhof bei St. Englmar. Klinglbach 4, St. Englmar, www.beckerbauern-hof.de
**Ulrichshof.** Auf dem Ulrichshof sind Babys und Kinder die Könige und finden im Bio-Resort ein Urlausparadies mit vielen Angeboten, Aktivitäten und natürlich Tieren. Perfekte Auszeit für die Eltern. Zettisch 42, Rimbach, www.ulrichshof.com
**Bodenmaiser Hof.** Echte Erholung verspricht der Bodenmaiser Hof. Wellness für die Großen und Abenteuerprogramm für die Kleinen. Rißlochweg 4, Bodenmais, www.bodenmaiser-hof.de
**Arberschutzhütte.** Urig und gemütlich geht es in den Zimmern der Schutzhütte zu, die nicht nur zu Fuß, sondern auch barrierefrei mit Gondel und dem gläsernen Aufzug erreicht werden kann, www.arber.de

WEITERE INFOS
www.bayerischer-wald.de

Interessante Ausstellung zum Mitmachen im Waldgeschichtlichen Museum

# 45 Mit dem Kanu auf der Mosel

TOLL FÜR KINDER

**Moselbad Cochem.** Wasserlandschaft mit Kinderland, 20 Zentimeter tiefes Babybecken, moselbad.de

**Kröver Berg.** Kinder ab sechs Jahren fahren auf einer 800 Meter langen Rennstrecke im Offroad-Buggy mit etwa 5 PS um die Wette, www.kroever-berg.de

**Indoorspielplatz.** Das Dschungeldorf Simmern im Hunsrück zwischen Mosel und Glan bietet Go-Kart, Hüpfburg, Kletterwand und einen speziellen Kleinkinderbereich, dschungeldorf-simdif.com

TOLL FÜR ELTERN

**Weingüter.** An der Mosel dreht sich selbstverständlich alles um den Wein, die Weingüter laden zu Weinprobe oder Führung entlang der Reben durch die Steillagen ein.

**Mosel-Therme Traben-Trarbach.** Badeparadies mit 32 °C warmen Thermenbecken, großer Saunalandschaft und Extra-Kleinkinderbereich, moseltherme.de

**Die Mosel ist der größte Nebenfluss des Rheins. Am schönsten für eine mehrtägige Kanuwanderung mit der Familie ist die Mittelmosel hinter Trier, wo sich der Fluss in weiten Schleifen durch ein tief eingeschnittenes Tal mit schroffen Felshängen und grün leuchtenden Weinterrassen windet.**

## Unterwegs zwischen Burgen und Weinbergen

Auf der Mosel nimmt die Berufsschifffahrt niemals störende Ausmaße an, und da Frachter, Ausflugsdampfer und Motorbootfreizeitskipper die markierte Fahrrinne nutzen, kommen Paddelboote und Binnenschiffe sich praktisch nicht in die Quere. Der Wasserstand wird durch Schleusen reguliert, die Strömung ist nur gering, sodass Kanutouren mit der ganzen Familie möglich sind. Ab dem Mittellauf ist die Mosel als offizieller Wasserwanderweg ausgebaut und dank kanufreundlicher Stege lassen sich die Weinorte und mittelalterlichen Städte links und rechts der Ufer bequem entdecken. Abhängig von Kondition, Wasserstand und Alter der Kinder werden für die knapp 200 Kilometer **von Trier bis zur Mündung in den Rhein** mindestens zehn Tage benötigt. Da die Bahnstrecke zwischen Trier und Koblenz über weite Strecken direkt am Flussufer verläuft, lässt sich die Paddelstrecke nahezu beliebig einteilen. Ein guter

Die steigungsarmen Radwege am Moselufer befahren auch die Kids gerne.

Hinter dem Torbogen der Reichsburg Cochem gibt es einiges zu entdecken.

Startpunkt für eine ausgedehnte Vier-Tages-Tour (ca.75 km, vier Schleusendurchfahrten) auf der Mittelmosel ist **Bernkastel-Kues**, wo wir auf dem Campingplatz das Zelt direkt am Moselufer aufbauen. Der recht weite Spaziergang vom Campingplatz hinein in die Innenstadt wird mit schönen Fachwerkhäusern und vielen Weinstuben belohnt. Besonders beeindruckend ist der mittelalterliche Marktplatz. Über die Staustufe Zeltingen und vorbei an dem **Weinort Kröv** ist nach etwa 20 Kilometern **Traben-Trarbach** erreicht, wo der direkt am Ufer gelegene Campingplatz im Stadtteil Wolf die Möglichkeit zur Übernachtung am Etappenende bietet.

Am zweiten Tag geht es weiter durch die **Weinlandschaft der Mittelmosel** über die Staustufe Enkirch mit Bootsgasse in den Winzerort Pünderich und weiter bis **Zell**. Am dritten Tag kündigt die romanische Kirche aus dem 12. Jahrhundert die Staustufe St. Aldegund an, und kurz darauf sind die berühmte **Bremmer Moselschleife** und das mächtige Felsmassiv des Bremmer Calmont erreicht, bevor an der Kanustation in **Ediger-Eller** das Zelt für die letzte Übernachtung aufgebaut wird. Die letzte Etappe führt durch das **Naturschutzgebiet »Taubengrün«** in den romantischen Moselort Beilstein, wo man den schönen Biergarten vor der Kirche mit Blick auf die Mosel nicht versäumen sollte, bevor über die Staustufe Fankel das **Tourenende in Ernst** erreicht ist.

## Tagestour auf dem Wiesenfluss Glan

Gut eine Autostunde südöstlich von Bernkastel-Kues bietet der Wiesenfluss Glan die ideale Kulisse für eine kurzweilige **Kanutagestour mit etwas älteren Kindern**. Los geht es an der Fußgängerbrücke in **Lauterecken**, und nach dem Ablegen schiebt uns die gemächliche Strömung durch eine schöne Wiesenlandschaft, bis das erste Wehr der Tour in Medard den Weg versperrt. Wir legen an und schnallen die Bootswagen unter die Boote, um das Hindernis für ca. 300 Meter zu umgehen. Weiter geht es durch leichte Kurven und mit harmlosen Schwällen, die aber eine willkommene Abwechslung und etwas Schwung in die Tour bringen. Die Hänge rücken näher zusammen und zwängen den Glan in ein engeres Tal, was der Fluss mit etwas erhöhter Strömungsgeschwindigkeit quittiert. Erst mit dem Stau durch das Wehr in Meisenheim wird er wieder träger. Nach

*Mitmachen!*

### GEISTERFÜHRUNG AUF BURG COCHEM

Auf der speziellen Geisterführung für Kinder zwischen vier und zehn Jahren führt ein Gespenst die Kinder durch die Verliese und Gemächer der Reichsburg Cochem. Zu entdecken gibt es u. a. Bergfried, Wehrgang und Folterkammer. Im Anschluss an den gut einstündigen Rundgang wird an der Rittertafel zum Räuberessen Platz genommen, und die auf Fladenbrot servierte Hähnchen- oder Putenkeule darf, wie es sich für das Mittelalter gehört, mit den Händen gegessen werden. Komplettiert wird das Räuberessen durch »Kinderwein« in Form von Apfelschorle.

www.burg-cochem.de

## Toller Ausflug

### MIT DER DRAISINE DURCHS GLANTAL

Ein Spaß für die ganze Familie ist die Tour mit der Fahrrad-Draisine auf der stillgelegten Bahnstrecke im unteren Glantal. Vom Bahnhof in Altenglan bei Kusel strampelt man auf der eingleisigen Strecke mal links, mal rechts vom Glan und kann sich voll der Landschaft widmen, da nicht gelenkt werden muss. Gefälle und Steigungen sind nur gering, und in regelmäßigen Abständen finden sich Haltepunkte, an denen die etwa 100 Kilogramm schweren Draisinen von zwei Erwachsenen leicht aus den Schienen gehoben werden können, um sich die Sehenswürdigkeiten neben der Strecke anzuschauen. In Lauterecken ist etwa die Hälfte der Gesamtstrecke von 40 Kilometern absolviert. Es geht von den Nordpfälzer Bergen ins Naheland, und die Strecke beginnt etwas zu steigen. Nach einer Entdeckertour durch die pittoreske Altstadt von Meisenheim ist es nicht mehr weit bis zum Endpunkt Staudernheim, wo schon der Bus für die Rückfahrt wartet.

www.draisinentour.de

Die Fahrraddraisine ermöglicht unkomplizierten Radelspaß durchs Glantal.

Mit der Moselperle unterwegs

einigen Brücken ragt am linken Ufer die **Schlosskirche in Meisenheim** über die Baumwipfel, und einige Enten beobachten uns dabei, wie wir am Steg des Ruder- und Tretbootverleihs am linken Ufer anlegen und die Boote aus dem Wasser heben, um das Wehr zu umtragen und über die Brücke zu schieben. Etwa 100 Meter hinter der Brücke können die Boote am rechten Ufer wieder ins Wasser gelassen werden.

Nach einem kurzen Rundgang durch die schmucke **Altstadt von Meisenheim** mit hübschen Fachwerkhäusern und einer spätgotischen Schlosskirche lassen wir in einem der Straßencafés das mittelalterliche Flair auf uns wirken. Zurück auf dem Wasser erwarten uns idyllische Flusspartien und die ersten Weinhänge. Nach einer schönen dreibogigen Steinbrücke, die an ein römisches Viadukt erinnert, ziehen wir die Boote am Wehr in **Rehborn** links über eine Wiese. Auch das Städtchen Rehborn lädt mit seiner Altstadt, einer Mühle und dem Rathaus zum Verweilen ein. In trockenen Sommern kann es auf den nächsten 200 Metern hinter dem Wehr sehr flach werden, sodass die Kanus eventuell getreidelt werden müssen. Die Kurven und Biegungen des Glans werden immer weitläufiger. Die Weinhänge entlang der Ufer zeigen uns, dass wir jetzt im **Weinanbaugebiet Nahe** unterwegs sind, und nach der Brücke der stillgelegten Bahntrasse, die heute nur noch mit **Draisinen** befahren wird, erreichen wir die Straßenbrücke in Odernheim. Direkt dahinter beenden wir am rechten Ufer unsere Tagestour.

# Mit dem Kanu auf der Mosel

## Infos und Adressen

### ANREISE

**Mit dem Auto** über die A1 bis Trier und weiter auf der Bundesstraße B53 durch das Moseltal. Hauptbahnhöfe für die Anreise **mit der Bahn** sind Trier oder Koblenz, von hier erreicht man alle wichtigen Orte im Moseltal mit den Zügen auf der Moselstrecke.

### BESTE REISEZEIT

Mai bis September

### KANUVERLEIH

**Mosel Kanutours.** Stationen in Ernst und Ediger-Eller, Tel. 02671 – 55 51. Eine komplette Übersicht aller Kanuvermieter an der Mosel gibt es bei der Tourist-Information (siehe weitere Infos).
**Glan.** Kanuverleih Glan, www.kanuverleih-glan.de; HKM Events GmBH & Co. KG, www.hkm-meisenheim.de

### ESSEN UND TRINKEN

Viele Einkehrmöglichkeiten überall. Besonders zu empfehlen sind die Straußwirtschaften, in denen die Winzer noch persönlich ihren Moselwein ausschenken.

### ÜBERNACHTEN

**Moselcampingplatz Rissbach.** In Traben-Trarbach, verfügt über einen großen Spielplatz, Kinderhaus, beheiztes Schwimmbecken, Streichelzoo und Kinderanimationsprogramm, www.moselcampingplatz.de
**Campingpark Zell/Mosel.** Mit großem Piraten-Themenspielplatz, www.campingpark-zell.de

### WEITERE INFOS

www.mosellandtouristik.de, www.nahcland.net

Grandiose Kulisse für eine Tour im Kanu: das Deutsche Eck, wo Rhein und Mosel sich treffen

# 46 Unterwegs im Saarland

TOLL FÜR KINDER

**Eseltrekking.** Eselzentrum Neumühle. Heusweiler, www.eselzentrum-neumuehle.de

**Wolfspark Werner Freund.** Waldstraße/Kammerforst, Merzig, www.wolfspark-wernerfreund.de

**Erlebnisbergwerk Velsen.** Führungen möglich (vorher buchen), www.erlebnisbergwerkvelsen.de

**Fußballgolf.** Die neue Trendsportart für die ganze Familie. 18 Bahnen mit Hindernissen, dazu zwei Soccerfields, ein Beachvolleyballfeld und ein großer Biergarten. Beckingen, www.fussballgolfsaar.de

TOLL FÜR ELTERN

**Hofgut Imsbach.** Hofführungen auf Anfrage, z. B. mit einem Ranger: Tel. 06853 – 961 89 40 10; Historische Führungen: Tel. 06853 – 508-0

**Urwald vor den Toren der Stadt.** Forsthaus Wolfsgarten, Saarbrücken, www.saar-urwald.de

Ein Wolfsrudel im Wolfspark Werner Freund. Nach dem Tod des Parkgründers Werner Freund 2014 dürfen nur seine engsten Mitarbeiter, die die Tiere seit Jahren kennen, so nah an sie heran.

**Das Saarland – umgeben von Luxemburg, Frankreich und Rheinland-Pfalz – verspricht Spaß und Erholung für die ganze Familie. Vom Riesentrampolin über Urwald und Wölfe bis hin zu bedeutenden Industriedenkmälern ist hier auf kleiner Fläche mehr geboten, als man in einen Urlaub packen kann.**

## Einmal durch die Urzeit und zurück

Die **Saarschleife** ist ein Wahrzeichen des Saarlandes und lässt sich gut mit dem **Ausflugsschiff ab Mettlach** erkunden. Wer lieber wandert, für den ist der Aussichtspunkt »Cloef« in Orscholz Pflicht. Spannend für Kinder ist der **Wolfspark Werner Freund**, in dem verschiedene Rudel leben: europäische Grauwölfe, weiße Polarwölfe, sibirische und indische Wölfe. Viele Attraktionen liegen in der Nähe von Saarbrücken, etwa das **Erlebnisbergwerk Velsen**, wo »Bergbau zum Anfassen« das Motto ist. Eines der Highlights im Saarland ist die **Erlebniswelt Völklinger Hütte** (UNESCO Weltkulturerbe). Multimedial reist man hier durch die Industriegeschichte und entdeckt Sinteranlage, Erzhalle, Gichtbühne und Gebläsehalle. In der Sommersaison hat das Ferrodrom geöffnet, das erste Science Center im SaarLorLux-Raum.

Direkt bei Saarbrücken wartet der **Urwald vor den Toren der Stadt** mit vielfältigen Wandermöglichkeiten: Märchenwandern, ein Besuch der Fledermäuse, Wandern mit Hunden etc. Familiengerecht wandern kann man auch beim **Eseltrek-**

Die Saarschleife bei Orscholz, vom Aussichtspunkt Cloef aus gesehen

## Infos und Adressen

ANREISE

**Mit dem Auto** von Nordern her über die A1, von Karlsruhe über die A8. Saarbrücken ist sehr gut per Bahn zu erreichen.

BESTE REISEZEIT

ganzjährig, je nach geplanter Aktivität

FÜR REGENTAGE

**Calypso.** Bade-, Sauna- & Wellnessparadies mit abenteuerlichen Rutschen und allem, was das Kinderherz höherschlagen lässt. Deutschmühlontal 7, Saarbrücken, www.erlebnisbad-calypso.de

ESSEN UND TRINKEN

**Johann-Adams-Mühle.** An der Wanderroute Tafeltour Offizierspfad Imsbach gelegen, idyllisches Mühlenambiente mit schönem Biergarten. Tholey-Theley, www.landgasthof-johann-adams-muehle.de

**La Bastille.** Saarländische Spezialitäten in der Altstadt von Saarbrücken, z. B. hausgemachte »Dibbelabbes«. Kronenstr. 1b, www.la-bastille.de

ÜBERNACHTEN

**Heidwaldhof.** Ferienwohnungen auf dem Bauernhof im Dreiländereck. Reitstunden und Geländeritte gehören zum Angebot. Merzig-Silwingen, www.heidwaldhof.de

Jugendherberge an der Saarschleife. Dreisbach-Mettlach, www.diejugendherbergen.de

WEITERE INFOS

www.tourismus.saarland.de

**king** rund um das **Köllertal**, zum Beispiel über alte Schmugglerpfade und zu zauberhaften Waldweihern.

Im **GONDWANA** kann man in einer Erlebnisausstellung Erdgeschichte entdecken. Modernste Technik erweckt Monsterskorpione, Riesenlibellen und gefräßige Dinos zum Leben. Sturzfluten, Meteoriteneinschläge und allerlei weitere Naturgewalten inklusive. Im Außenbereich können kleine Forscher nach Fossilien buddeln. Rasant geht es auf der **Sommerrodelbahn Peterberg** weiter: 1800 Meter Geschwindigkeitsrausch und anschließend zu spektakulären Rutschen. Wem das nicht reicht, der fährt zum **TRAMPOSAARIUM** am **Bostalsee**, der größten Outdoor-Trampolinanlage im Südwesten! Entdecker werden das **Edelsteindorado** in Freisen lieben: Achate und andere Edelsteine warten darauf, ausgegraben zu werden. Was man findet, darf man behalten.

### *Nicht verpassen*

UNESCO-BIOSPHÄRENRESERVAT BLIESGAU

Ein wahres Schatzkästchen der Natur ist der Bliesgau im Südosten des Saarlandes an der Grenze zu Frankreich. Offene Naturlandschaft, herrliche Streuobstwiesen, ausgedehnte Buchenwälder und eine beeindruckende Auenlandschaft entlang der Blies sowie viele seltene Tier- und Pflanzenarten, darunter viele Orchideen, sind die Zutaten für einen entspannten Tag in der Natur. Rad fahren, Wandern, Klettern oder Kanu fahren: Der Bliesgau hält viele Möglichkeiten für Touren bereit. Sehenswert sind auch die Kulturdenkmäler wie das Römermuseum Schwarzenacker oder die Schlossberghöhlen in Homburg. Wer mehr über diese Landschaft erfahren möchte, sollte sich an einen der zertifizierten Natur- und Landschaftsführer wenden, die Entdeckungstouren anbieten.

www.biosphaere-bliesgau.eu

Von der Burgruine Wegelnburg
schaut man weit über den Pfälzerwald.

# 47 Pfälzerwald und Weinstraße

TOLL FÜR KINDER

**Baumwipfelpfad in Fischbach.** In 14 m Höhe durch die Kronen der Bäume des Pfälzerwalds nahe der französischen Grenze spazieren

**Burg Berwartstein bei Erlenbach.** Die Raubritterburg des Hans Trapp aus dem 12. Jh. Burgführung zu Waffenkammer, dem tiefen Burgbrunnen und zur hoch gelegenen Aussicht

**Der Teufelstisch bei Hinterweidenthal.** Unterhalb des einzigartigen Sandsteinmonuments befindet sich der Erlebnispark mit Felsenrutsche, Wasserspielplatz und Labyrinth.

TOLL FÜR ELTERN

**Dom zu Speyer.** Weltkulturerbe als größte erhaltene romanische Kirche Europas

**Rietburg und Villa Ludwigshöhe.** Mit dem Sessellift hinauf zur mittelalterlichen Rietburg. An der Talstation befindet sich die ehemalige Sommerresidenz Ludwigs I.

**Reichsfeste Trifels bei Annweiler.** Die Insignien der königlichen Herrschaft (wie Reichskrone und Reichsschwert) wurden im Mittelalter auf dem Trifels aufbewahrt.

Die Dahner Burgengruppe besteht aus den mittelalterlichen Felsenburgen Altdahn, Grafendahn und Tanstein.

**Der Pfälzerwald beeindruckt – als das größte zusammenhängende Waldgebiet Deutschlands. Und überzeugt – mit vielen naturbelassenen Wanderpfaden. Und bietet etwas – mit seinen vielen mittelalterlichen Burgen. Der Bienwald ist das Naturjuwel der oberrheinischen Tiefebene.**

## Vielfältiges Wanderparadies

Sicherlich sind der Pfälzerwald und der Bienwald nicht so bekannt wie der auf der anderen Rheinseite befindliche Schwarzwald. Die Bergkuppen sind nicht so hoch und es führt auch keine vielbefahrene Fernstraße vorbei, um ihn rasch zu erschließen. Aber der Pfälzerwald hat aufgeholt. Zum einen sind die Verkehrsverbindungen in den letzten Jahren besser geworden. Moderne S-Bahn-Strecken sowie neue Dieseltriebwagen auf den noch vorhandenen, nicht elektrifizierten Strecken sind ebenso ein Qualitätsmerkmal wie die Inbetriebnahme von ehemals stillgelegten Bahnstrecken wie im Wieslautertal. Das Bemühen, nicht nur Natur, sondern auch Kultur zu bieten, ist vielfach sichtbar. Als Beispiel sei nur das **Biosphärenhaus mit Baumwipfelpfad in Fischbach**, der interessante **Skulpturenweg in Ludwigswinkel**, die **Sommerspiele im Dahner Felsenland**, die abwechslungsreichen Museen oder die mittelalterlichen **Burgfeste wie in Alt-Dahn** genannt. Zu einem Anstieg der Beliebtheit haben in den letzten Jahren zahlreiche Themenwanderwege geführt.

Der **Felsenwanderweg Rodalben** führt in vielen Schleifen um diese südwestpfälzische Kleinstadt und erfreut sich großer Beliebtheit. Neu hinzugekommen sind in den letzten Jahren der **Pfälzer Höhenweg**, der **Pfälzer Weinsteig** sowie der **Pfälzer Weinpfad**. Der Wanderweg mit der längsten Geschichte ist sicherlich der **Jakobsweg**, der den Pfälzerwald in einer Nord- und einer Südvariante durchquert. Die Nordroute führt dabei von Speyer über Neustadt an der Weinstraße, Johanniskreuz und Trippstadt nach Hombach (siehe »Toller Ausflug«). Ein besonderer Weg ist auch der **Keschdeweg** (Kastanienweg), der am Ostrand des Pfälzerwalds entlangführt. Hier werden auch **Wanderarrangements mit Gepäcktransport** angeboten. Letztendlich gibt es mit dem **Zabernweg** einen internationalen Fernwanderweg, der die Zabernstädte Rheinzabern, Bad Bergzabern sowie Saverne (Zabern) im Elsass verbindet.

Ein weiteres Unterscheidungsmerkmal zu anderen Wandergebieten sind die zahlreichen **Hütten des Pfälzerwald-Vereins**. Sie sind Etappen- oder Zielpunkte der vielen Wanderer. Pfälzer Brotzeiten, gut gefüllte Weinschoppen sowie Hüttenromantik gehören hier zusammen. Die Preise sind dabei, vor allem für Familien mit Kindern, noch bezahlbar!

## Weiter zum Bienwald

Der Bienwald wird als einer der letzten großflächigen Niederungswälder im Süden von der **Lauter**, dem Grenzfluss zu Frankreich, im Osten durch die **Rheinniederung** sowie im Norden und Westen in etwa von der **Bahnlinie Winden-Schweighofen** begrenzt. Für den Wanderer gibt es im Vergleich zum Pfälzerwald einige Unterschiede. Die **Wege im Bienwald** sind völlig eben und deshalb auch für Kinder gut geeignet. Der Bienwald wird von langen, gut zu begehenden Geraden durchzogen. Andererseits gibt es sehr naturnahe und enge Wegstrecken, z. B. entlang des **Saugrabens** oder des **Aschbachs**. Hier folgt der Weg dem Bachverlauf, kleinere Seitenbäche werden auf schmalen Fußstegen überquert, und Totholz wird in diesen Bereichen nicht beiseitegeräumt.

## Essen und Trinken an der Weinstraße

Die Pfalz kann man sich ohne die vielen Weinfeste kaum vorstellen. Zum einen gibt es mit dem **Bad Dürkheimer**

In Fischbach an der Grenze zum Elsass, liegt dieser interessante Baumwipfelpfad, der sich zu einer Aussichtsplattform schlängelt.

### Toller Ausflug

MIT DEM »KUCKUCKSBÄHNEL« ZUM PFÄLZER JAKOBSWEG

Der Weg ist ein Teilstück des Pilgerpfades ins spanische Santiago de Compostela. Hinfahrt mit dem Nostalgiezug des Eisenbahnmuseums Neustadt. Von Neustadt an der Weinstraße fährt das »Kuckucksbähnel« auf der für den normalen Bahnverkehr stillgelegten Strecke ins beschauliche Elmstein. In Elmstein folgt man dem Jakobsweg talabwärts durch das Speyerbachtal (Markierung: Jakobsmuschel). In Breitenstein lohnt sich der Besuch der Burgruine gleichen Namens; wenig später können die Burgruinen Erfenstein und Spangenberg besichtigt werden. Die gesamte Wanderstrecke bis Neustadt beträgt 16,5 Kilometer und ist für Kinder ab ca. sechs Jahren geeignet. Wem die Strecke zu lang wird, kann in Breitenstein bzw. in Erfenstein wieder in das »Kuckucksbähnel« zur Rückfahrt einsteigen. Ab Lambrecht besteht auch die Möglichkeit, mit der S-Bahn zurückzufahren.

Abfahrtszeiten des »Kuckucksbähnel«: www.eisenbahnmuseum-neustadt.de

*Mitmachen!*

### VON DEIDESHEIM NACH WACHENHEIM

Leichte Wanderung am Ostsaum des Pfälzerwalds: Mit Deidesheim und Wachenheim hat diese Wanderung ihren Ausgangs- bzw. Endpunkt in zwei bekannten Weinbaugemeinden. Deshalb geht es auf befestigten Wegen zum größten Teil durch Weinberge. Mit wenigen Anstiegen sowie durch zahlreiche Rastmöglichkeiten ist dies eine ideale Tour mit Kindern. In Deidesheim geht es von der Deutschen Weinstraße (beim Zollhäuschen) mit der Markierung roter Punkt durch die Weinberge bis zum Waldrand. Wer einen noch besseren Blick auf das Rheintal haben möchte, bewältigt den kurzen, aber steilen Anstieg zur Michaelskapelle (vom Waldparkplatz). Oberhalb des Weindorfes Forst führt der Weg dann an Schautafeln mit interessanten Informationen zu Trockenmauern, Flurbereinigungsmaßnahmen und Reblagen vorbei zu einem weiteren Waldparkplatz. Dort befindet man sich bereits in Sichtweite von Wachenheim. Vom örtlichen Bahnhof geht es mit der Regionalbahn zurück nach Deidesheim. Gehzeit: ca. zwei Stunden.

**Wurstmarkt** das größte Weinfest der Welt und zum anderen unzählige kleine Weinfeste hauptsächlich am Ostrand des Pfälzerwalds. Die Feste heißen Kirchweih, Kerwe oder Fest des Federweißen, und in kleineren Orten haben sich die alten Kirchweihtraditionen wie etwa der Festumzug noch erhalten. Und zu jedem Weinfest gehören natürlich die **Pfälzer Spezialitäten**. Das über die Landesgrenzen hinaus bekannteste Gericht ist der Pfälzer Saumagen. Es war früher ein »Arme-Leute-Essen«, das heute aber nur noch mit den besten Zutaten, nämlich einer Mischung aus Schweinefleisch, Schweinemett, Kartoffeln, Eiern und Karotten sowie zahlreichen Gewürzen hergestellt wird. Der Saumagen wird in heißem Wasser gekocht und anschließend in Scheiben geschnitten, wobei diese vor dem Servieren noch angebraten werden. Eine leckere Mahlzeit, die der ganzen Familie schmeckt.

Der Teufelstisch, eine beeindruckende Sandsteinformation, findet sich in der Nähe von Hinterweidenthal.

Die größte romanische Kirche in Europa ist der Dom zu Speyer.

# Pfälzerwald und Weinstraße

## Infos und Adressen

ANREISE
Die Region ist gut erreichbar mit der Bahn (ICE-Haltestellen Kaiserslautern und Ludwigshafen) und der S-Bahn.

BESTE REISEZEIT
Frühling, Sommer und Herbst

FÜR REGENTAGE
**Eisenbahnmuseum.** In einem historischen Lokschuppen direkt am Bahnhof von Neustadt an der Weinstraße. Ausgestellt werden alte Loks und Passagierwagen, hauptsächlich der süddeutschen Länderbahnen, www.eisenbahnmuseum-neustadt.de
**Schuhmuseum.** Mehr als 3000 Paar Schuhe aus zwei Jahrtausenden im Gebäude einer ehemaligen Schuhfabrik in Hauenstein. Promischuhe, das größte Schuhpaar der Welt (Größe 247) sowie interessante Sonderausstellungen, www.museum-hauenstein.de
**Bürstenbindermuseum.** Es erzählt die Geschichte des in Ramberg weit verbreiteten Bürstenbinderhandwerks. Darstellung des Übergangs von der manuellen zur industriellen Herstellung sowie zu den damals herrschenden sozialen Verhältnissen. www.buerstenbindermuseum.de

ESSEN UND TRINKEN
**1832 Restaurant im Hambacher Schloss.** Stätte der Deutschen Demokratie, nicht weit von Neustadt an der Weinstraße. Restaurant mit Weitblick über das Oberrheintal, www.hambacherschloss.eu
**Leinsweiler Hof.** Der beeindruckende Sandsteinbau liegt in der Nähe von Landau mitten im Südpfälzer Rebenmeer, www.leinsweilerhof.de
**Weinbiethaus.** Von Neustadt an der Weinstraße erreicht man nach einer Wanderung (z. B. über die Wolfsburg) das 554 m hoch gelegene Weinbiethaus des Pfälzerwald-Vereins. Das bewirtschaftete Haus liegt direkt neben dem 136 m hohen Weinbietsender sowie dem Weinbietturm (Station des Deutschen Wetterdienstes). Die Wanderung ist für Kleinkinder nicht geeignet, www.pwv-gimmeldingen.de
**Paddelweiher-Hütte.** In der Nähe von Hauenstein im Queichtal gelegenes, beliebtes Ausflugsziel mit großer Terrasse, Kinderspielplatz und Bootsverleih, www.paddelweiher.de

ÜBERNACHTEN
**Jugendherberge Altleiningen.** Moderne Unterkunft in der mittelalterlichen Burg Altleiningen. Im Burggraben befindet sich ein beheiztes Freibad. In den Sommermonaten Burgspiele mit klassischen wie modernen Stücken, www.diejugendherbergen.de
**Hilschberghaus in Rodalben.** Eines von mehreren vom Pfälzerwald-Verein bewirtschafteten Häusern mit Übernachtungsmöglichkeit. Ausgangspunkt für den Rodalber Felsenwanderweg, www.pwvhilschberghaus.de oder www.pwv.de
**Naturfreundehaus Rahnenhof.** Dieses im nördlichen Pfälzerwald bei Carlsberg gelegene Naturfreundehaus bietet Kindern zahlreiche Freizeitmöglichkeiten (Spielplätze und -wiesen, Minigolf, Kinderspielzimmer, Wandern etc.) www.naturfreundehaus-rahnenhof.de

WEITERE INFOS
www.pfalz.de, www.pfaelzerwald.de, www.bienwald.info
**Wanderarrangements für den Keschdeweg:**
www.keschdeweg.de

Über die Weiten des Pfälzerwalds fällt der Blick auf die ehemalige Reichsburg Trifels.

# 48 Schwäbische Alb und Lonetal

TOLL FÜR KINDER

**Steiff Museum mit Schlangenrutsche und Schaufertigung.** Über 15 Meter geht es im ersten begehbaren Steiff Tier der Welt abwärts. Woraus ein Teddy besteht, wie man ihn herstellt und und welche Werkzeuge erforderlich sind, zeigt die Schaufertigung, www.steiff.com

**Alte Mühle Giengen.** 1344 erbaut, klappert hier das Mühlrad im Sommer an Sonn- und Feiertagen. Breite Furt 4, Giengen, www.muehlenverein-burgberg.de

TOLL FÜR ELTERN

**Stadtmuseum.** Funde aus der Steinzeit, der Nachbau eines Gemischtwarenladens von 1900 und Wissenswertes zur NABU-Gründerin Lina Hähnle. Dettinger Str. 3, Giengen, www.giengen.de

**Geburtshaus von Margarete Steiff.** In schwäbischer Schlichtheit: Das Geburtshaus der gelähmten Firmengründerin ist nur im Rahmen von Führungen zugänglich, www.steiff.com

**Lonetalhöhlen.** Sie dienten schon den Neandertalern als Schutz und bargen steinzeitliche Kunstwerke, etwa die Vogelherdhöhle oder das Fohlenhaus, www.lonetal.net

Aussichtspunkt im Naturpark Obere Donau

**Im Lonetal auf der Schwäbischen Alb gibt es zwei Attraktionen, die sich gut kombinieren lassen: die rund 500 Meter lange Charlottenhöhle mit ihren zehn verschiedenen Tropfsteinsälen und das Steiff Museum. Im Museumsbau in Giengen an der Brenz dreht sich alles um die geliebten Tiere mit dem Knopf im Ohr.**

## Staunen und Kuscheln auf der Alb

Es ist eine merkwürdige Vorstellung, wie sich die Königin von Württemberg in üppigen Gewändern, mit Hut und Schirm um die Stalagmiten und durch die engen Gänge geschlängelt haben muss, als sie im September 1893 »ihre« Höhle betrat. Ob ihr ein Bodentropfstein am Kleid zupfte? Das bleibt im Dunkeln, aber Charlottes Staunen über die 530 Meter lange **Schauhöhle** ist überliefert. Und es wirkte: 15 000 Menschen machten es ihrer Monarchin noch 1893 nach und besuchten die Tropfsteinhöhle. Sie liegt am nordöstlichen Rand der **Schwäbischen Alb**. Hier führen Wanderwege direkt in die erd- und menschheitsgeschichtliche Vergangenheit des Voralpenraums und durch das reizvolle **Lonetal**, eines der längsten Trockentäler Deutschlands. Die Besucher der **Charlottenhöhle** sehen auf der knapp einstündigen Führung die Versinterungen und Kalkformen in »Kristallgrotte«, »Göttersaal« und acht weiteren Hallen, sie bewundern den »Berggeist«

Als alles begann: 1847, das Geburtsjahr von Margarete Steiff

## Infos und Adressen

ANREISE

**Mit dem Auto:** Die östliche Schwäbische Alb ist über die A8 und die A7 schnell erreicht. **Mit dem Zug:** Der nächste größere Bahnhof liegt in Ulm, etwa 40 km entfernt.

BESTE REISEZEIT

ganzjährig

ESSEN UND TRINKEN

**Bistro Knopf.** Kinderportionen der einfallsreichen Art: Im Museumsbistro gibt es Bären-Nuggets oder Bären-Nudeln, zum (angemeldeten) Geburtstag auch eine Bären-Torte. Steiff Museum, Margarete-Steiff-Platz 1, Giengen, www.steiff.com

**Schlößle Lindenau.** Ein Landidyll in Rammingen, drinnen hinter geschwungenen Giebeln, draußen im angeblich schönsten Biergarten der Region. Lindenau 1, Remmingen, www.ausflug-lindenau.de

ÜBERNACHTEN

**Lonetal Lodge.** Modern und mit natürlichen Materialien erbaut. Schuhgasse a 1, Bernstadt, www.l-2.eu

**Brauereigasthof Schlüsselkeller.** Einfache Unterkunft mit schönem Biergarten. Oggenhauser Str. 34, Giengen an der Brenz, www.schluesselkeller.de

WEITERE INFOS

www.giengen.de
www.lonetal.net
www.steiff.com

und den »Schiefen Turm«, den runden Perlsinter und in der »Schatzkammer« eine fast drei Meter hohe Tropfsteinwand.

Etwa zur gleichen Zeit, als Charlotte durch die Höhle ging, machte die kleine Stofftierfabrikation von Margarete Steiff bereits mehr Gewinn als ihre Filzverarbeitung. Aus der Idee eines Nadelkissens in Tierform, dem »Eleföntle«, entwickelte die gehbehinderte, aber unverdrossen optimistische Schneiderin die ersten Kuscheltiere. Bald produzierte Steiff die weichen Katzen, Hunde und Pferde in Serie, ab 1902 gesellte sich der Teddybär hinzu, der Exportschlager und Inbegriff des Kuscheltiers. Das **Steiff Museum** in Margaretes Heimatort **Giengen an der Brenz** zeichnet die Geschichte des Knopf-im-Ohr-Unternehmens mithilfe von 2000 Steiff Tieren nach, kindgerecht und kuschelig.

### *Der besondere Tipp*

NOSTALGISCHE BAHNFAHRT

Über knapp 19 Kilometer schnaufte einst das Alb-Bähnle zwischen Amstetten und Laichingen über die Schwäbische Alb, geblieben sind von der Strecke nur etwas mehr als fünf Kilometer. Auf dieser Distanz aber hat der Museumszug 120 Höhenmeter zu bewältigen. Die Wagen mit offener Plattform, Jahrgang 1875, zieht eine Dampflok bergan, erhalten von den Ulmer Eisenbahnfreunden e.V. Neben der Entdeckung der Langsamkeit – der Zug braucht 25 Minuten von Amstetten bis Oppingen – macht die Fahrt auch mit der Komfortsituation zu Großvaters Zeiten bekannt: Vor allem Kinder finden die Holzbänke der Schmalspurbahn bequem. Das Alb-Bähnle schnauft durch eine wenig bekannte, idyllische Landschaft der Schwäbischen Alb. Es verkehrt zwischen Anfang Mai und Anfang Oktober. Sonderfahrten, teils mit Dieselbetrieb, gibt es während der Adventszeit. Die Ticketpreise liegen für Erwachsene bei 6 Euro für die Hin- und Rückfahrt, für Kinder bei 4 Euro.

Informationen und Fahrplan unter www.albbaehnle.de

# 49 Im Schwarzwald

TOLL FÜR KINDER

**GPS-Schatzsuchen.** Leihgeräte gibt es entlang der Strecke in den Tourist-Informationen in Loßburg, Schiltach und Wolfach.

**Audio-Guides für den Flößerpfad.** Die Guides gibt es in allen Tourist-Informationen entlang der Strecke. Wer früh plant, der kann eine MP3-Datei mittels Barcode herunterladen und dann auf dem eigenen Gerät anhören.

TOLL FÜR ELTERN

**Schwarzwaldbahn-Erlebnispfad.** Ein Muss für Hobbyschaffner und Nachwuchs-Lokomotivführer. Die beiden Touren haben ab Station 7 eine Verbindung, damit den echten Experten auch wirklich kein Detail entgeht. www.schwarzwaldbahn-erlebnispfad.de

**Triberger Wasserfälle bei Nacht.** Ein Naturschauspiel der besonderen Art. Ab Einbruch der Dunkelheit werden die Kaskaden angestrahlt und stellen eine atemberaubende Kulisse dar. Kinder lieben den Natur-Hochseilgarten.

**Auf dem historischen Flößerpfad durchs Kinzigtal kann man viel über das Leben und Arbeiten der Flößer erfahren. Und auch sonst hat diese Region im Herzen des Schwarzwalds eine Menge zu bieten: Rund um Triberg locken nicht nur die berühmten Wasserfälle, sondern auch ein historisches Bahnabenteuer.**

## Den Flößerpfad entlang

Von Loßburg bis nach Wolfach führt dieser 33 Kilometer lange Wanderweg mit verschiedenen **Themenstationen**. Wer nicht einfach nur wandern möchte, kann sich auf **GPS-Schatzsuche** begeben oder sich von einem Audioguide durch die Landschaft begleiten lassen. Entlang des Flößerpfads gibt es zwischen Wolfach und Loßburg insgesamt vier Geocaching-Schatzsuchen. Mit **Audioguide** zu wandern ist gerade für Kinder ein besonderes Erlebnis, denn so können sie die Umgebung mit allen Sinnen erleben und bei spannenden Geschichten von Flößer Johann und seinem Sohn Uli ihrer Fantasie freien Lauf lassen. Und es ist an alle Interessen gedacht: Die Kleinen erleben die Geschichten aus der Perspektive des Sohnes, ihre Eltern hören die Geschichte aus Sicht des Vaters.

Gut eine Autostunde entfernt liegt **Triberg**, ein ideales Ziel für einen oder zwei Tagesausflüge. Sehenswert in der Stadt sind das Schwarzwaldmuseum und die barocke Wallfahrtskirche »Maria in der Tanne« sowie der holzgeschnitzte Rathaussaal. Be-

Ein Besuchermagnet ist das Flößerfest bei Wolfach im Kinzigtal.

Fast schon ein Muss im Schwarzwaldurlaub: Die Triberger Wasserfälle

## Infos und Adressen

ANREISE

Das Kinzigtal erreicht man z. B. **mit dem Auto** über die A5, Ausfahrt Offenburg, die B33 Richtung Villingen-Schwenningen und die B294 Richtung Freudenstadt. Der Pfad verläuft parallel zur B294. Triberg ist über die A81, Ausfahrt Villingen-Schwenningen, per Auto oder mit der Schwarzwaldbahn zu erreichen.

BESTE REISEZEIT

Mai bis September

AKTIVITÄTEN

**Flößerpfad.** Weiterführende Infos unter www.floesserpfad.de

ESSEN UND TRINKEN

Entlang des Flößerpfads sollte man sich den **Flößerteller** nicht entgehen lassen: grobe Bratwürste mit Salat.

**Indoor Buschcamp im Schwarzwald.** Ein Afrika-Erlebnis am Flößerpfad. Speisen am Rande der Savanne – mal was ganz anderes! Brunnenweg 3, Loßburg, www.afrika-buschcamp.de

ÜBERNACHTEN

**Jugendherberge Triberg.** Idyllisch am Stadtrand gelegen. Rohrbacherstraße 35, triberg.jugendherberge-bw.de

**Übernachten im Heu.** Das ist mal was Besonderes: ein ehemaliges Futtersilo, bunt bemalt als »Ferienwohnung«. Schlafsack nicht vergessen! Tiefentalstr. 13, Triberg-Nussbach, www.nockenhof.de

WEITERE INFOS

www.floesserpfad.de
www.kinzigtal.com

rühmt ist dieser Ort für Deutschlands höchste **Wasserfälle**. Ein schöner Wanderweg für Kinder ab dem Grundschulalter und für Eisenbahnfans startet am Triberger Bahnhof. Zur Einstimmung kann man sich in einer Ausstellung über die Geschichte der Schwarzwaldbahn informieren, und die große Dampflokomotive 50245 auf dem Bahnhofsvorplatz ist besonders für Kinder beeindruckend. Der **Schwarzwaldbahn-Erlebnispfad** verläuft in zwei Varianten – als unterer und oberer Weg. Wir nehmen den oberen, sechs Kilometer langen Rundweg, der in gut zweieinhalb Stunden zu schaffen ist. In acht Stationen erfahren Kinder, Jugendliche und Familien spielerisch und mit authentischen Ausstellungsstücken aus der Eisenbahngeschichte, welche Anstrengungen unternommen wurden, um die Bahnlinie durch den harten Granit zu verlegen.

## Toller Ausflug

MIT DER SCHWARZWALDBAHN ZU DEN TRIBERGER WASSERFÄLLEN

Wer genug vom Wandern hat, sollte sich eine Fahrt in der Badischen Schwarzwaldbahn gönnen, denn sie führt über eine der schönsten Bahnstrecken Deutschlands. Die Strecke verbindet Offenburg und Singen (Hohentwiel) auf einer 149 Kilometer langen Fahrt und überwindet dabei ca. 670 Höhenmeter. Die Strecke gilt heute noch als besondere Leistung der Ingenieurskunst. Besonders der Abschnitt von Hornberg nach St. Georgen ist ein Traum für Kinder, denn man passiert auf dieser Fahrt ganze 39 Tunnels. Die Strecke zählt zu den tunnelreichsten Gebirgsbahnen Europas. Mehrmals pro Jahr werden Sonderfahrten mit historischen Zügen angeboten. Wer dazu keine Gelegenheit hat, sollte sich den Audioguide besorgen und während der Fahrt Wissenswertes zur Bahngeschichte und zu Sehenswürdigkeiten entlang der Strecke hören. Ein toller Ausflug ist die Fahrt mit der Bahn bis Triberg, um den Wasserfällen einen Besuch abzustatten.

# 50 Freizeitparks in Oberschwaben

TOLL FÜR KINDER

**Lange Nächte.** An vier Samstagen im August hat das LEGOLAND bis 22 Uhr geöffnet. Dann zeigen Straßenkünstler auf dem ganzen Gelände bis zum Abschlussfeuerwerk ihre Zauberkunststücke, Akrobatik und Clownereien.

**Erlebniscamp Spieleland.** Mehrtägige Aufenthalte für kleine Fußballer oder Forscher. Übernachtet wird in Zelten, www.spieleland.de

TOLL FÜR ELTERN

**Miniland.** Das Herzstück des Legolands, geschaffen aus 25 Mio. Steinchen: Hier tanken die Kinder ganz nebenbei beim Anblick des Berliner Reichstags, des Hamburger Hafens und Schloss Neuschwansteins ein wenig Allgemeinbildung.

**Oma auf Zeit.** Wer allein mit zwei oder mehr Kindern im Freizeitpark unterwegs ist, kann kostenlos eine Leihoma buchen, www.spieleland.de/spielelandoma

**Millionen von Steinchen sind das Bauprinzip im LEGOLAND Günzburg. Mehr als 50 Attraktionen verteilen sich auf neun verschiedene Erlebniswelten für Kinder jeden Alters. Noch weiter im schwäbischen Süden liegt das Ravensburger Spieleland, die zweite und ganz anders geartete Attraktion der Region.**

## Attraktionen mit und ohne Aufregung

Das LEGOLAND ist ein Abenteuerland. Der erste Weg führt zur **»Teststrecke«**, auf der Mini-Jeeps über kurviges Gleisgelände fahren – ideal zum Warmschreien. Weiter geht's zur **Wasserbahn**, die erwartungsgemäß nass endet. Das weiß jeder, und trotzdem nehmen etwa 6000 Leute pro Tag eine Dusche in Kleidern. Das macht aber nichts, denn im **Piratenland** geht es feucht-fröhlich weiter. Schwer durchnässte Fälle trocknet ein Ganzkörperfön. Bei unseren Mädchen stehen die Zeichen auf **Achterbahn**, um alles Kriegerische machen sie einen Bogen. Was schade ist, weil hier 32 Modellbauer 17 000 Stunden am größten LEGO-Modell der Welt gebaut haben: dem **X-Wing-Fighter** aus Star Wars. Stattdessen lieber die **Drachenbahn**, gern auch mehrmals. Absoluter Star ist das **Astronautentraining** in der »Hero Factory«. Da bestimmt jeder selbst, wie stark

Architekturmix im Legoland: Mini-Berlin vor Mini-Frankfurt

Zur Ferienuntermalung: Kinderprogramm in Wolfegg

## Infos und Adressen

ANREISE

**Mit dem Auto:** Das LEGOLAND Günzburg liegt an der A8 zwischen Stuttgart und München.

**Mit dem Zug:** Vom Bahnhof Günzburg pendeln Busse zum LEGOLAND.

**Ravensburg** erreicht man mit dem Auto über die A81 von Westen oder über die A96 aus Richtung München oder mit dem Zug.

BESTE REISEZEIT

Anfang April bis Anfang November

ESSEN UND TRINKEN

**Brauereigasthof zur Münz.** Aus »Blauer Ente« und »Schwarzem Adler« wird »Die Münz«? Lassen Sie es sich beim Menü im Brauereigasthof erklären! Marktplatz 25, Günzburg, www.hotel-muenz.de

**Gasthaus Lumperhof.** Landkost unter Linden. Lumper 1, Ravensburg, www.lumperhof.de

ÜBERNACHTEN

**Gerbehof.** So träumen sich Kinder die Ferien auf dem Land: ein Bauernhof mit Pferden und anderen Tieren, mit viel Platz in den Appartements und ringsherum. Gerbehof, Friedrichshafen, www.gerbehof.de

WEITERE INFOS

www.legoland.de

www.spieleland.de

er geschüttelt und wie oft er auf den Kopf gestellt werden will.

Ortswechsel: »Hier ist ja Flachland«, sagt meine Tochter im **Ravensburger Spieleland** und meint damit: achterbahnfreie Zone. Allerdings gehört sie, von den Eltern abgesehen, als Sechstklässlerin eindeutig zu den Senioren im Park. Für Kinder zwischen drei und neun Jahren bietet er das reinste Vergnügen, in ruhiger, unaufgeregter Form. Es gibt **Autoscooter** im Schneckentempo, **Schiffchenfahrten** über einen Weiher, ein **Bienchen-Karussell** und ein Hüpfkissen. Die spitzesten Juchzer schallen vom **Freifallturm** »Hier kommt die Maus«.

Aber Abenteuerlustige können ihr Mütchen auch andernorts kühlen: etwa bei einer Biketour auf dem **Oberschwaben-Allgäu-Radweg** oder in einem der vielen idyllischen **Badeseen** zwischen Günzburg und Ravensburg. Ein Höhepunkt kann die Besteigung des **Blaserturms** sein, der von 51 Metern Höhe beste Sicht auf die anderen 16 Türme **Ravensburgs** und das grüne Umland garantiert.

## Toller Ausflug

BAUERNHOF-MUSEUM WOLFEGG – ABSTECHER INS WIRKLICHE LEBEN

Nach so viel künstlicher Erlebniswelt steht Kindern und Eltern vielleicht der Sinn nach echtem Erfahrungsgehalt – auch wenn er der Vergangenheit angehört: Das Bauernhof-Museum Wolfegg hat sich den Lebens- und Arbeitsverhältnissen auf dem Land verschrieben. Wie sah der Alltag von Knechten und Mägden auf den Höfen aus? Was lernten angehende Bauern und Bäuerinnen auf Landwirtschaftsschulen? Und wie waren die Landwerkstätten von Wagnern, Schustern und Schmieden ausgestattet? In 15 Gebäuden, die aus allen Teilen Deutschlands hierher versetzt wurden, ersteht die ländliche Lebenswelt zwischen »Fischhälterei« (der Fischzucht) und Fruchtkasten (einem Kornspeicher), zwischen Weber- und Backhaus. Eine Dauerausstellung widmet sich dem Schicksal der rechtlosen landwirtschaftlichen Helfer: den sogenannten Schwabenkindern, die vom 17. bis ins 20. Jahrhundert aus den armen Bergtälern über den Bodensee kamen, um sich im Sommer in Oberschwaben zu verdingen.

Bauernhaus-Museum Wolfegg, Vogter Str. 4, Wolfegg, www.bauernhausmuseum-wolfegg.de

# 51 Meersburg am Bodensee

TOLL FÜR KINDER

**Das Ulmer Aufgebot von 1475.** Beim »Reenactment« des historischen Vereins kehrt spätmittelalterliches Leben in die Meersburg ein: Zwei Tage lang wird in der Burgküche gekocht und im Rittersaal auf Strohlagern genächtigt

**Historisches Markttreiben.** Am zweiten Oktoberwochenende, www.meersburg.de

**Skaten statt spazieren gehen.** Am Ufer entlang sind es bis Hagnau nach Osten und bis Unteruhldingen in der Gegenrichtung jeweils fünf Skater-Kilometer.

TOLL FÜR ELTERN

**Burggarten und -café.** Im kleinen Burggarten gedeiht ein Feigen- und einer der ältesten Kornelkirschbäume Deutschlands, dessen Schatten bis fast auf die Terrasse des Burgcafés reicht, www.burg-meersburg.de

**Staatsweingut.** Gleich neben dem Neuen Schloss liegt die erste Weinbaudomäne Deutschlands, der Meersburger Rieschen, www.staatsweingut-meersburg.de

Berühmter Blick: Meersburg mit Obertor und Burgturm direkt überm Bodensee

**Merowingerkönige, die Konstanzer Fürstbischöfe und die Dichterin Annette von Droste-Hülshoff gehörten über die Jahrhunderte zu den Bewohnern der Meersburg. Das dicke Gemäuer am Bodenseenordufer sieht genauso aus, wie sich kühne Mini-Ritter und schöne Burgfräulein eine trutzige Anlage aus dem Mittelalter vorstellen.**

## Eine Burg voller Überraschungen

Manchmal ist das Schöne ja nicht das Offensichtliche – vor allem, wenn man wie Kinder über Fantasie verfügt. So kann allein das heute noch verbliebene kurze Stück des **geheimen Ganges**, der die Meersburg mit der Unterstadt am Bodensee verband, die Vorstellungskraft beflügeln. Nikolaus von Kenzingen hat ihn angelegt, um sich für den Belagerungsfall ein Hintertürchen offenzuhalten.

Auch die **Pechblende** ist ein Fantasie-Katalysator: Wie mag es ausgesehen haben, wenn in vorelektrischen Zeiten der niedere, finstere Burgeingang nur von diesem funzeligen Licht erhellt wurde? Die Meersburg ist, und das verleiht ihr in Deutschland Einzigartigkeit, die älteste durchgehend bewohnte Burg. Das ist bei dieser Lage leicht nachvollziehbar: am Steilufer über dem Bodensee, mit Paradeblick auf die Insel Mainau und Konstanz und auf die

## Infos und Adressen

ANREISE
**Mit dem Auto** über die A98 von Stockach, die A7 von Ulm oder die A96 von Lindau aus allen Himmelsrichtungen. Der nächste Bahnhof ist Uhldingen.

BESTE REISEZEIT
ganzjährig

ESSEN UND TRINKEN
**Hotel-Restaurant Schützen.** Ein schöner Gastraum, ein netter Biergarten und ein Hotelfamilienhund, der Kinder liebt. Daisendorfer Str. 7, Meersburg, www.hotel-seepromenade.de
**Restaurant Weinstube Haltnau.** Restaurant am Bodenseeradweg mit schöner Terrasse und langer Geschichte, direkt unter dem Wingertshäuschen. Uferpromenade 107, Meersburg

ÜBERNACHTEN
**Zum Bären.** Ältester Gasthof am Ort, mitten im bunten Fachwerkgedränge. Marktplatz 11, Meersburg, www.baeren-meersburg.de
**Haus am Trielberg.** Einfache Pension, mitten in den Weinbergen. Trielbergweg 1, Meersburg, www.bodenseeurlaub-hotels.de

WEITERE INFOS
www.meersburg.de, www.burg-meersburg.de

Alpen Richtung Südosten. Dagobert I. soll im Jahr 628 den Grundstein gelegt haben, oder sollte es heißen: das Grundholz; denn diese erste Burg war hölzern. Von ihr ist nichts mehr übrig, wohl aber sind am Gemäuer sämtliche Epochen seit dem Jahr 1000 ablesbar, vom Mittelalter im Palas bis zum Barock im Treppenaufgang. Dazwischen liegen unzählige Details, die Kindern bis ins Teenageralter Spaß machen: der Blick in den 28 Meter tiefen Brunnen, die ledernen Löschwassereimer, der selbst gefertigte Kienspanhalter, das raffinierte Schlüsselloch am Holzschrank, das grässliche Verlies und die noch grässlicheren, nachgebauten Folterinstrumente.

Und zum Schluss: die strahlende Ritterrüstung im Museumsshop – zu erwerben für knapp 5000 Euro. Die könnte man auch in **Meersburg** selbst sehr schön ausgeben, in einem der kleinen Geschäfte und atmosphärischen Wirtsstuben, in der seenahen **Therme** oder aber beim **Historischen Markttreiben**.

Verwinkelte Gassen: Meersburg hat sich durch die Jahrhunderte kaum verändert.

*Der besondere Tipp*

MEERSBURG THERME – DER REINE GENUSS

Ein nicht zu unterschätzender Nebeneffekt von Burgbesuchen ist die wohlige Rückkehr in die Zivilisation, in Wärme und Annehmlichkeit – das Schaudern in kalten Mauern noch auf der Haut, macht das Abtauchen ins 34 Grad warme Wasser der Meersburg Therme noch mal so viel Vergnügen. Wobei auch gewissenhafte Stadtbesichtiger nicht befürchten müssen, Sehenswertes zu verpassen, denn die Altstadt, die Weinberge und der Bodensee bilden das Plansch-Panorama des 2003 erbauten Badetempels. Den größtmöglichen Temperaturabstand zur alten Burg bietet die Saunawelt im nachgebauten Pfahlbaudorf mit Lehmsauna, Pool- und Seesauna. Abkühlung versprechen der See oder das Kalt-Tauchbecken. Felswand, Bodensprudel und Wildbach sorgen im Erlebnisbereich für Kinderbeschäftigung. Eltern entspannen derweil auf »Sonnensteg« und Liegewiese.

Öffnungszeiten und Preise unter www.meersburg-therme.de

Vom Neuen Schloss in Meersburg geht der Blick bis zum schweizerischen Ufer gegenüber. Rechts schiebt sich der Bodanrück ins Bild, die Halbinsel, auf der Konstanz liegt.

# 52 Bodensee

TOLL FÜR KINDER

**Abenteuerpark Immenstaad.** Auf elf Parcours geht's im Kletterpark ab auf die Bäume. Bis auf vier Durchgänge sind alle für Kinder ab sieben Jahren konzipiert, www.api.abenteuerpark.com

**Aquastaad.** Strand- und Hallenbad am Immenstaader Seeufer mit Planschbecken, Spielplatz und Beachvolleyball, www.aquastaad.de

**Seehasenfest.** Seit seiner Gründung 1949 hat sich am Friedrichshafener Fest mit dem gescheckten Seehasen kaum etwas geändert, www.seehasenfest.de

TOLL FÜR ELTERN

**Käpt'n Golf.** Hier kann der Piratenspaß gleich weitergehen: Minigolfanlage mit witzigen Herausforderungen, die auch den Großen Spaß machen, www.kaeptngolf.de

**Wilhelmshöhe.** Ein Spaziergang durch die Rebberge und schon steht man auf der Wilhelmshöhe und genießt einen 1-A-Blick auf die Berge, www.gemeinde-hagnau.de

**Obst an der Straße.** Äpfel, Birnen, Zwetschgen: Je nach Saison ist es ein ganzes Sortiment an Obst, das an Straßenständen absolut frisch und sehr preiswert am Bodenseenordufer angeboten wird.

Wer traut sich im Wasserball auf den See?

**Ein Schiff, das nur den Launen des Windes folgt, einst gebaut für den Lastentransport: Die Lädine »St. Jodok« lädt an Sommertagen regelmäßig zu Piratenfahrten auf dem Bodensee. Die kleinen Seeräuber lernen, wie früher Waren transportiert wurden – und dass an Bord eines Segelschiffs die Uhren anders ticken.**

## Luftschiff und Lädinenfahrt

Das weiße Rahsegel mit dem bunten Wappen bläht sich im Wind, »St. Jodok« nimmt Fahrt auf, und die kleinen Piraten an Bord wissen gar nicht, wohin sie zuerst toben sollen – zum Bug, ans Steuerrad, wieso gibt es eigentlich keinen Ausguck?

Was, Piraten auf dem Bodensee? Noch dazu mit behördlicher Genehmigung, denn geentert haben die zwischen fünf- und zehnjährigen Seeräuber das Holzschiff, nachdem sie sich Kopftuch und Augenklappe als zunftgemäße Bekleidung an der Tourist-Information **Immenstaad** abgeholt haben. Die Verwandlung fällt ihnen nicht schwer, auch wenn auf »St. Jodok« immer wieder Eltern im Weg stehen. Das Knattern des Segels und das Plätschern der Wellen am Bug sind die einzigen Fahrtgeräusche, und auch der Kurs ist unbestimmt: Dahin, wohin der Wind das Holzschiff trägt. Für viele Kinder eine ganz neue Erfahrung – ohne festes Ziel unterwegs zu sein.

Nur 17 Meter misst die Lädine, so der mittelhochdeutsche Ausdruck fürs Segelschiff: »Lede« steht für Last. Strengge-

Seit über 150 Jahren in Betrieb: Lindaus »neuer« Leuchtturm, hier mit Zeppelin

## Infos und Adressen

ANREISE

**Mit dem Auto** über Lindau bzw. die A96 oder über Ulm bzw. die A7 und die allzeit verstopfte B31. Schon besser geht es über die B33 durchs Hinterland oder gleich mit der Bahn bis Friedrichshafen.

BESTE REISEZEIT

In den Ferien finden bis zu dreimal pro Woche etwa 90-minütige Piratenfahrten statt. Anmeldungen vier Wochen im Voraus über die Tourist-Information Immenstaad, Tel. 07545 – 2 01 37 00

AKTIVITÄTEN

**St. Oswald und St. Otmar.** Das »Frenkenbacher Münster« in Hagnau gehört zu einer der ältesten erhaltenen Kirchen des Bodenseeraums, erbaut im 12. Jh. aus Feldsteinen und so romanisch-schlicht, dass der Kontrast zu den Barockkirchen der Region nicht größer sein könnte.

ESSEN UND TRINKEN

**Am Häfele.** Crossover-Restaurant im modernen Jachtclubgebäude mit großer Terrasse. Bachstr. 17, Immenstaad, www.restaurantamhaefele.com

**Café zum Puppenhaus.** Für den kleinen Kuchen zwischendurch: Das Café im Kippenhausener Fachwerkhäuschen ist niedlich eingerichtet und kulinarisch breit aufgestellt zwischen Tapas und Torte. Kirchberger Str. 15, Immenstaad, villa-puppenhaus.de

ÜBERNACHTEN

**Haus Seeforelle.** Wohnen bei einer echten Bodenseefischerin: In Hagnau betreibt Heike Maria Winder Ferienwohnungen direkt am Ufer. Seestr. 3, Hagnau, www.haus-seeforelle.de

**Obst- und Ferienhof Gomeringer.** Familienfreundlich, mit viel Platz in Haus und Garten, mit Streichelzoo für die Kleinen und Liegewiese für die Eltern. Altenbergstr. 16a, Immenstaad, www.ferienhof-gomeringer.de

WEITERE INFOS

www.immenstaad-tourismus.de
www.laedine.de

nommen handelt es sich bei »St. Jodok« aber um einen »Segmer«, die kleinere Version eines Lastsegelkahns. Rekonstruiert wurde diese Ausführung in den 1990er-Jahren und schippert nun heute als Einziger seiner Art über den Bodensee, ob mit Piraten an Bord, Passagieren in Zivil oder gechartert.

Manchmal lässt sich der Lastsegelkahn ganz gemächlich bis Friedrichshafen treiben.

## *Nicht verpassen*

LUST AUF LUFTSCHIFF

Museum klingt ja erst mal nicht so kinderkompatibel – gut, dass einen das Zeppelinmuseum in Friedrichshafen eines Besseren belehrt. Es präsentiert die weltgrößte Sammlung zur Luftschifffahrt im alten Hafenbahnhof. Den Mittelpunkt bildet der begehbare Teilnachbau des Luftschiffs LZ 129 »Hindenburg« – ein Aufenthaltsraum, das Fallreep des Treppenaufstiegs und eine Kabine sind in der 33 Meter großen Rekonstruktion zu sehen. Das Original-Luftschiff war gut siebenmal so lang. Zweimal im Monat gibt es Familienführungen, und für die anderen Tage einen Faltkoffer, mit dem Fünf- bis Zwölfjährige auf Entdeckungsreise durchs Museum gehen. Für den ganz besonderen Anlass, wie etwa die Erfüllung eines Lebenstraums, gibt es noch die Möglichkeit, selbst in einem Zeppelin aufzusteigen. Die Zeppeline Neuer Technologie (NT) bieten Rundflüge an, die halbe Stunde zu 200 Euro.

Zeitgeschichtlich nahezu nahtlos schließt sich das Dornier Museum am Flughafen Friedrichshafen an. Star der Sammlung ist hier die Dornier Do X, das weltgrößte Flugzeug zu Beginn der 1930er-Jahre, und die Architektur: Bei Dunkelheit lässt die Lichtinstallation von James Turrell den Hangar weithin leuchten.

www.zeppelin-museum.de
www.zeppelinflug.de
www.dorniermuseum.de

# 53 München entdecken

TOLL FÜR KINDER

**Museum Mensch und Natur.** Umweltbildung, wie es besser kaum geht, www.mmn-muenchen.de

**Kindermuseum München.** Tolle, wechselnde Mitmach-Ausstellungen, www.kindermuseum-muenchen.de

**Isarufer.** »Wildfluss-Erlebnis« am Flaucher mitten in der Großstadt

TOLL FÜR ELTERN

**Glockenbachviertel.** Das Viertel mit den vielleicht coolsten Cafés, Shops & Galerien

**Naturbad Maria Einsiedel.** Unbekanntes Badeschmankerl mit frischem Gebirgswasser, www.swm.de

**Pinakothek der Moderne.** Vier großartige Kunst- und Designmuseen unter einem Dach

Für kleine Kinderhände geeignet: Museum Mensch und Natur im Schloss Nymphenburg

**Die Bayerische Landeshauptstadt hat für junge und junggebliebene Touristen einiges zu bieten. Von speziellen Kindermuseen bis zu abwechslungsreichen Uferwanderungen gibt es links und rechts der Isar ein breites Betätigungsfeld für aktive Familien.**

## Entlang der Isar vom Giftgarten zum Naturbad

Auf dem hübschen Isarabschnitt zwischen Wittelsbacher und Thalkirchener Brücke lassen sich drei sehr interessante Punkte Münchens in einer familiengerechten Ufertour verbinden. Während beim Start an den **Themengärten der Städtischen Baumschule** vor allem Pflanzenliebhaber begeistert sein werden, sind die ökologisch wertvollen Flaucherinseln und das Naturbad Maria Einsiedel ein absolutes Muss für naturverbundene Wasserratten jeden Alters. Highlights der städtischen Gärtnerei sind der Rosengarten und der danebenliegende Giftgarten. Hier sind 50 verschiedene Sorten von Giftpflanzen zu sehen. Man wird sich wundern, wie viele Giftpflanzen einem alltäglich begegnen. Dazu ge-

hören u. a. Liguster, Oleander, Maiglöckchen, Wacholder, Efeu, Eibe, Eisenhut, Fingerhut und Buchs.

Wenn man von hier aus der Isar weiter nach Süden folgt, erreicht man einen breiten Fußgängersteg, der zu den schönen, im Fluss liegenden **Flaucherinseln** führt, die sich als Bade- und Brotzeitplatz natürlich geradezu aufdrängen. Die Inselchen geben einen Eindruck davon, wie die Isar einst als Wildfluss durch München geflossen ist.

Ziel der Isartour ist schließlich das nach ökologischen und umweltschonenden Gesichtspunkten konzipierte **Naturbad Maria Einsiedel**. Besonderes Highlight ist der auf fast 400 Metern Länge durch das Freibad strömende **Isarkanal**. In welcher Großstadt kann man sich schon in einwandfrei sauberem Wasser am Ufer entlangtreiben lassen? Die flache Tour können Kinder schon ab fünf Jahren selbst gehen. Auch für »sportliche« Kinderwagen ist sie gut geeignet.

## Geschichte und Natur am Nymphenburger Schloss

Für den nächsten Tag sollte man einen Ausflug zum Stadtteil **Nymphenburg** machen, wo sich kultur- und naturkundliche Museumsbesuche ideal mit einer kleinen Tour ins Grüne verbinden lassen. Nachdem man im Anschluss an eine **Schlossbesichtigung** ein Stündchen im schönen **Nymphenburger Park** verbracht hat, hat man die Qual der Wahl zwischen einer erstklassigen **Kutschensammlung** und einem noch besseren Naturkundemuseum. Das **Museum Mensch und Natur** ist nach wie vor *die* Naturbildungseinrichtung Münchens. Sowohl die tollen Dauerausstellungen wie »Unruhiger Planet Erde«, »Die Geschichte des Lebens« bis hin zu »Nerven und Gehirn« oder »Gen-Welten« als auch die Wechselausstellungen sind vor allem für Schulkinder interessant. Die vielen Exponate und die spielerische Aufbereitung der Themen ist aber auch für Kindergartenkinder spannend.

## Vier Schmankerl in der Innenstadt

Wer übrigens mit dem Zug nach München kommt, landet direkt beim ebenfalls sehr empfehlenswerten **Kindermuseum München** im Starnberger Flügelbahnhof des Hauptbahnhofs. Dessen tolle Mitmach-Ausstellungen (u. a.

Jede Menge Tinkturen und Kräuter in riesigen Dosen gibt's beim Wurzelsepp.

### *Der besondere Tipp*

KULTIGES GLOCKENBACHVIERTEL

Nach einem ausgiebigen Kinderprogramm dürfen die Eltern am Westufer der Isar auf ihre Kosten kommen. Das zwischen Fraunhofer Straße, Thalkirchner Straße, Lagerhausstraße und der Isar gelegene Glockenbachviertel verfügt bis heute über einen sehr schönen Altbaubestand, vor allem aber über eine lebendige Stadtteilkultur, die in interessanten Galerien, besonderen Läden und angesagten Einkehrmöglichkeiten zum Ausdruck kommt. An interessanten Läden sind vor allem der Schokoladen Götterspeise (www.goetterspeise-muenchen.de), die Musikalienhandlung Obertonhaus (www.obertonhaus.de) und der Klamottenladen »Der 7. Himmel« mit Schuhhimmel (www.siebterhimmel.com) zu nennen. Duftende Kräuter gegen beinahe jedes Zipperlein und aromatische Gewürzmischungen hat der Wurzelsepp in der Nähe des Viktualienmarkts (www.phytofit.de). Kunstinteressierte freuen sich zum Beispiel über den Kunstraum (www.kunstraum-muenchen.de). Gastronomisch ist das Glockenbachviertel multikulti, das Spektrum reicht vom Hippie-Café und Kult-Kiosk bis urbayerisch.

## Toller Ausflug

OLYMPIAPARK

Gerade für Familien ist auch ein Trip Richtung Olympiastadion zu empfehlen. Bei guter Fernsicht (am besten Föhnlage) ist die Aussicht vom Olympiaturm grandios, mitunter reicht sie bis zur Zugspitze. Im Stadion selbst werden interessante Führungen, unter anderem auf das Dach mit optionaler Seilrutschenfahrt (leider nicht ganz billig) angeboten.

Naturfreunde kommen wiederum im Sealife voll auf ihre Kosten. Im August darf man schließlich keinesfalls das Sommerfestival des Olympiaparks verpassen.

www.visitsealife.com
www.olympiapark.de

Das Olympiagelände bietet im August zusätzliche Attraktionen.

zu Themen wie Wasser, Seifenblasen oder Urwald) sind sehr einfallsreich und begeistern sowohl Schulkinder als auch Kindergartenkinder. Im Anschluss bietet sich ein Spaziergang durch die Fußgängerzone zum **Marienplatz** mit dem **Glockenspiel** und dem dortigen Spielzeugmuseum an. Ganz in der Nähe liegt auch das sehr lustige **Karl Valentin Musäum**, dessen Café Turmstüberl als eine der gemütlichsten Einkehrmöglichkeiten Münchens sehr zu empfehlen ist. Übrigens: Kinder unter sechs Jahren und 99-Jährige in Begleitung ihrer Eltern haben dort freien Eintritt.

Einen ganzen weiteren Tag Zeit sollten sich Eltern von Schulkindern für das **Deutsche Museum** nehmen. Egal ob Raumfahrt, Schifffahrt, Luftverkehr, Neue Technologien, Bergbau und Werkstoffe, hier findet jedes aufgeweckte Kind einen spannenden Bereich. Und bereits für Kinder ab drei Jahren ist mit dem »Kinderreich« eine wirklich tolle Abteilung konzipiert worden. Wer großen Besucherandrang meiden möchte, sollte an schönen Tagen ins Deutsche Museum gehen, dann ist es dort längst nicht so voll wie bei schlechtem Wetter.

Ein besonderes Erlebnis für Familien mit Kindern jeden Alters ist die **Bavaria Filmstadt**, die im Stadtteil Grünwald liegt. Hier entstanden Klassiker wie *Das Boot* und *Die unendliche Geschichte*, auf dessen Glücksdrachen Fuchur die Kids reiten können.

Alles über Filmtricks erfährt man in der Bavaria Filmstadt.

# München

## Infos und Adressen

### ANREISE

München ist sehr gut **mit dem Auto** (z. B. über die A8, A9, A95, A96), mit der **Bahn** und dem **Flugzeug** zu erreichen.

### BESTE REISEZEIT

ganzjährig

### VERANSTALTUNGEN

**Stadtgründungsfest.** Mit mittelalterlichem Spektakel, im Juni, www.muenchen.de
**Tollwood Festival.** Diverse Kinderangebote, im Juli und Dezember, www.tollwood.de
**Sommerfestival Olympiapark.** Mit Schaustellern und Gratis-Livemusik, im August, www.impark.de
**Großfeuerwerk am Olympiasee.** Im August, www.impark.de
**Isarinselfest.** Gemeinnütziges Flussfest mit Kinderprogramm auf einer Isarinsel und Acts für Teenager auf der »Platzda«-Bühne, www.isarinselfest.de
**Kinder-Kultur-Sommer.** Juni bis September, Plattform der Kulturprogramme von, mit und für Kinder von fünf bis 15 Jahren, z. B. Zirkusspielfest im Westpark, kiks-muenchen.de

### ESSEN UND TRINKEN

**Restaurant Bernstein.** Sonntäglicher Familienbrunch sowie großes Spielzimmer. Reservierung dringend empfohlen. Museumsinsel
**KinderKüche.** Hier kochen und backen kleine und große Küchenfeen täglich verschiedene Gerichte und essen sie natürlich auch gemeinsam, Sedanstr. 16, www.diekinderkueche.de
**Cafe Janosch.** Das Café mit speziellem Kinderprogramm ist vor allem für Eltern und Kinder bis ca. sechs Jahren geeignet. Fürstenriederstr. 16
**Milch Haeusl.** Kleiner, gemütlicher Bio-Biergarten am Kinderspielplatz im Englischen Garten, Königinstr. 6, milchhaeusl.bio
**Feierwerk-Dschungelpalast.** Familienfreundlicher Sonntagsbrunch in Verbindung mit einem attraktiven Kulturprogramm. Hansastr. 39–41, www.feierwerk.de

### ÜBERNACHTEN

**The 4 You Hostel.** Günstiges Hostel. Direkt neben dem Hauptbahnhof, Hirtenstr. 18, www.the4you.de
**Hotel Eder.** Familienfreundliches, vergleichsweise günstiges Hotel in Zentrallage. Zweigstr. 8, www.hotel-eder.de
**The Tent Munich.** Günstiges Zeltgelände für Puristen, die mit größeren Kindern unterwegs sind. Abends Lagerfeuer. In den Kirschen 30, www.the-tent.com

### WEITERE INFOS

**München Tourismus:** www.muenchen.de/tam

Durch das Naturbad Einsiedel sprudelt die glasklare Isar.

# 54 Im Fünfseenland

TOLL FÜR KINDER

**Wörthsee.** Der See wird wegen seiner geringen Tiefe am schnellsten warm.

**Buchheim Museum der Fantasie.** Gerade auch für Kinder spannendes Exponatesammelsurium, www.buchheimmuseum.de

**Jexhof.** Kindgerechtes Bauernhofmuseum mit vielen Zusatzangeboten, www.jexhof.de

**Hochseilgarten Utting.** Wie ein Pirat in der »Wilden Gretel« klettern, www.hochseilgarten-ammersee.de

**Papierbootrennen auf dem Starnberger See.** Immer im Juli, auch nur zum Zuschauen sehr witzig, www.ekp.de/papierbootrennen

TOLL FÜR ELTERN

**Ilkahöhe.** Kurze Rundtour mit großartigem See- und Alpenblick und kleinem Biergarten

**Leutstettner Moor.** Naturlehrpfad auf den Spuren der Römer, www.sta5.de

**Dampfer- und Bootstouren auf dem Starnberger See.** Großartiges Alpenpanorama. www.seenschiffahrt.de

**fünf seen film festival.** Auch mit Kinder-Filmfest-Programm, www.fsff.de

**Südlich von München haben Wasserratten jeden Alters die Qual der Wahl zwischen fünf verschiedenen Gewässern. Während vor allem das Nordostufer des Starnberger Sees wegen der schnellen Erreichbarkeit von München aus sehr beliebt ist, geht es am Ammerseewestufer etwas ruhiger zu.**

## Erst wandern, dann baden

Bei der Anfahrt zum **Starnberger See** sollte man am Autobahnende in Percha erst mal rechts abfahren und über den **Naturlehrpfad nach Leutstetten** laufen. Dieser führt an der sehr interessanten Ausgrabung einer alten Römervilla vorbei und sehr schön am und durchs Moor zum traditionsreichen Leutstettener Biergarten. Der Weg ist für Kinder ab fünf Jahren gut zu gehen, mit Kinderwagen ist er nicht unbedingt zu empfehlen. Wer zum anschließenden Baden große Wiesen bevorzugt, kann sich im beliebten Badegelände Percha/Kempfenhausen in der Sonne räkeln. Wer es ruhiger will, fährt weiter nach Berg und sucht sich eine (bewaldete) Badestelle im schönen Berger Schlosspark.

Eine ideale **Ausflugskombination am Westufer** ist die aussichtsreiche Runde über die **Ilkahöhe bei Tutzing** mit einem Badenachmittag am großen Freigelände zwischen Feldafing und Tutzing (zum Selber-Laufen ab fünf Jahren). Und nicht nur bei schlechtem Wetter ist das unweit davon gelegene **Museum der Fantasie** in Bernried ein guter Kul-

Herrlich, sich auf dem türkisblauen Wasser des Wörthsees einfach so treiben zu lassen.

## Infos und Adressen

### ANREISE

**Mit dem Auto:** zum Starnberger See auf der A95 bis Autobahndreieck Starnberg und weiter nach Starnberg; zu Ammer-, Pilsen- und Wörthsee auf der A96 bis Ausfahrt Wörthsee, Inning oder Greifenberg

**Mit der Bahn:** Zum Starnberger See mit der S 6, zu Wörth-, Pilsen- und Ammersee (Ostufer) mit der S 8. Zum Ammerseewestufer mit der Bayerischen Regiobahn ab Augsburg oder Weilheim

### BESTE REISEZEIT

Mai bis September

### ESSEN UND TRINKEN

**Il Kiosko, Steinebach.** Gute Pizza und anderes gibt es hier direkt am Wörthsee, mit großer Liegewiese, schönem Spielplatz und super Sonnenuntergang

**Platzhirsch, Hauptstraße Breitbrunn.** Optimale Synthese aus urig-bayrisch und modern mit gutem Preis-Leistungs-Verhältnis

**Bayerische Brandung, Seepromenade Herrsching.** »Kultkiosk« mit traumhaften Sonnenuntergängen und Bademöglichkeit am Kiesstrand

### ÜBERNACHTEN

**Jugendherberge Possenhofen.** Günstige Familienzimmer direkt neben dem Badegelände »Paradies«. Kurt-Stieler-Str. 18, Pöcking

### WEITERE INFOS

**Tourismusverband Starnberger Fünf-Seen-Land:** www.sta5.de

tur-Tipp für Familien. Die schönsten Badestellen an den kleineren Seen der Region sind die **Rossschwemme** (gut mit Kleinkindern), das Badegelände Oberndorf am Westufer des **Wörthsees** (eher für Schwimmer geeignet) sowie das nette Strandbad am Campingplatz von **Seefeld am Pilsensee** (gut mit Kleinkindern, kostet Eintritt).

Das Ammerseewestufer schließlich hat – neben weiteren Bademöglichkeiten – zwei besondere Attraktionen zu bieten. In Utting hat von Juli bis September das **EX-ORNAMENTIS-Labyrinth** geöffnet, das jedes Jahr neu in ein Hanf- und Sonnenblumenfeld gemäht wird und verschiedene Suchspiele und Aufgaben für Groß und Klein zu bieten hat. Direkt daneben können Kletterfans ab sechs Jahren im **Hochseilgarten Ammersee** ein schwindelerregendes Piratenschiff erklimmen.

Unweit der Amper liegt das Bauernhofmuseum Jexhof.

## Toller Ausflug

### RADELN AN DER AMPER

Die am Nordufer des Ammersees entspringende Amper begleitet ein familienfreundlicher Radweg. Am besten startet man an der S-Bahn Haltestelle Grafrath und fährt weiter nach Schöngeising, wo die Amper überquert wird. Auf der anderen Flussseite geht es weiter zum Kloster Fürstenfeld. Für Kinder lohnend ist ein Abstecher zum Bauernhofmuseum Jexhof. In Fürstenfeldbruck bietet sich eine längere Pause an, da sich die Besichtigung des Stadtmuseums lohnt. Wasserratten sei die AmperOase empfohlen. Weiter geht es durch Fürstenfeldbruck und mal direkt an der Amper entlang, mal weiter von ihr entfernt in Richtung Esting und Olching, wo Tierfreunde einen Besuch des Vogelparks Olching nicht verpassen sollten. Bevor der Amper-Radweg Dachau erreicht, führt der Weg vom Fluss weg und stößt auf die Brucker Straße, die ins Zentrum führt. Hier gibt es zahlreiche Gelegenheiten zur Einkehr und eine Haltestelle der S 8, die Richtung München fährt.

www.amperoase.de

Blick über den Wörthsee von Walchstadt aus.

# 55 Der Pfaffenwinkel

TOLL FÜR KINDER

**Pfaffenwinkler Milchweg.** Tolle Mitmach-Stationen rund um das Thema Milch, www.pfaffenwinkler-milchweg.de

**Pfaffenwinkler Badeseen.** Im Schwaigsee, Bayersoiener See und Staffelsee werden Wasserratten glücklich (meist flache Ufer).

**Oberammergauer Wellenberg.** Günstiges Erlebnisbad mit großartigem Bergblick und warmem Draußenbecken, www.wellenberg-oberammergau.de

TOLL FÜR ELTERN

**Hörnle & Laber.** Zu Fuß oder mit Liftbenutzung auf beliebte Aussichtsgipfel. www.hoernlebahn.de www.laber-bergbahn.de

**Wetter Observatorium Hoher Peißenberg.** Die Ausstellung wird ständig aktualisiert und erweitert, www.dwd.de/mohp

**Bad Bayersoien in Flammen.** Pyrotechnische Spektakel am Bayersoiener See, im Juli, www.bad-bayersoien-in-flammen.com

**Historischer Handwerkermarkt Schongau.** Im August bietet das Tor zum Pfaffenwinkel eine Zeitreise ins Mittelalter, www.schongau.de

Seen und Berge prägen den wunderschönen Pfaffenwinkel.

**Genau an der Grenze zwischen Allgäu und Oberbayern gelegen, ist der Pfaffenwinkel nicht nur für Freunde der Sakralarchitektur, sondern auch für aktive Familien ein sehr attraktives und noch wenig überlaufenes Urlaubsziel.**

## Milchweg und Hoher Peißenberg

Idealerweise beginnt man den abwechslungsreichen Trip in **Schongau**, das nicht zuletzt wegen seiner Lage »Tor zum Pfaffenwinkel« genannt wird. Denn die von einer hervorragend erhaltenen Stadtmauer eingerahmte Altstadt versprüht mit ihren verwinkelten Gassen und uralten Häusern mittelalterlichen Charme. Im August zaubern zudem Gaukler, Akrobaten und Spielleute auf dem **historischen Handwerkermarkt** eine einzigartige Atmosphäre in der Altstadt. Besonders zu empfehlen ist die regelmäßig angebotene Familienführung **»Entdecke Schongau mit dem Hexenkind Hagasua«**, die schon für Kinder ab fünf Jahren geeignet ist. Man erfährt Spannendes über das mittelalterliche Schongau, Henker und vermeintliche Hexen.

Auf dem Weg in Richtung Berge sollten Sie unbedingt einen längeren Zwischenstopp bei der **Schönegger Käsealm** südlich von Rottenbuch einlegen. Dort startet der vier Kilometer lange **Pfaffenwinkler Milchweg**, dessen abwechslungsreiche Stationen nicht nur Kindern großen Spaß ma-

## Infos und Adressen

ANREISE

**Mit dem Auto** auf der A96 bis Ausfahrt Landsberg am Lech West und weiter auf der B17 nach Schongau, Hohenpeißenberg, bzw. Richtung Garmisch-Partenkirchen, um nach Rottenbuch zu gelangen

BESTE REISEZEIT

Mai bis September

ESSEN UND TRINKEN

**Schongauer Brauhaus.** Bayerische Küche und abwechslungsreiches Kulturprogramm (u. a. Kinderkino). Altenstadter Str. 13, Schongau, www.schongauer-brauhaus.de

**Schönegger Käsealm.** Verkaufsladen mit leckeren Molkereiprodukten und kleinem Biergarten mit Bergblick am Pfaffenwinkler Milchweg, Schönegg 6, Rottenbuch, www.schoenegger.com

ÜBERNACHTEN

**Berghof Heger.** Kinderfreundlicher Bauernhof mit täglicher Hofrunde, Reitmöglichkeit und Lagerfeuer am Abend. Berghof 1, Peißenberg, www.berghof-heger.de

WEITERE INFOS

**Tourismusverband Pfaffenwinkel:** www.pfaffen-winkel.de

**»Hexenführung« für Kinder in Schongau:** www.schongau.de

chen. Der Weg ist auch mit Kinderwagen und Fahrrad gut zu schaffen. Kinder ab vier Jahren können ihn problemlos gehen. Nach der Tour kann man auf der Käsealm einkehren oder sich mit frischen Molkereiprodukten eindecken. Und bei schönem Wetter bietet sich ein Badenachmittag am benachbarten **Schwaigsee** an.

Das Highlight des Pfaffenwinkels ist der **Hohe Peißenberg mit dem von weithin sichtbaren Sendeturm**. Egal ob man mit dem Auto auf den knapp 1000 Meter hohen Gipfel fährt oder den schönen Anstieg wählt (zum Selbstlaufen ab fünf Jahren empfehlenswert), die Aussicht auf die Alpen ist vor allen an klaren Tagen einfach unschlagbar. Hier wurde ab 1837 Kohlebergbau betrieben. Dazu trieb man bis 1900 einen über 400 Meter langen Stollen in den Berg. Im Bergbaumuseum kann man sich über die 135-jährige Geschichte des Kohleabbaus informieren und anschließend auf dem Stollenweg mit seinen interessanten Schautafeln spazieren.

Der Pfaffenwinkler Milchweg ist auch für junggebliebene Eltern interessant.

### Toller Ausflug

PATERZELLER EIBENWALD

Westlich von Weilheim liegt ein besonderes Kleinod der Natur. Bei Paterzell steht mit über 2000 zum Teil sehr alten Exemplaren der größte zusammenhängende Eibenwald Deutschlands. An den Haltepunkten eines sehr gut konzipierten Naturlehrpfads erfahren Jung und Alt unter anderem, dass Eibennadeln für Rehe sehr lecker, für Pferde hingegen tödlich sind. Oder dass der Name Eibe auf »iwa« zurückgeht, was Armbrust oder Bogen bedeutet. Tatsächlich waren Eiben im Mittelalter als Waffenholz so beliebt, dass sie bereits um 1600 in Oberbayern weitgehend ausgerottet waren. Andererseits wurden sie von Keltischen Druiden als heilige Bäume verehrt. Und auch die Germanen benutzten Eibenzweige zur Abwehr von bösem Zauber und gefürchteten Dämonen. Im Anschluss rundet der benachbarte, nette Ort Wessobrunn mit einem sehenswerten Kloster, uralten Linden und Einkehrmöglichkeiten den Abstecher ab.

www.pfaffen-winkel.de

# 56 Im Voralpenland

TOLL FÜR KINDER

**Freiluftmuseum Glentleiten.** Tolle historische Einblicke in den ländlichen Alltag Oberbayerns, www.glentleiten.de

**Flake am Walchensee.** Liebevoll nachgebautes Wikingerdorf

**Benediktbeuern und das Moor.** Zeitgemäße Naturbildung zum Anfassen, www.zuk-bb.de

**Radltour um den Walchensee.** Ideale Fahrradstrecke mit herrlichen Uferplätzen

TOLL FÜR ELTERN

**Walchenseekraftwerk.** Lebendiges Industriedenkmal mit interessantem, täglich geöffnetem Infozentrum. Der Eintritt ist frei.

**Franz Marc Museum.** Besonderes Kunstmuseum mit Workshops für Kinder und Jugendliche, www.franz-marc-museum.de

**Jochberg.** Großartiger Aussichtsberg, den man sich allerdings mit 750 Höhenmetern bei einem gut beschilderten Aufstieg erarbeiten muss

**Herzogstand.** Beliebter Aussichtsberg, bei dem die Seilbahn den Aufstieg erheblich verkürzt, www.herzogstandbahn.de

Von Nord nach Süd ist der Walchensee in den Ober-, Weit- und Urfeldersee gegliedert.

**Direkt am oberbayerischen Alpenrand gelegen, bieten die benachbarten Seen Freizeitmöglichkeiten in Hülle und Fülle. Neben allerlei Badespaß und familiengeeigneten Gipfelzielen sollte man aber keineswegs die interessante Glentleiten verpassen.**

## Freiluftmuseum in Bestlage

Sonnige Almwiesen mit See- und Bergblick: Einen schöneren Ort als die **Glentleiten** können sich ausgediente Bauernhöfe für ihr »Altenteil« wirklich nicht wünschen. So kommt für Besucher neben der Bauernkultur-Vermittlung das Naturerlebnis bei dem vielleicht schönsten Freiluftmuseum Deutschlands nicht zu kurz. Seit der Eröffnung im Jahr 1976 wurden rund 60 uralte und zum Teil vom Verfall bedrohte Bauernhöfe am jeweiligen Herkunftsort vorsichtig abgebaut und an der Glentleiten wieder aufgebaut mit dem Ziel, die ländliche Alltagskultur umfassend und anschaulich zu dokumentieren. Wohnen und Wirtschaften, Handwerk und Gewerbe werden in den historisch ausgestatteten Bauten äußerst lebendig vermittelt.

Besonders sehenswert sind die **Wetzsteinmacherei**, die **Getreidemühle**, das **Sägewerk** und die **Schmiede**. Dort wird deutlich, wie man von alters her geschickt die Kraft des Wassers zu nutzen wusste. Bevor man weiter zu den tollen Bauernhöfen steigt, lohnt sich der Abstecher geradeaus zur **Köhlerei** bzw. zu einer alten Tuffsäge. Von der Aus-

sicht her sind die uralten Almhöfe die absoluten Highlights auf der Glentleiten. Und nach der Freiluftbesichtigung bietet sich eine schmackhafte und aussichtsreiche Einkehr in der gleich oberhalb gelegenen **Kreut Alm** an. Eine Tour, die sich schon für Kinder ab vier Jahren eignet.

## Bootfahren, Wandern oder Baden am Kochelsee

Im Sommer rundet ein Badenachmittag am Kochelsee den Ausflug ab. Schöne Badestellen befinden sich am **Trimini-Parkplatz** sowie am Ostufer: am **Finkberg**, gegenüber der Firma Dorst sowie am Altjoch-Seeufer. Das **Trimini-Schwimmbad** selbst bietet für Kinder eine Spielhöhle mit Wasserfontäne, ein Kleinkinder-Planschbecken mit Rutsche, Gumpen mit Wasserfall und ein Außenkinderbecken mit Sonnensegel.

Landschaftlich lohnenswert ist das Altjoch-Seeufer. Auf dem Weg dorthin kommt man am interessanten, kostenlosen Infozentrum des **Walchenseekraftwerks** vorbei. Und wer sich vor oder nach dem Baden noch etwas bewegen will, sollte unbedingt den spektakulären **Felsenweg am Kochelseesüdufer** erkunden, der tolle Blicke auf den See zu bieten hat und direkt am Altjoch-Ufer beginnt (geeignet für Kinder ab sechs Jahren). Im Frühsommer, wenn das Wasser zum Baden noch zu kalt ist, ist eine **Bootsfahrt** eine gute Alternative. Das Motorschiff verkehrt von Anfang Juni bis Ende September auf dem Kochelsee.

## Vom Gipfel zum See

Eine »Etage« höher glitzern die Wellen des fast noch schöneren **Walchensees**. Auf dem Weg dorthin bietet sich vom Kesselbergsattel aus die für Kinder ab sechs Jahren geeignete **Wanderung auf den Jochberg** an. Nachdem man längere Zeit in schönem Bergmischwald aufgestiegen ist, bieten sich nach knapp zwei Stunden wirklich überwältigende Aussichten hinunter zum Kochelsee und über das Alpenvorland sowie zu den großen Gipfeln des Karwendelgebirges im Süden.

Wem dieser Anstieg zu lange dauert, kann alternativ die **Herzogstandbahn** am Walchensee benutzen. Von der Bergstation geht es dann zu Fuß in ca. zehn Minuten zu einem beliebten Berggasthaus und von dort in etwa einer Dreiviertelstunde zum **Aussichtsgipfel des Herzogstands** hi-

Auf der Glentleiten verrichten noch alte Mühlräder ihre Arbeit.

### *Mitmachen!*

MUSEUM-WORKSHOPS

Die Glentleiten bietet das ganze Jahr über viele interessante Sonderveranstaltungen an. Gerade für und mit Kindern gibt es zahlreiche interessante Angebote wie Filz- und Kräuterwerkstatt, eine Köhlerwoche oder Arbeiten mit Flachs. Ein ganz besonderes, vor allem bei Schneelage sehr stimmungsvolles Highlight ist der jährliche Christkindlmarkt. Auch im Wikingerdorf »Flake« am Walchensee finden im Sommerhalbjahr regelmäßig Führungen für Kinder statt. Das Kocheler Franz Marc Museum bietet wiederum an Wochenenden freies Malen und Werken an, wobei Kinder und Jugendliche von Museumspädagogen betreut werden.

www.glentleiten.de
www.kochel.de
www.franz-marc-museum.de

## Der besondere Tipp

### UMWELT UND KULTUR IN BENEDIKTBEUERN

Im Kloster Benediktbeuern bietet das Zentrum für Umwelt und Kultur gute Naturbildung an. Unbedingt zu empfehlen ist die Runde zum Barfußpfad. Er ist ca. 400 Meter lang und beschäftigt sich mit der Geologie, den unterschiedlichen Bodenarten, der Vegetation dieser Landschaft und der Nutzung von Naturmaterialien. Der Pfad führt über verschiedene Gesteine, Wald- und Moorboden. Auf der anderen Seite lädt ein Weg mit Holzstegen zu einer idyllischen Pause am Wasserbiotop ein. An seiner Südseite führt der Klosterrundweg zum Kloster, wo die sehenswerte Fraunhofer Glashütte steht. Hier befand sich Anfang des 19. Jahrhunderts die Wirkungsstätte des Physikers und Unternehmers Joseph von Fraunhofer. Im Kloster selbst sind die Klostergärtnerei, die Basilika mit gotischem Kreuzgang, der Meditationsgarten und das kleine Museum des Zentrums für Umwelt und Kultur sehenswert, das im Sommer sehr interessante Veranstaltungen wie beispielsweise eine Tümpelsafari für Kinder und Jugendliche anbietet.

www.zuk-bb.de

nauf. Alternativ kann man vor dem **Wasserspaß am Walchensee** einfach nur das kostenlose **Wikingerdorf Flake** anschauen, das für die Dreharbeiten eines Wikingerfilms errichtet wurde.

Zum Baden eignet sich die Halbinsel beim Ort Walchensee oder die Liegewiese bei Einsiedl am besten. Zu früh sollte man allerdings nicht ins Wasser springen. Bis in den Frühsommer sorgt Schmelzwasser aus dem Karwendel für eisige Temperaturen. Unabhängig von der Wassertemperatur ist für Rad fahrende Familien unbedingt die **Runde um den Walchensee** (geeignet ab sechs Jahren) zu empfehlen. Die knapp 20 Kilometer führen von Urfeld aus entlang einer kaum befahrenen Anliegerstraße zum Ostufer, wo es auf Forststraßen zur Mautstraße am Südufer geht. Immer wieder liegen schöne Pausenplätze auf dem Weg, bevor man über die Halbinsel am Ostufer den Ort Walchensee erreicht. Von hier geht es dann entlang der Bundesstraße nach Urfeld zurück.

Unweit vom Kochelsee befindet sich ein wichtiges Haflingergestüt.

Die großen Rohre enden am sehenswerten Kraftwerk-Museum.

# Im Voralpenland

## Infos und Adressen

ANREISE

**Mit dem Auto** über die A95 bis zur Ausfahrt Murnau-Kochel, dann weiter über Großweil (rechts zur Glentleiten) und Schlehdorf nach Kochel. Zum Walchensee der Kesselbergstraße folgen

**Mit dem Zug** von München über Tutzing nach Kochel und weiter mit dem Bus zum Walchensee

BESTE REISEZEIT

ganzjährig

VERANSTALTUNGEN

**Seefest Kochelsee.** Immer am ersten Augustwochenende, www.kochel.de

**Traditioneller Wikingermarkt.** Statt mit Händlern mit Handwerksvorführungen und Kinderprogramm. September im Wikingerdorf Flake, www.kochel.de

**Erntedankest in Benediktbeuern.** Im Oktober im Zentrum für Umwelt und Kultur mit Holzofenbrot und Lagerfeuersuppe. Anmeldung: www.zuk-bb.de

ESSEN UND TRINKEN

**Alpengasthaus Kreut Alm.** Bayerische Küche gleich oberhalb der Glentleiten mit sensationeller Aussicht. Kreutstr. 1, Großweil, www.kreutalm.de

**Bauerncafé *Zum Giggerer*.** Selbst gemachte Kuchen, wie sie besser nicht sein könnten in supergemütlicher Atmosphäre. Kalmbachstr. 13, Kochel, www.giggerer.de

**Fischerwirt.** Gute Fleischgerichte und schöne Kinderkarte mit ansprechenden Gerichten wie origineller Kinderpizza. Unterauerstr. 1, Schlehdorf, www.fischerwirt-schlehdorf.de

ÜBERNACHTEN

**Jugendherberge Walchensee.** Traumhaft am See gelegen. Urfeld 17, Walchensee, www.urfeld.jugendherberge.de

WEITERE INFOS

**Tourist-Information Kochel a. See.** www.kochel.de

Zurecht gilt der Herzogstand als hervorragender Aussichtsberg.

# 57 In und um Füssen

TOLL FÜR KINDER

**Walderlebniszentrum Ziegelwies.** Naturbildung vom Feinsten, www.walderlebniszentrum.eu

**Baumkronenweg.** Grüne Tiefblicke hoch über dem Lech (Mai–Okt.). Sogar für Kinderwagen und Rollstühle geeignet, www.baumkronenweg.eu

**Hohes Schloss.** Tolle, mittelalterliche Burganlage hoch über der Altstadt (April–Okt.), www.stadt-fuessen.de

TOLL FÜR ELTERN

**Schwansee.** Versteckt gelegener Berg-Badesee auf dem Weg zu den Königsschlössern

**Lechfall.** Beeindruckender Steg über sprudelndem Wasserfall, zu Fuß vom Ortszentrum zu erreichen

**Tegelberg.** Mit oder ohne Seilbahnhilfe zu genialem Aussichtspunkt, www.tegelbergbahn.de

**Wer glaubt, Füssen sei nicht viel mehr als die Königsschlösser, der verpasst sehr empfehlenswerte Ferienziele – gerade für Familien mit Kindern. Egal ob Walderlebniszentrum Ziegelwies, das Turmzimmer des Hohen Schlosses oder die Tour zum Schwansee: Wissensvermittlung, Badespaß und Bewegung lassen sich hier ideal verbinden.**

## Natur und Kultur in und um Füssen

Wenige Umweltbildungseinrichtungen werden ihrem Namen so gerecht wie das nahe der deutsch-österreichischen Grenze gelegene **Walderlebniszentrum Ziegelwies** (WEZ). In den Ausstellungsräumen und auf den beiden Waldpfaden werden alle wichtigen Themen rund um Wald und Holz spielerisch und praxisbezogen vermittelt. Und das sogar gratis. Ein (nur für Erwachsene kostenpflichtiger) **Baumkronenweg** sowie viele **Kletter- und Spielmöglichkeiten** auf den beiden Waldpfaden machen das WEZ zudem zu einem motorisch sehr vielfältigen Erlebnis. Bevor man sich auf die Rundwege der beiden Waldpfade begibt, sollte man sich etwa eine Dreiviertelstunde Zeit nehmen, um die interessanten Ausstellungsräume zu besichtigen. Didaktisch gut aufbereitete Infotafeln und Videos, Geschicklichkeitsspiele aus Holz oder Geruchs- und Tastkästen führen sehr ansprechend an das Thema Wald heran. Ideal ist das Zent-

Im Naturerlebniszentrum Ziegelwies werden Bildung und Spaß optimal kombiniert.

## Infos und Adressen

ANREISE

**Mit dem Auto** über die A96 bis Ausfahrt Landsberg West und weiter auf der B17 über Schongau und Steingaden nach Füssen. Von Westen her kommend über die A7 direkt nach Füssen. **Mit der Bahn** von München mit Umstieg in Kaufbeuren

BESTE REISEZEIT

April bis Oktober

VERANSTALTUNGEN

**Füssener Stadtfest.** Die ganze historische Altstadt wird am zweiten Augustwochenende zur Open-Air-Festmeile.
**Biobauernmarkt Füssen.** Jeden 1. und 3. Samstag im Monat auf dem historischen Schrannenplatz

ESSEN UND TRINKEN

**Aquila.** Sehr kinderfreundliche Bedienung. Der Schweinebraten mit Kartoffelknödel und Rotkraut zergeht auf der Zunge, Brotmarkt 9, Füssen, www.aquila-fuessen.de

ÜBERNACHTEN

**Family Apart House.** Gutes Preis-Leistungs-Verhältnis, Von-Freyberg-Str. 26, Füssen

WEITERE INFOS

**Füssen Tourismus und Marketing:** www.fuessen.de

rum für Kinder zwischen fünf und elf Jahren. **Füssen** selbst ist ideal, um eine **mittelalterliche Stadtbesichtigung** mit einem Badeausflug zu verbinden. Bereits die Römer erkannten die strategisch hervorragende Lage des Füssener Burgbergs und errichteten dort in der späten Kaiserzeit ein Kastell namens **Foetibus**. Während sich die Besuchermassen im benachbarten **Neuschwanstein** drängeln, kann man im **Hohen Schloss**, das zu Recht als eine der am besten erhaltenen Burganlagen Bayerns gilt, selbst an schönen Sommertagen oft allein den tollen Wehrgang und den schwindelerregenden Ausblick vom Turmzimmer bestaunen. Vor oder nach der Schlossbesichtigung empfiehlt sich ein Bummel durch die wunderschönen Gassen der **Altstadt**. Ein schöner Sommerausflug ist der Weg über den **Kalvarienberg** zum herrlich gelegenen **Schwansee**. Der Weg beginnt gegenüber der Mangbrücke, ist gut beschildert und ideal für Familien mit Kindern zwischen fünf und elf Jahren.

Schloss Hohenschwangau steht ein wenig im Schatten des berühmten Neuschwanstein.

### Toller Ausflug

ZUM KÖNIGSSCHLOSS

Wer vom Schwansee aus weiter nach Hohenschwangau gehen und sich das Schloss anschauen möchte, sollte vorher Tickets reservieren und sie auf der Hinfahrt beim Ticketcenter bereits abholen. Dadurch kann man vom Schwansee aus den schöneren direkten Weg zum Schloss wählen und muss keinen Umweg gehen. Übrigens ist diese Tour auch im Winter, vor allem nach klaren Frostnächten, ein ganz besonderes Erlebnis, wenn Eisnadeln auf dem gefrorenen Schwansee glitzern.

www.hohenschwangau.de

Bergblick vom Weißensee aus

# 58 Rund um den Forggensee

TOLL FÜR KINDER

**Burg Hohenfreyberg.** Ganzjährig zugängliche Burgruine mit tollem Bergblick

**Burg Eisenberg.** Aufwendig renovierte Nachbarburg, www.burgenmuseum-eisenberg.de

**Baden am Illersbergsee.** Schöner, besonders für Kleinkinder geeigneter Ausläufer des Forggensees

TOLL FÜR ELTERN

**Brettlesweg.** Toller Bohlenweg zur Wieskirche durch idyllisches Voralpenmoor

**Rundfahrt auf dem Forggensee.** Schifffahren mit grandiosem Bergblick (von Anfang Juni–Mitte Okt.)

**Forggensee Infozentrum.** Kostenlose Technikausstellung (Mai–Ende Sept.)

Der Forggensee mit den dahinter aufragenden Allgäuer Alpen

**Die gemütlichste Art, den herrlich gelegenen Forggensee und seine netten Badestellen näher kennenzulernen, ist und bleibt eine Schifffahrt. Wissensdurstigen und sportlichen Familien bietet der See zusätzlich ein interessantes Wasserkraft-Infozentrum und einen sehr schönen Radrundweg.**

## Ein See mit Geschichte

Die **Schiffsrundfahrt** auf dem Forggensee ist für Familien mit kleineren Kindern gut geeignet, dauert etwa zwei Stunden und verläuft über einer alten Römerstraße. Die **Via Claudia Augusta** war eine wichtige Handelsverbindung und führte von Venedig nach Augsburg. Im Winter, wenn der See abgelassen wird, treten die Reste der Römerstraße wieder zutage. An schönen Sommertagen sollte man unbedingt einen **Badestopp** einlegen, zum Beispiel an der Anlegestelle **Dietringen**, wo unweit eine nette Badewiese mit Bergblick liegt.

Rund um den See verläuft der 32 Kilometer lange **Forggensee-Radrundweg**, der für Familien mit größeren Kindern

## Infos und Adressen

ANREISE
**Mit dem Auto** auf der A96 bis Ausfahrt Landsberg West und weiter auf der B17 in Richtung Füssen. In Schwangau rechts nach Waltenhofen und an der dortigen Kirche parken
**Mit dem Zug** nach Füssen und mit Bus 79 nach Waltenhofen

BESTE REISEZEIT
April bis Oktober

AKTIVITÄTEN
**Rieden.** Von Juni bis August finden in Rieden extra Kinderevents wie Feuerwehrübung, Kindersägewerk oder Lagerfeuer statt, www.rieden.de
**Roßhaupten.** Im Sommer finden regelmäßig Kinderführungen im Infozentrum des Kraftwerks sowie Bauernhofbesichtigungen statt, www.rosshaupten.de

ESSEN UND TRINKEN
**Gasthof am See.** Gute bayerische Küche und Fischgerichte mit schnellem, freundlichem Service. Schwangau-Waltenhofen, www.hotel-schwangau.de

ÜBERNACHTEN
**Ferienwohnungen Sonnenhof.** Bereits ab einer Nacht buchbar. Schnarren 19, Seeg, www.sonnenhof-seeg.de

WEITERE INFOS
**Füssen Tourismus und Marketing:** www.fuessen.de

zu empfehlen ist. Er führt über wenig befahrene Straßen und schöne Radwege mit geringen Höhenunterschieden. Ein günstiger Startpunkt ist **Roßhaupten**. Auf der Rundtour kommt man am Infozentrum des Forggenseekraftwerks vorbei, wo man Wissenswertes über dessen Bau und Technik erfährt. Unweit davon liegen mit dem **Illasbergsee** und den Badewiesen westlich des Illasbergs zwei weitere schöne Bademöglichkeiten. Der Uferbereich ist relativ flach, sodass sich der See auch für kleinere Kinder eignet.

Für den Folgetag ist ein Ausflug zum nahe gelegenen **Hopfensee** und den westlich davon liegenden Burgen sehr zu empfehlen. Sowohl von der **Ruine Hohenfreyberg** als auch von der besser erhaltenen **Burg Eisenberg** hat man einen tollen Alpenblick. Östlich vom Forggensee werden Kinder ab fünf Jahren den wunderschönen, meist flachen **Brettlesweg** von **Steingaden** zur **Wieskirche** gut schaffen. Und die Kleineren kommen einfach in die Kraxe.

Die Wanderung zum Auerberg ist mit Kids besonders zu empfehlen.

### Der besondere Tipp

GESCHICHTSTRÄCHTIGER AUERBERG

Auf der An- oder Abreise sollte man bei guter Fernsicht unbedingt einen Abstecher zum Auerberg bei Bernbeuern machen. Von der Aussichtsplattform der uralten Kirche aus bietet sich ein grandioses Panorama auf den Forggensee und die dahinter aufragenden Alpengipfel. Wer nicht mit dem Auto hochfahren möchte, sollte dem schönen Römerweg folgen, der von Stetten aus zum Auerberg führt. Wie der Name vermuten lässt, ist der Berg schon seit der Römerzeit besiedelt. Kinder ab fünf Jahren können den Weg selbst laufen. Am Fuß des Berges in Bernbeuern befindet sich das sehenswerte Auerbergmuseum.

www.auerbergmuseum.de

# 59 Klettern im Allgäu

TOLL FÜR KINDER

**Piratenfest.** Im August findet auf dem Lastensegelschiff »Santa Maria Loreta« ein Piratenfest auf dem Alpsee statt, www.alpseesegler.de

**Sommerrodelbahn.** 13 Kurven auf einem Kilometer, www.alpspitzbahn.de

**Allgäuer Bergbauern Museum.** Schau-Bauernhof auf 1200 Metern Höhe, www.bergbauernmuseum.de

TOLL FÜR ELTERN

**Großer Alpsee.** Vor den Toren Immenstadts verspricht er Abkühlung, Entspannung und Action beim Segeln, Kiten oder Surfen, www.immenstadt.de

**Grünten.** Auf den steinigen Gipfel (1738 m) führen viele Wege, der anspruchsvollste über das »Burgberger Hörnle«, der sonnigste über die »Obere Schwande«, www.alpsee-gruenten.de

**Alpspitzkick.** Die Steigerung des »Flying Fox«: Beim Alpspitzkick saust man mit bis zu 130 km/h am Stahlseil talwärts, www.alpspitzkick.de

Der Kletterwald ist ein Riesenspaß für die ganze Familie.

**Woher hat der Kletterwald Bärenfalle seinen Namen? Vermutlich vom bärigen Vergnügen, sich geschickt durch die Drahtseilattraktionen zu bewegen. Der größte Kletterpark Bayerns bietet Spaß und Selbsterprobung für Kinder jeden Alters. Und danach? Lockt Abkühlung im Großen Alpsee, dem größten Natursee im Allgäu.**

## Ein Fest für »Kletteraffen«

Während ringsum das Allgäu in der Hitze brütet, ist es im **Kletterwald Bärenfalle** angenehm kühl: Man befindet sich auf 1100 Metern Höhe, und der Mischwald spendet Schatten. Zwischen seinen hohen Stämmen spannen sich die Drahtseile von Bayerns größtem Klettergarten. 16 verschiedene Parcours, nach Schwierigkeiten und Farben vom erdnahen »Teddybär« für Kinder ab sieben Jahren bis zum »Grizzly« in zwölf Metern Höhe sortiert, verlangen den Besuchern einiges ab. Muskelkraft spielt dabei oft eine geringere Rolle als Geschicklichkeit – das bekommen vor allem die Eltern zu spüren. Was sie dankbar registrieren werden: Der Klettergarten ist gerade für ältere Kinder ein Riesenspaß, weil sie sich hier selbstständig bewegen können. Der Einfallsreichtum der Hindernisse ist verblüffend: Es gibt Netze und lotrechte Holzplatten mit Grifflöchern, feste und schwingende Balken, hängende Leichtmetallrahmen oder Abgründe, die man mit einem Skateboard überwin-

Hoher Feiertag: Zum Viehscheid trägt das Allgäuer Braunvieh Kränze.

## Infos und Adressen

### ANREISE

**Mit dem Auto:** Die A96 und die A7 bilden über dem Allgäu ein Dreieck, das von Bundesstraßen wie der B12 oder der B308 gequert wird. An Letzterer liegt der Kletterwald Bärenfalle zwischen Immenstadt und Oberstaufen. Dort verkehrt auch ein Bus, der am Hauptbahnhof Immenstadt startet.

### ESSEN UND TRINKEN

**Alpe Obere Kalle.** Eine Alphütte wie aus dem Bilderbuch. Zwischen Bergstation und Kletterwald, www.obere-kalle.de

**Gasthaus Obere Mühle.** Mit eigener Bio-Schaukäserei. Ostrachstr. 36/40, Bad Hindelang, www.obere-muehle.de

### ÜBERNACHTEN

**Landgasthof Jägerhaus.** Einfache und preiswerte Unterkunft in direkter Nähe zur Alpsee-Erlebniswelt. Ratholz 5, Immenstadt, www.gasthof-jaegerhaus.de

**Ferienhof Eger.** Urlaub auf dem Bauernhof. Obereinharz 11, Immenstadt, www.ferienhof-eger.de

### WEITERE INFOS

www.kletterwald-baerenfalle.de, www.allgaeu.de, www.immenstadt.de

**Eintritt:** Erwachsene zahlen für die Kombikarte aus Bergfahrt, Kletterwald-Eintritt und Alpsee-Coaster 33 Euro, Kinder unter 15 Jahren 27 Euro.

det. Apropos Überwindung: Die kostet es anfänglich, die Seilbahnen des Flying Fox zu nutzen. Hier heißen sie »Fliegender Bär« und sind insgesamt mehr als 350 Meter lang. Der (körperliche) Einsatz aber steht in keinem Verhältnis zum Gewinn – an Vertrauen in die eigenen Kräfte und an Spaß.

Und der hört mit dem Klettern nicht auf, denn vom Kletterwald führt der **Alpsee-Coaster** ins Tal. Auf Schienen sausen Sommerrodel-Bobs zur Talstation der Sesselbahn. Abkühlung und Entspannung verheißt auch der **Große Alpsee**, der sich nur wenige Minuten entfernt zwischen grünen Hängen erstreckt. Der See in Berg- und Immenstadtnähe ist das umlagerte Ziel von Allgäuern und Sommergästen. Sie erholen sich vom Gipfelsturm auf den **Grünten**, den **Steineberg** oder das **Immenstädter Horn** oder nutzen die besonderen (West-)Windverhältnisse zum **Surfen**.

## Toller Ausflug

### BREITACHKLAMM

Wild und wunderschön ist sie bei jedem Wetter, nur zur Zeit der Schneeschmelze bleibt die Breitachklamm bei Oberstdorf vorsorglich geschlossen, denn dann ist die Gefahr des Steinschlags zu hoch. Ansonsten aber spielt die Wetterlage keine Rolle: Im Sommer rauscht das Wasser durch die tiefste Schlucht Mitteleuropas, während das Grün der Moose und Bäume mit dem grauen Fels kontrastiert. Im Winter lassen Schnee und meterlange Eiszapfen die Schlucht wie einen verwunschenen Palast erscheinen. Selbst im Regen macht die einfache, 2,5 Kilometer lange Wanderung durch die Klamm Spaß, weil die Breitach dann besonders wild in ihrem engen Felsbett tobt. Seit gut 100 Jahren führt der teils beplankte, teils in den Stein geschlagene Weg durch die Schlucht. Ein mächtiger Felssturz staute das Wasser vor 20 Jahren 30 Meter hoch, bevor es mit ungeheurer Zerstörungskraft das Hindernis wegdrückte. Die Reste dieser natürlichen Sprengung sind noch gut zu sehen.

www.breitachklamm.com

# 60 Oberallgäu: Immenstadt

TOLL FÜR KINDER

**Allgäuer Bergbauernmuseum.** Spielerische Wissensvermittlung in Bestlage, www.bergbauernmuseum.eu

**Niedernsonthofener See.** Kleines Juwel mit kleinkindgerechter Bademöglichkeit am Westufer

**Aussichtsturm »Alpkönigblick«.** Endloses Alpenpanorama, wie es besser kaum geht

TOLL FÜR ELTERN

**Großer Alpsee.** Wunderschöner Bergsee mit schönen Badeplätzen am Nordufer

**Naturparkzentrum AlpSeeHaus.** Gute Umweltbildung direkt in Immenstadt, www.nagelfluhkette.info/wissen/alpseehaus

**Siedelalpe.** Urige Allgäuer Alpe mit einfachem, leckeren Essen und Traumlage, die Eltern genießen können, während sich die Kinder auf dem großzügigen Spielplatz amüsieren, www.ferienhof-haslach.de

Zur Siedelalpe führt eine familienfreundliche Rundtour.

**Der Allgäuer Alpenrand bietet mit schönen, glasklaren Badeseen, für Kinder geeigneten Aussichtsbergen und nicht zuletzt dem wirklich sehenswerten Allgäuer Bergbauernmuseum eigentlich alles, was sich eine Familie für abwechslungsreiche Urlaubstage nur wünschen kann.**

## Leben wie die Bergbauern

Das **Allgäuer Bergbauernmuseum** ist so ziemlich das genaue Gegenteil eines verstaubten Bildungstempels. Oberhalb von Diepolz kann man unter anderem Bauernhoftiere hautnah erleben. Das ganze Jahr über gibt es interessante Aktionstage, und Kinder können auf dem Rundgang mit dem **»Zeitreise-Rucksack«** spannende Aufgaben lösen. Kids dürfen zudem vom Tennenboden in duftendes Heu springen und werden von den wirklich hervorragenden **Erlebnisspielplätzen** begeistert sein. Im Anschluss sollte man unbedingt zum **Aussichtsturm Alpkönigblick am Hauchenberg** hinauf. Neben einer großartigen Aussicht auf die Nagelfluhkette, den Grünten und ganz im Süden auch auf den Hauptkamm der Allgäuer Alpen bietet der Hauchenberg eine besonders schöne **Kammwanderung**, die auf abwechslungsreichen Wegen und Pfaden weiter nach Missen führt und die Kinder ab fünf Jahren gut begehen können. Auf der Rückfahrt bietet sich im Sommer ein Stopp am

Das Allgäuer Bergbauernmuseum ist für Familien schon fast ein Muss.

## Infos und Adressen

### ANREISE

**Mit dem Auto** über die B12 und A7 zum Autobahndreieck Allgäu. Weiter auf der A890 Richtung Isny bis Waltenhofen. Über Niedersonthofen nach Diepolz. Zum Großen Alpsee über Immenstadt. **Mit der Bahn** nach Immenstadt und von dort mit dem Bus 9782 nach Diepolz

### BESTE REISEZEIT

April bis Oktober

### AKTIVITÄTEN

**Naturpark-Tipps.** Vielfältige, für Kinder und Jugendliche kostenlose Naturausflüge veranstaltet der Naturpark Nagelfluhkette zwischen Juni und September, www.nagelfluhkette.info

### ESSEN UND TRINKEN

**Höfle Alpe.** Einfache Gerichte mit großartigem Bergpanorama. Ausstellungsbereich oberhalb des Bergbauernmuseums, Diepolz

**Lustiger Hirsch.** Günstig, familienfreundlich. Einmal in der Woche großer Käsespätzle-Abend, Ankams 3, Immenstadt, www.lustiger-hirsch.de

### ÜBERNACHTEN

**Berghof Alpenblick.** Sehr familienfreundlich und in bester Aussichtslage, Stoffels 5, Waltenhofen, www.berghof-alpenblick.de

### WEITERE INFOS

**Tourist-Info Immenstadt:** www.immenstadt.de

**Niedersonthofener See** an. Etwa einen Kilometer östlich von Niedersonthofen befindet sich rechts an der Straße Richtung Kempten ein kleiner, gebührenfreier Parkplatz. Von hier sind es nur noch wenige hundert Meter zu dem schönen Badegelände mit Kiosk am Westufer des Sees. Der Uferbereich ist flach und daher auch für kleinere Kinder geeignet.

Noch toller ist ein Badenachmittag am **Großen Alpsee**. Aktive Familien unternehmen davor noch die wunderschöne, aussichtsreiche Runde hinauf zur urigen **Siedelalpe**, die über die **Alpe Schönesreuth** wieder hinab zum Ausgangspunkt **Freibad Hauser** westlich von Immenstadt führt. Auch diesen Weg können Kinder ab fünf Jahren gehen. Mit wissensdurstigen Schulkindern sollte man davor oder nach dem Baden das **Naturparkzentrum AlpSeeHaus** in Immenstadt besuchen.

## *Nicht verpassen*

### KÄSE VOM FEINSTEN

Direkt neben dem Allgäuer Bergbauernmuseum bietet die Bergkäserei Diepolz eine großartige Möglichkeit, den Proviant in Sachen Milchprodukte aufzustocken. In der Sommersaison werden zudem wöchentliche Führungen durch die Käserei angeboten. Wegen der großen Nachfrage sollte man sich unbedingt anmelden. Zum gleichen Thema ist zudem der immer Ende August stattfindende Immenstädter Allgäuer Bauern- und Käsemarkt zu empfehlen. An zahlreichen Ständen werden regionale Köstlichkeiten und Dinge des Alltags zum Verkauf angeboten. Dazu gibt es auch ein kleines kulturelles Rahmenprogramm.

www.bergkaeserei-diepolz.de

# 61 Rechts und links der Iller

TOLL FÜR KINDER

**Erzgruben-Erlebniswelt.** Interessantes zur Bergbaugeschichte für die ganze Familie, www.erzgruben.de

**Sturmannshöhle.** Beeindruckende Spalthöhle mit sagenhaftem Zustieg, www.sturmannshoehle.de

**Familienberg Söllereck.** Sommerrodeln, Naturlehrpfade, Hochseilgarten, Bergseen und mehr

TOLL FÜR ELTERN

**Starzlachklamm.** Schlicht und einfach der schönste Weg zur Erzgruben-Erlebniswelt

**Breitachklamm.** Ab in eine der tiefsten Wildbachschluchten Europas! www.breitachklamm.de

**Rangiswanger Horn.** Leichte Bergtour mit tollem Talblick, die durch Seilbahnhilfe abgekürzt werden kann

Bohlenwege, wie unweit des Söllerecks, machen Kids besonderen Spaß.

**Von Oberstdorf aus fließt ein schöner Gebirgsfluss in Richtung Alpenvorland. An beiden Talseiten liegen interessante Ausflugsmöglichkeiten für Familien. Dabei bietet es sich an, sowohl die Erzgruben-Erlebniswelt als auch die Sturmannshöhle mit kindgerechten Wanderungen zu verbinden.**

## Starzlachklamm und Erlebniswelt Grünten

Vom 14. bis zum 19. Jahrhundert wurde an der Südseite des hoch über dem Illertal aufragenden Grüntens Erz gewonnen. Ein gut konzipiertes **Museumsdorf** stellt die Welt des Eisenabbaus dar. Die interessante Besichtigung der Stollen lässt sich ideal mit der Wanderung durch die tolle **Starzlachklamm** verbinden. Diese beginnt im Ortsteil Winkel und dauert ca. zwei Stunden. Alternativ kann man mit dem **Erzgrubenbähnle** von Burgberg bzw. dem nördlich davon gelegenen Parkplatz Steinbruch zum Eingang des Museumsdorfes hinauffahren. Schön ist auch der Fußweg von Burgberg über den **Berggasthof Alpenblick** oder die Starzlachklamm in jeweils knapp zwei Stunden zum Museumsdorf hinauf. Oben kann man sich in einer Geologie-, einer Bergbau- und einer Schmiedehütte über

Entlang der Starzlach führt ein beeindruckender Klammsteg.

## Infos und Adressen

### ANREISE

**Mit dem Auto** über die B19 bis zur Ausfahrt Immenstadt Süd-Rettenberg. Kurz vor Rettenberg rechts nach Burgberg bzw. Winkel. Zur Breitachklamm und Sturmannshöhle weiter auf der B19

### BESTE REISEZEIT

April bis Oktober

### VERANSTALTUNGEN

**Stadtfest Sonthofen.** Traditionsreiches Fest im Juli, mit »Kinderland« und tollen Mitmach-Angeboten, www.sonthofen.de

**Viehscheid.** Farbenprächtiger Almabtrieb im September in vielen Dörfern des Illertals.

### ESSEN UND TRINKEN

**Alpe Topfen.** Leckere Käsespätzle und mehr auf dem Weg von der Starzlachklamm zur Erzgruben-Erlebniswelt, Burgberg

**Gasthof Hirsch.** Gutes Preis-Leistungs-Verhältnis und leckere Kinderspätzle mit brauner Soße! Am Scheid 2, Obermaiselstein

### ÜBERNACHTEN

**Allgäuer Berghof.** Vier-Sterne-Familotel-Komfort in aussichtsreicher Lage. Alpe Eck über Sonthofen, Gunzesried, www.allgaeuer-berghof.de

### WEITERE INFOS

**Tourismus Hörnerdörfer:** www.hoernerdoerfer.de

die Eisenverarbeitung informieren. Im Anschluss ist eine **Grubenführung** spannend. Sie dauert gute zwei Stunden und erfordert festes Schuhwerk. Auf der gegenüberliegenden Talseite gibt es zwei weitere Attraktionen. Die fast 100 Meter tiefe **Breitachklamm** ist der unangefochtene Star aller Allgäuer Wildbachschluchten. Dementsprechend ist das Naturwunder an Wochenenden und zu Ferienzeiten recht beliebt. An solchen Tagen ist es gut, die Breitachklamm entweder gleich frühmorgens oder erst am späteren Nachmittag aufzusuchen. Die Besichtigung der Klamm lässt sich mit einer Einkehr in der **Dornachalpe** zu einer Rundtour machen. Nördlich davon liegt die **Sturmannshöhle** – die einzige begehbare Höhle des Allgäus. Um diese Spalthöhle ranken sich viele Sagen und Legenden. Deswegen wurde auf dem Weg zur Höhle ein **Sagenweg** eingerichtet, der nicht nur für Kinder interessant ist. Die Höhle kann im Rahmen von stündlichen Führungen besichtigt werden.

## Besonderer Ausflug

### ILLERPANORAMA AM FALKENSTEIN

Fernblicke auf den Allgäuer Hauptkamm, idyllische Pfade durch wunderschöne Blumenwiesen und ein Gipfel, der mit einer spektakulären Felswand zum Illertal hin abfällt … Die kurze Rundtour auf den Falkenstein hat wirklich alles, was eine tolle Voralpenwanderung ausmacht. Zudem ist es nur ein kleiner Abstecher vom Anfahrtsweg aus nach Rettenberg, wo die gut beschilderte Rundtour bei der Brauereiwirtschaft beginnt. Fast von Beginn an hat man von freien Flächen aus schöne Aussichten, bevor sich dann Wald- und Wiesenpassagen abwechseln. Am Gipfel selbst muss man auf Kleinkinder allerdings wegen der Absturzgefahr gut aufpassen. Es ist jedoch ein Geländer vorhanden.

Wanderung am Fuorcla Val dal Botsch im Graubündner Land

# Österreich und Schweiz

# 62 Luzern: Zyberliland

TOLL FÜR KINDER

**Zyberliland.** Ein Natur-Erlebnispark der ruhigen Art, www.zyberliland.ch

**Hochseilpark.** Geeignet für Kinder ab zwölf Jahren, der Anbieter führt auch den Bogenschießparcours, www.go-in-soerenberg.ch

**Lama-Trekking und Ausritte mit dem Pferd.** Buchbar bei der Tourist-Info Sörenberg, www.soerenberg.ch

TOLL FÜR ELTERN

**Käse.** Von den Almen ist Käse immer etwas Besonderes, hier zeigt der Käser sein Handwerk, www.alp-schlacht.ch

**Dampfzahnradbahn.** Ein Ausflug mit der 122 Jahre alten Bahn lohnt sich, er ist wie Wandern – nur dass die Kinder nicht über schmerzende Beine meckern, weil sie gefahren werden, www.brienz-rothorn-bahn.ch

**Biken.** Sörenberg gilt als Biketown – Fahrradbegeisterte kommen auf den Pisten und gut ausgebauten Wegen voll auf ihre Kosten. Und wer bergauf nicht treten will, leiht sich ein E-Bike.

Beste Aussichten bietet die Brienzer Rothornbahn.

**Das erste Biosphärenreservat der Schweiz liegt im Entlebuch. Unter den schroffen Gipfeln können Familien einen wunderbaren Urlaub verbringen – mit Klettern, Bogenschießen, Gold waschen und Bergwandern. Dass dabei technische Neugier nicht zu kurz kommt, dafür sorgt das nahe Luzern.**

## Wilder Westen für Goldgräber und Eisenbahnromantiker

Die alte Dampflok schnauft auf Zahnrädern den Berg hinauf. Aus den Fenstern des roten Waggons kann man über das schöne Bergpanroma bis hinunter zum türkis schimmernden Brienzer See schauen: Eine Fahrt mit der **Rothornbahn** ist ein ganz besonderes Erlebnis und führt bis oben zur Spitze. Anschließend geht es vom Gipfel per Seilbahn wieder zurück nach Sörenberg. Dort liegt das **Reka-Feriendorf** – mit seinen Appartements ideale Übernachtungsgelegenheit für Familien. Das kleine Dorf liegt idyllisch in den Bergen, ein kleiner Bach gurgelt vor dem Haus und lädt zum Steinmanderl-Bauen ein. Im Dorf selbst locken ein **Bogenschießparcours**, ein **Hochseilpark** und der **Erlebnispark Mooraculum**. Der Postbus fährt regelmäßig ins Tal und bringt Familien auch bis nach Flühli – ein

Die Stille der Natur genießen kann man bei Lamawanderungen.

## Infos und Adressen

ANREISE
**Mit dem Zug:** Fahrt bis Luzern, von dort aus weiter mit dem Regionalzug nach Schüpfheim und mit dem Postbus weiter nach Sörenberg

BESTE REISEZEIT
später Frühling bis früher Herbst

ESSEN UND TRINKEN
**Berggasthaus Salwideli.** Schön zur Einkehr nach einer Wanderung, das Berggasthaus Salwideli serviert leckere »Älplermagronen«, www.berggasthaus-salwideli.ch
**Berggasthof Rossweid.** Mit dem großen Erlebnispark Mooraculum vor der Tür ist dieser Berggasthof prädestiniert für Familien. Unbedingt genügend Zeit einplanen für die Stationen des Moorwasserparks

FÜR REGENTAGE
**Verkehrshaus Luzern.** Technikmuseum mit vielen interaktiven Möglichkeiten, www.verkehrshaus.ch

ÜBERNACHTEN
**Reka-Dorf Sörenberg.** Ideale Unterkunft für Familien und Selbstversorger, Schönes Schwimmbad, www.reka.ch

WEITERE INFOS
Die Tourist-Information des Ortes erteilt Auskunft über Aktivitäten und Exkursionen, www.soerenberg.ch

kleines Dorf mit ideenreichem, großem Spielplatz und einer gut erreichbaren und sehr modernen **Kneipp-Anlage**, zu der man sogar mit Kinderwagen wandern kann. Mutige trauen sich in das glasklare, kalte Bergwasser des Schwandalpweihers, während Anfänger sich damit begnügen, sich das Wasser mit dem Schlauch über die Beine laufen lassen. Größere wandern in Flühli zum Chessiloch und wagen sich auf die Hängebrücke, die sich wie bei Karl May abenteuerlich über die Schlucht spannt.

Ganz in der Nähe befindet sich auch das **Zyberliland**. Ein märchenhaftes Erlebnisland in Romoos jenseits der kreischigen Freizeitparks. Hier bestehen die Spielgeräte aus Holz, und die Stationen sprechen gezielt die Sinne an, ganz ruhig und unaufgeregt. Klettern, planschen, Gold waschen oder einen Köhler besuchen – damit punktet der Spielpark. Zurück in Sörenberg können Eltern dann noch eine Entschleunigungsvariante testen – **Lama-Trekking**.

## *Nicht verpassen*

VERKEHRSHAUS LUZERN
Mit einem Brett wie ein Monteur unter einen Eisenbahnwaggon rollen und staunen, wie es dort unten aussieht, können Kinder wie Erwachsene im Verkehrshaus Luzern. Das Haus lohnt eigentlich den Besuch von mehreren Tagen, weil es dort so viel zu sehen und erleben gibt. Kinder können im Video-Bereich die Fernsehtechnik des Blue Screen austesten und entdecken, wie sie sich für die Kamera unsichtbar machen können. Auf einem riesigen nostalgischen Flipper-Automaten bringen Eltern wie Kids mit den Metallbällen Seilbahnen zum Laufen, lassen Züge fahren oder Menschen von Haus zu Haus gehen. Im Bereich der Boote spielen Kleinere Pirat und Prinzessin, während Größere über die Navigationstechnik staunen. Oder gleich ins Planetarium gehen und die Sternenwelt erforschen. Und nicht nur um Technik geht es dort. Neuer Bereich im Verkehrshaus ist das Swiss Chocolate Adventure. Hier können Kinder in die Welt der Schokolade eintauchen. Von der Herstellung bis zu spaßigen Erlebnissen, wie mit der kleinen Gondel fahren.

www.verkehrshaus.ch

# 63 Das Rheintal in Graubünden

TOLL FÜR KINDER

**Kristalle suchen.** Mit Meißel und Schutzbrille neben Schneefeldern hoch auf dem Berg auf Kristallsuche gehen, www.alpventura.ch

**Gold waschen.** Profi »Gold-Gusti« zeigt im Camp »Big Nugget«, wie es geht, www.gold-gusti.ch

**Lama-Trekking.** Streicheln erlaubt! Geführter Familienspaziergang mit Lamas entlang des Rheins, www.disentis-sedrun.ch

**Baustellen-Spielplatz.** Helm auf und los: Auf dem Spielplatz in Disentis darf selbst gebaggert und gemauert werden.

TOLL FÜR ELTERN

**Sennaria Surselva.** Leckere Bergkäsespezialitäten aus der neuen Sennaria. Via Lucmagn 33, www.agricultura.ch

**Wildkräuterwanderung.** Bergspaziergang mit einer Expertin, die Alpenwildpflanzen und ihre Heilkraft erklärt, www.disentis-sedrun.ch

**Alpinklettern.** Begleitete Alpinklettertouren vor grandiosem Bergpanorama, www.alpventura.ch

Die Rheinquelle Tomasee

**Gold waschen, Bergkristalle finden, mit Lamas und zum eiskalten Quellsee des Rheins wandern – das obere Rheintal im Schweizer Kanton Graubünden wartet im Sommer mit so vielen tollen Familienaktivitäten auf, dass eine einzige Woche Urlaub fast nicht ausreicht, um alles zu erleben.**

## Wo der Rhein entspringt

In diesem Tal sind aktive Familien goldrichtig: Wo der noch junge Rhein den Berg hinabsprudelt, bieten die Gemeinden Disentis und Sedrun in Graubünden unvergessliche Aktivitäten. **Goldsucher** sieben den Sand im frisch entsprungenen Rhein und finden kleine Goldflitter – oder vielleicht sogar den ganz großen Reichtum? Ein bisschen Glück brauchen die kleinen und großen »Strahler« auch bei der **Kristallsuche**, um Bergkristalle hoch oben in den Alpen mit dem Meißel aus dem schroffen Fels zu klopfen. Die **Wanderung zum Tomasee**, der Quelle des Rheins, schaffen zwischen Alpenrosen, Arnika und Enzian auch schon kleinere Kinderbeine – war da nicht gerade ein Murmeltier?

Zurück in Disentis heißt es, den leckeren Bündner Bergkäse aus der modernen **Sennaria** zu kosten, der sogar bis nach Kanada exportiert wird, und die Produktion zu be-

## Infos und Adressen

ANREISE
Individuell mit dem Auto oder mit dem Zug über Zürich. Das Rheintal hinauf fährt die Rätische Bahn.

BESTE REISEZEIT
ganzjährig, einige Angebote finden nur in der Sommerferienzeit statt

FÜR REGENTAGE
**Weiler Disla.** Kleines Dorf mit traditionellem Handwerk: Käserei, Weberei, Flachs- und Wassermühle, www.disla.ch

ESSEN UND TRINKEN
**Capuns.** Spätzleteig mit Speck und Wurst, gefüllt und mit Mangold umwickelt beim Capuns-Weltmeister genießen. Via Alpsu 4, Disentis, www.hotelalpsu.ch
**Bündner Nusstorte.** Die Spezialität der Region: Bündner Nusstorte mit karamellisierten Walnüssen vom ausgezeichneten Bäcker – lecker! www.goldmann-disentis.ch

ÜBERNACHTEN
**Reka-Feriendorf.** Familienfreundlicher geht nicht: Ferienwohnungen mit großem Spielplatz und Schwimmbad, Ferienprogramm. Rechtzeitig reservieren! Via Acletta, Reka, www.reka.ch

WEITERE INFOS
**Infos zu Region und Aktivitäten:** www.disentis-sedrun.ch

sichtigen. Gegen den großen Hunger dampfen im Hotel Alpsu weltmeisterliche **Capuns** auf dem Teller, in Spätzleteig versteckter Speck, mit Mangold umwickelt und in Buttersauce serviert – ein kulinarischer Klassiker der Region. Genau wie das Bündnerfleisch und zum Nachtisch die üppige **Bündner Nusstorte**.

So gestärkt geht es aktiv weiter: **Wanderungen mit Lamas** oder um **Heilkräuter kennenzulernen**, begeistern Kinder und Eltern. Die Maurerkelle schwingen oder baggern dürfen dann alle Bauarbeiterfans auf dem **Baustellen-Spielplatz**. Ruhiger geht es im kleinen **Dorf Disla** zu, wo altes Handwerk und historische Mühlen gezeigt werden. Und dann ist da ja auch noch das alte Kloster ... oder doch lieber **Alpinklettern**? Das Gästeprogramm »Biala Vacanzas« der Tourismus-Kooperation der Orte Disentis und Sedrun hat mit seinem Sommererlebnisprogramm auf jeden Fall das passende Angebot.

Kleiner Goldwäscher bei der Arbeit

## *Toller Ausflug*

WANDERUNG ZUR RHEINQUELLE

Nur noch über den letzten Bergkamm klettern, dann liegt er den Wanderern zu Füßen: Wie ein großer Spiegel blinkt der Tomasee in der Mittagssonne. Rundum wachsen felsige Berghänge in den Himmel. Hier, mitten in den Schweizer Alpen, entspringt er, der Rhein, auf dem Hunderte Kilometer weiter große Kähne schippern. An der Quelle ist sein Wasser so sauber, dass die durstigen Wanderer es mit der Hand schöpfen und trinken. Auf dem Weg vom Oberalppass mit dem Info-Zentrum neben rot-weißem Mini-Leuchtturm – dem kleinen Bruder des Turms, der an der Mündung des Rheins in Hoek van Holland steht – zeigen sich mit etwas Glück Murmeltiere zwischen dunkelgelbem Enzian, pinkfarbener Alpenrose und zartem Vergissmeinnicht. Nach zwei Stunden Tour ist dann am Tomasee Erfrischen angesagt: Blitzschnell sind die Wanderschuhe ausgezogen, und die kleinen Bergfexe stehen bis zu den Knien im Quellwasser. Aber genauso schnell sind sie wieder draußen – der See ist nämlich eiskalt. Zurück sprudelt der abfließende Rhein direkt neben dem Wanderweg.

# 64 Nauders am Reschenpass

TOLL FÜR KINDER

**Erlebniswelt Goldwasser.** Waldxylophon spielen, Wasser aufstauen oder Gold waschen? Unzählige Möglichkeiten in der Kindererlebniswelt auf 2180 Metern

**Radtour zum Reschensee.** Auf dieser Tagestour zum versunkenen Kirchturm gibt es trotz Bergwelt kaum Steigungen zu überwinden, perfekt für die Familientour.

**Canyoning-Abenteuer.** Alle Outdooragenturen in Nauders bieten Sondertouren für 10- bis 16-jährige Abenteurer an, auch als Teil des Kinderprogramms »Draußen.Hausen«.

TOLL FÜR ELTERN

**Edelweißsteig.** Anspruchsvoll, aber mit atemberaubenden Aussichten und den einzigen Edelweißwiesen im gesamten Umkreis

**Segway.** Touren durch die Berglandschaft bietet Drei-Länder-Sports-Nauders an, www.biwak-nauders.at

**Klettergarten Nauders.** Gleich gegenüber der Festung Nauders, familienfreundlich und mit allen Schwierigkeitsgraden

**Kurz rüber nach Italien zum halbversunkenen Kirchturm oder mal eben in die Schweiz über eine alte Holzbrücke. Das österreichische Nauders bietet »grenzenlose« Abenteuer – ob Reisen in die Vergangenheit in alte Schlösser und Festungen, Outdoorsport vor Bergkulisse oder Kindererlebniswelten in luftiger Höhe.**

## Erlebnisse im Dreiländereck

Eigentlich hat sich der Ort auf 1400 Metern Höhe vor allem als Skigebiet einen Namen gemacht. Doch die Sommerangebote werden gerade für Familien immer umfangreicher – und die Übernachtungspreise sind günstiger. Statt zur Skipiste fährt die Seilbahn im Sommer direkt zur **Erlebniswelt Goldwasser**. Dank des Kinderprogramms **»Draußen.Hausen«** und der örtlichen Outdooragenturen gibt es für Familien fast unbegrenzte Möglichkeiten: Die Größeren können sich bei einer geführten Tour zum **Canyoning** aufmachen, die Erwachsenen die Wege der Region per **Segway** erkunden. Die Agenturen bietet günstig **Leihfahrräder** an, ideal für Familien: Die **Tour zum Reschensee** führt auf einem gut ausgebauten Radweg vorbei am Schloss Nauders und der Seilbahntalstation, und das ab-

Fantasiereiche Spielstationen aus natürlichen Materialien – Erlebniswelt Goldwasser

## Infos und Adressen

ANREISE
**Mit der Bahn** bis Landeck-Zams. Von dort geht es weiter mit dem Postbus nach Nauders am Reschenpass.

BESTE REISEZEIT
Für die hier genannten Abenteuer die Sommermonate. Im Winter punktet Nauders als familienfreundliches Skigebiet.

FÜR REGENTAGE
**Schloss Nauders.** Zum Gruseln mit Folterkammern und -gerätschaften. Dazu gehört auch ein Restaurant mit zünftiger »Henkersmahlzeit«. Eher für größere Kinder, www.schloss-nauders.at
**Museum Festung Nauders.** Einziges vollständig erhaltenes Festungsbauwerk in Österreich

ESSEN UND TRINKEN
**Yeti Bar.** Auch im Sommer hat die Aprés-Ski-Bar einen urigen Charme, schön für den Absacker am Abend. Dr.-Tschiggfrey-Str. 28, www.yetibar.at

ÜBERNACHTEN
**Hotel Hochland.** Viele familienfreundliche Suiten und Mehrbettzimmer – empfehlenswert auch das gute Restaurant, www.hochland.at

WEITERE INFOS
**Tourismus-Büro.** Mit Infos zum Kinderprogramm »Draußen.Hausen«, www.nauders.com/de

seits der Straße und fast ohne Steigungen. Tipp: Wer den berühmten versunkenen Kirchturm sehen möchte, fährt den Reschensee auf der linken Seite entlang. Wander- und Klettertouren bietet die Region en masse, empfehlenswert: der **Edelweißsteig**.

Wieder in Nauders ist es Zeit für eine kleine Reise in die Vergangenheit: entweder im **Schloss Nauders**, wo noch heute gruselige Folterkammern und -gerätschaften zu besichtigen sind, oder in einer der beiden Festungen. Diesmal geht es nicht in Richtung Italien, sondern landeinwärts aus Nauders hinaus. Direkt an der Straße ragt schon imposant die **Festung Nauders** am Felsen in die Höhe. Die weniger Kulturinteressierten können sich gegenüber im **Klettergarten** den Herausforderungen stellen. Last but not least bietet die Region ein weiteres Highlight: die **Grenzfestung Altfinstermünz**, unbedingt eine Familienführung buchen oder am Familientag besuchen. Es lohnt sich!

Festung Altfinstermünz: Eine alte Holzbrücke führt von hier aus in die Schweiz.

### *Nicht verpassen*

ERLEBNISBURG »GRENZFESTUNG ALTFINSTERMÜNZ«
Wer mit dem Shuttle vom Parkplatz hinter Nauders die kleine Straße hinabfährt, dem bietet sich schon nach kurzer Zeit ein panoramareiches Bild: Der Inn als Grenzfluss zwischen Schweiz und Österreich hat hier einen tiefen Canyon in den Fels gegraben. Die Festung Altfinstermünz schmiegt sich einem Adlerhorst gleich an das Gestein. Für die Kinder gibt es nicht nur einen Spielplatz, sondern innerhalb der Festung auch Mittelalter zum Anfassen: Wo spielten die gelangweilten Grenzsoldaten einst Messerwerfen? Die Spuren in der dicken alten Holztür sind noch heute zu sehen. Wie sah eigentlich ein mittelalterliches Klo aus? Erstaunt schauen die Kids durch das Loch hinab: Die Hinterlassenschaften fielen ja an der Festungsmauer hinunter! Abenteuer pur bedeutet der düstere Weg vom Klausenturm und Besucherzentrum hin zum Sigmundseck – durch einen 35 Meter langen feuchten Höhlengang. Und draußen nicht verpassen: mal kurz zu Fuß hinüber in die Schweiz gehen, über die dumpf klingenden Bohlen der alten Holzbrücke mit ihrem Brückenturm.

Viele Wanderwege rund um Sölden sind gut mit Kindern begehbar.

# 65 Abenteuerspiele im Ötztal

TOLL FÜR KINDER

**Zauberwald Sautens.** Mäuse suchen, Düfte raten, balancieren, www.oetz.com

**Tierwanderung.** Esel Nemo, Pony Mucki und die frechen Ziegen begleiten die Kinder durch Wald und Wiesen

**Area 47.** Europas wildeste Spielwiese mit Canyoning- und Rafting-Angeboten, Riesenrutschen und Hochseilgarten für große Kinder, www.area47.at

**Kidspark Bergwerk-Spielplatz.** Buddeln, klettern und matschen, danach im Freibad nebenan abkühlen

TOLL FÜR ELTERN

**Wellnessauszeit.** Im Designhotel Bergland lässt es sich im Sky Spa himmlisch ausspannen. Dorfstr. 114, Sölden, www.bergland-soelden.at

**Wanderung zum Hochötz.** Weite Blicke, gemütliche Hütten und jede Menge Wanderwege im Acherkogelgebiet, www.oetz.com/de

**Piburger See.** Ein Idyll: der warme Badesee mit Holzsteg und Restaurant, Tipp: frische Forelle, www.piburgersee.com

**Das Tiroler Ötztal ist ein gigantischer Outdoorspielplatz für kleine Abenteurer und ihre großen Begleiter: Im Freizeitpark Area 47 haben Familien Riesenspaß mit Wasserrutschen oder im weltweit höchsten Hochseilgarten. Bootstouren, Reitausflüge, Wanderungen oder River-Rafting sorgen für ereignisreiche Ferien.**

## Aktivurlaub im Ötztal

Schweini trödelt. Das zahme Hausschwein kennt den Weg genau, den die bunte Truppe aus aufgeregten Kindern, Ponys, Eseln und Ziegen eingeschlagen hat. Bei der **Tierwanderung** mit Gabi Auer betreten vor allem Großstadtkinder Neuland: Wie geht man mit Eseln um? Was mögen Ziegen? Die Wanderung bezaubert auch die Eltern mit einmaligem Panoramablick über das Ötztal.

Weniger ruhig geht es in der **Area 47** zu, dem Funpark, vor allem für größere Kinder und Jugendliche. In der Water Area sind manche Rutschen so steil, dass sie erst ab 15 Jahren freigegeben sind. Aber auch die anderen machen einen Riesenspaß. Jugendliche trauen sich vielleicht sogar in den welthöchsten Hochseilgarten unter der Brücke in 27 Metern Höhe. Höhenangst sollte auch keiner in der Acherkogelbahn zum **Hochötz-Gebiet** haben. Oben liegen im Juni noch letzte Schneefelder – Schneeballschlacht!

Blick ins Ötztal

## Infos und Adressen

### ANREISE

**Mit dem Auto** oder **Zug**. Per **Flugzeug** bis Innsbruck. www.innsbruck-airport.com

### BESTE REISEZEIT

Für Sommeraktivitäten: von Pfingsten bis August. Im Winter ist das Ötztal ein bekanntes Wintersportgebiet.

### FÜR REGENTAGE

**Aqua Dome.** Die Therme bietet Familien einen eigenen Bereich mit Schwimmbecken an Deck eines Schiffes. Längenfeld, www.aqua-dome.at

**Ötzi Dorf.** Im Freilichtpark erleben, wie Ötzi in der Jungsteinzeit lebte, wohnte, arbeitete. Umhausen, www.oetzi-dorf.at

### ESSEN UND TRINKEN

**Restaurant Heiner.** Pizza, hausgemachter Kuchen und sahniges Eis: Lieblingsessen für alle. Oetz, www.heiner.at

**Gusto.** Fünf Themenräume von italienischer bis zu traditioneller Tiroler Küche. Sölden, www.gusto-soelden.at

### ÜBERNACHTEN

**Aktivhotel Waldhof.** Vier-Sterne-Haus mit sehr guter Küche, Kinderspielzimmer und Spielplatz. Toll für die Kleinen: das hauseigene Schwimmbad. Habichen 5, Oetz, www.waldhof.at

### WEITERE INFOS

www.oetztal.com

Danach auf dem Themenweg **»Auf den Spuren der Wildtiere«** wandern und später Kaiserschmarrn in der **Kühtaile-Hütte** schlemmen. Direkt neben der Talstation wartet der **Kidspark** mit dem neuen Bergwerk-Abenteuerspielplatz – 3500 Quadratmeter spielen und klettern, ganz ohne Eintritt. Kostenlos ist auch der Spaziergang um den idyllischen **Piburger See**, der im Sommer bis zu 25 Grad warm wird. Rein ins Badevergnügen! Kleinere Kinder lieben den Themenweg im **Zauberwald**, auf dem sie mit ihren Eltern oder zusammen mit einer Erlebnispädagogin spielerisch Dachs, Eichhörnchen und Biene entdecken – immer begleitet von Maskottchen Widi, dem Widder. Da wird balanciert, geschaukelt, geschnuppert und mit großen Ohren gelauscht. Zu wenig Action? Auf dem wild brodelnden Fluss Ötztaler Ache stürzen **Rafting-Schlauchboote** die reißenden Fluten hinab – nicht umsonst startet hier jedes Jahr die Extrem-Kajak-Weltmeisterschaft.

Nichts für schwache Nerven ist das Canyoning in der Area 47 – auch wenn man sich dabei nicht unbedingt in die Tiefe stürzen muss.

## *Mitmachen!*

### GROSSES FAMILIENFEST

Ausprobieren und austoben, basteln, spielen und gestalten: Seit 2013 macht an einem Wochenende im Hochsommer das Nivea Familienfest Station in Ötz. Dann verwandelt sich der kleine Ort im unteren Ötztal in einen großen Bewegungspark mit Kletterfelsen und Fußballturnier. Rodeo-Pferd, Surfsimulator und Riesenrutsche stellen Geschicklichkeit und Gleichgewichtssinn auf die Probe – wer bleibt am längsten auf dem Pferderücken? Auf der großen Showbühne sorgen die Lieblinge der Kinder aus Film und Fernsehen für Kreischalarm, ein Magier zeigt verblüffende Tricks. Die Kleinen verausgaben sich auf der Basketball-Hüpfburg oder toben im Bällebad, während sich die Großen auf der Go-Kart-Bahn Rennen liefern oder sich beim Nerf-Biathlon verausgaben. Wenn die Kinder in der Zeltstadt beim Kinderschminken oder Basteln beschäftigt und zufrieden sind, bleibt für die Eltern Zeit, nicht nur für Kaffee und Kuchen, sondern auch für einen Spaziergang entlang der wildromantischen Ötztaler Ache.

# 66 Alpbachtal Seenland

TOLL FÜR KINDER

**Lauserland.** Der Kinder-Erlebnis-Waldspielplatz an der Bergstation der Wiedersbergerhornbahn

**Juppis Zauberwald.** Mit der Reitherkogelbahn geht es hinauf zu diesem Familienwanderweg mit vielen Spielstationen.

**Juppi Kid's Club.** Kostenlose Kinderbetreuung mit Kinderdisco, Ausflügen zum Badesee, ins Lauserland oder in Juppis Zauberwald gibt es in Reith im Alpbachtal, www.juppi.at

**Naturhochseilgarten im Outdoorcenter Kramsach.** Kletterspaß für Groß und Klein, www.outdoorcenter-kramsach.com

TOLL FÜR ELTERN

**Alpbach.** Gilt mit seinen traditionellen Holzhäusern und den mit Geranien behangenen Balkonen als eines der schönsten Dörfer Österreichs

**Rattenberg.** Sehenswert ist die historische Altstadt mit ihren Glasbläsern und Kunsthandwerkern.

**Museum Tiroler Bauernhöfe.** Wie ein Fenster zur Vergangenheit ist das Freilichtmuseum mit seinen historischen Gebäuden.

Alpbach mit seinen traditionellen Bauernhäusern gilt als eines der schönsten Dörfer Österreichs.

**Im Herzen Tirols, zwischen Rofangebirge und den Kitzbüheler Alpen, liegt die Ferienregion Alpbachtal Seenland. Zum Abtauchen laden die Badeseen ein, Abenteuerspielplätze locken Familien per Seilbahn auf die Bergwipfel und wilde Bäche Naturliebhaber und Wanderer zwischen schroffe Felsen.**

## Sommer zwischen Seen und Bergen

Diese Region lohnt einen längeren Aufenthalt, denn die Alpbachtal Seenland Card bekommt jeder Übernachtungsgast automatisch. Darin enthalten sind kostenlose Fahrten mit den Seilbahnen, Eintritt in die **Wörgler Wasserwelt WAVE** oder die zahlreichen Badeseen und Freibäder der Region. Die kleinste Stadt Österreichs – die **Glasbläserhochburg Rattenberg** – befindet sich ebenso in der Region wie neun kleine Bergdörfer. Nicht verpassen sollten besonders die Erwachsenen auch Alpbach mit seinen herrlichen Bauernhäusern. Derweil können sich die Kleinen (ab vier Jahren) im **Juppi Kid's Club** vergnügen. Dort stehen auch **Ausflüge ins Lauserland** oder in **Juppis Zauberwald** auf dem Programm.

Die lassen sich natürlich auch individuell mit der ganzen Familie erkunden, kleiner Tipp: Im Lauserland kann es am Wochenende sehr voll werden mit Wochenendausflüglern, deshalb den Besuch lieber unter der Woche planen. In Jup-

An der Bergstation der Wiedersbergerhornbahn liegt das Lauserland.

## Infos und Adressen

### ANREISE

**Mit dem Zug:** Per ICE oder IC geht es bis zum Bahnhof Jenbach oder Wörgl. Regionalzüge halten in Brixlegg und Rattenberg.

### BESTE REISEZEIT

Für die hier genannten Abenteuer vor allem der Sommer. Im Winter ist das Alpbachtal ein beliebtes Skigebiet.

### BEI REGENWETTER

**WAVE Wörgler Wasserwelt.** Abtauchen in Tirols größtem Erlebnisbad. Mit mehreren Rutschen, Sauna, Wellenbad und einem Kleinkinderbereich mit Piratenschiff

### ESSEN UND TRINKEN

**Zirmalm in Inneralpbach.** Leckeres Essen zu angemessenen Preisen, dazu eine herrliche Aussicht. www.zirmalm.at

### ÜBERNACHTEN

**Hotel Galtenberg in Inneralpbach.** Kinderhotel mit Betreuung und Animation für den Nachwuchs. Inneralpbach 40, www.galtenberg.at

### ALLGEMEINE INFOS

**Zum Familienurlaub im Alpbachtal und zur Alpbachtal Seenland Card:** Juppi Kid's Club beim Tourismusbüro. Dorf 41, Reith im Alpbachtal

pis Zauberwald hingegen zieht sich die Strecke so lang hin, dass sich die Gäste gut auf die Spielstationen im Wald verteilen.

Wer von Rattenberg die Brücke über den Inn überquert, kommt nach **Kramsach**. Rechter Hand geht es in Richtung der wärmsten Badeseen Österreichs: **Krummsee**, **Reintaler See** und **Buchsee**. Von hier ist es nur noch ein Katzensprung bis zum **Museum Tiroler Bauernhöfe**. An der Straße hinter Kramsach in Richtung Brandenberg liegt ein weiteres Highlight: Im **Outdoorcenter Kramsach** mit seinem Naturhochseilgarten ist Klettern in luftiger Höhe von Baum zu Baum angesagt, auch für Kids: Die Adlertour ist schon ab 1,30 Metern Körpergröße möglich.

Überhaupt ist die Region auf dieser Seite des Inns ein wahres Outdoorparadies mit ihren Felsen und den von Bächen hineingegrabenen Schluchten wie der **Tiefenbachklamm**, die man über den Triftsteig erreicht, oder der **Kaiserklamm**, die bei Kajakfahrern beliebt ist.

## *Der besondere Tipp*

### DIE KAISERKLAMM BEI BRANDENBERG

Die Brandenberger Ache rauscht durch die tiefe, enge Schlucht. Ein schmaler, aber gut gesicherter Triftweg führt einen Kilometer lang über den tosenden Bach hinweg. Es geht über schwindelerregende Brücken, durch kleine, dunkle Steintunnel. Kleiner Tipp: Die Jüngsten unbedingt an die Hand nehmen oder per Seil an sich gurten. Der Weg ist zwar durch eng gespannte Drahtseile gut gesichert, trotzdem ist Vorsicht angebracht. Nach der Klamm wird es wieder ruhiger, die Ache breiter und die Landschaft lieblicher. Von hier aus kehrt man entweder auf dem Feldweg oberhalb der Klamm zurück – oder genießt die abenteuerliche Wanderung gleich noch einmal. Am Schluss unbedingt einkehren im Gasthof Kaiserhaus, wo es nicht nur hausgemachten Prügelkuchen oder leckere Tiroler Knödelsuppe gibt: Zum Gasthof gehört auch ein großer Abenteuerspielplatz mit Trampolin, Mini-Seilgarten und vielen anderen Stationen. Wer draußen isst, hat die spielenden Kids immer im Blick.

# 67 An der Traun in Oberösterreich

TOLL FÜR KINDER

**Urzeitwald Gosau.** 16 Stationen entführen in die Welt der Urzeit, mit Wasserqualle, Rieseninsekten, Flugsaurier, Steinzeitareal u.v.m.

**Salzbergwerk Hallstatt.** Mit Standseilbahn zur Panoramabrücke, über eine Bergmannsrutsche zum Salzsee im ältesten Salzbergwerk der Welt

**Erlebnis Dachstein.** Von Obertraun mit Bergbahn zum Krippenstein mit Aussichtsplattformen »5 Fingers« und »Welterbespirale«. Wartezeit für Höhlenführungen in die Dachstein Eishöhle oder Mammuthöhle im Naturpark Schönbergalm verkürzen!

TOLL FÜR ELTERN

**Vorderer Gosausee.** Gewährt bei nicht abgesenktem Seespiegel eines der schönsten Motive der Ostalpen!

**Kaiservilla & Kaiserpark Bad Ischl.** Sommerfrische von Kaiser Franz Josef und seiner »Sisi«, mit Originalmöbeln

**Hallstatt.** Ein Bummel durch verschachtelte Häuserreihen!

»5 Fingers« mit Blick über den Hallstätter See

**Begibt man sich auf eine Reise vom Traunsee, dem tiefsten See Österreichs, flussaufwärts bis zum »König Dachstein«, dem mit fast 3000 Metern alles beherrschenden Massiv im inneren Salzkammergut, so wird man von der Schönheit der Gebirgslandschaft regelrecht gefangen genommen.**

## Ein Wächter über dem Traunsee

Obwohl von seiner Höhe nur Mittelgebirge, erhebt sich der **Traunstein** mit imposanten Felsfluchten unmittelbar aus dem Ostufer des Traunsees und bildet am Rande des Flachlands einen markanten Eckpfeiler der Nördlichen Kalkalpen. Den besten Einblick auf die alpine Szenerie vermittelt eine spannende Wanderung durch die **Kaltenbachwildnis** und über den **Miesweg**. Völlig Schwindelfreie können sich sogar an den anspruchsvollen Traunstein-Klettersteigen wie dem Hans-Hernler-Steig oder dem Naturfreundesteig versuchen. Wer es lieber beschaulich mag, fährt mit der **Seilbahn auf den Grünberg** (984 m) und wandert hinüber zum **Laudachsee** (914 m), in dem sich der Katzenstein spiegelt. Noch erholsamer gestaltet sich eine Fahrt mit der **Traunseeschifffahrt**. Vor über 175 Jahren, als das erste hölzerne Dampfschiff am Traunsee im Auftrag der Monarchie betrieben wurde, war das innere Salzkammergut nur über den

Wasserweg erreichbar. Aber auch heute kann man noch ein wenig Flair aus der Kaiserzeit erleben, wenn man mit dem historischen **Raddampfer »Gisela«** (Baujahr 1871) unterwegs ist. Für Kinder werden auch Märchenfahrten und für Romantiker Candle-Light-Dinner angeboten.

Mit fast mediterranem Charme weiß die Keramikstadt **Gmunden** zu locken. Abgesehen vom Gmundner Porzellan ist die Stadt für ihr **Seeschloss Orth** berühmt, das als Filmkulisse der Fernsehserie *Schlosshotel Orth* diente. Die aus dem Jahre 909 stammenden Gemäuer um einen Arkadenhof mitten im Traunsee sind nur über einen 123 Meter langen Brückensteg erreichbar. Im Schloss kann man sich einer Turmführung oder einem kulinarischen Erlebnis im Schlossrestaurant oder Weinkeller anschließen.

Außerordentlich malerisch präsentiert sich der schmucke Ort **Traunkirchen**, der sich um den felsigen Johannesberg an eine Landzunge klammert. Der als Odinstein bekannte Felsen und uralte Kultboden trägt die Johanneskapelle und soll früher ein Schlupfwinkel heidnischer Seepiraten gewesen sein. Sehenswert ist die 1753 geschnitzte Fischerkanzel in der barocken Pfarrkirche, einer ursprünglichen Klosterkirche des aufgelassenen Jesuitenklosters. Der südlich des Ortes gelegene **Kleine Sonnstein** (923 m) verheißt ein beeindruckendes Traunseepanorama!

## Das innere Salzkammergut

In Ebensee am anderen Ende des Traunsees zweigt eine Zufahrtsstraße zur **Feuerkogelbahn** und weiter zum **Vorderen Langbathsee** ab. Einst war der entzückend gelegene Bergsee vor der felsigen Kulisse des Höllengebirges ein streng gehütetes Jagdrevier der Habsburger. Hier lohnt eine Wanderung zum **Hinteren Langbathsee** (732 m), einem völlig weltabgeschiedenen Bergsee, der sich umrunden lässt.

Vom ehemaligen Konzentrationslager in Ebensee gibt es heute nur noch den Friedhof, einen begehbaren Stollen mit Ausstellung und eine Stiege des »Löwenganges«. In Ebensee mündet auch die älteste Pipeline der Welt, die **Soleleitung** vom **Hallstätter Salzbergwerk**, welche seit dem Jahr 1607 wassergelöstes Salz über die alte Saline in Bad Ischl transportierte. Der Abbau des »Weißen Goldes« verhalf dem inneren Salzkammergut zu einem ungeahnten Aufschwung. Die **Kaiserstadt Bad Ischl** avancierte zu einer der beliebtesten Sommerfrischen in Österreich. Freunde des Warmwas-

Imposante Aussicht von der Kaltenbachwildnis

### Nicht verpassen

**SPANNENDE ERLEBNISWEGE AM TRAUNSTEIN**

Einen Hauch von Abenteuer bietet die Kaltenbachwildnis, die man vom Seegasthof Hois'n an der Ostuferstraße durch den Wald aufwärts erreicht. Gut gesichert schraubt sich der wildromantische Steig gegenüber den Felszinnen des Adlerhorstes zu einer Anhöhe mit Hütte und Halbhöhle hinauf, wo sich ein spektakulärer Blick auf Traunsee und Traunstein öffnet. Danach steigen wir zu einem Forstweg ab, den wir links fortsetzen. Die Runde lässt sich mit dem Miesweg verbinden, welcher kühn direkt am Felsufer verläuft und tolle Seeblicke schenkt. Unmittelbar vor einem Tunnel erkraxeln wir einen Felsabsatz rechts und gelangen über gesicherte Felsbänder, eine Leiter und Holzstege zu einer romantischen Felsbucht. Hier leitet der Steig steil hinauf zur Lainaubrücke. Retour gelangen wir über die Straße durch zwei Felstunnels, wonach wir uns links ans Seeufer halten, wo wir über natürliche Seebuchten wieder die Straße erreichen, die wir bis zum Ausgangspunkt zurückverfolgen.

sers kommen in der **Salzkammergut-Therme** voll auf ihre Kosten. Die Wasserattraktion Lazy River mit Salzgrotte spricht auch unsere jüngsten Wasserratten an! Hinter Bad Goisern wird der Talboden fast zur Gänze von der ernsten Landschaft des **Hallstätter Sees** eingenommen. Hier sollte man die Predigtstuhl-Panoramastraße von Bad Goisern zum Hotel Predigtstuhl hinauffahren, um das grandiose Panorama des Sees mit dem Dachsteingletscher dahinter zu erleben. Wer mehr Zeit zur Verfügung hat, besteigt den **Predigtstuhl** (1278 m) oder wandert über einen Höhenweg hinüber zur **Hütteneckalm** mit dem **Sisi-Pavillon**. Bei wenig Zeitreserve sollte man bei der Rückfahrt einen Zwischenstopp bei der Rathlucken-Hütte einlegen und zur **Ewigen Wand** hinüberspazieren. Ein Höhenweg, der bestens abgesichert und auch für Kinder gut begehbar durch eine senkrecht abfallende Felswand führt!

Die Weiterfahrt nach **Hallstatt** erfolgt zuletzt durch mehrere Tunnels, ehe sich das Tal bei der Einmündung des Echerntales weitet. Hier findet man ein einzigartiges Zusammenspiel von jahrtausendealter Kultur und imposanter Natur, das völlig zu Recht als **UNESCO-Weltkulturerbe** gewürdigt wurde.

## *Toller Ausflug*

### AM TOSENDEN WASSERFALL WALDBACHSTRUB

Vom Waldparkplatz im Echerntal bei Hallstatt halten wir uns neben einem Pavillon zum Malerweg neben dem Waldbach. Berühmtheiten wie Adalbert Stifter und Georg Ferdinand Waldmüller kannten unser Ziel bestens. Bei einer Brücke gelangen wir über Wiesen und den wasserarmen Spraterfall in den hintersten Talwinkel aufwärts zu zwei Aussichtskanzeln vor den gewaltig stäubenden Waldbachstrub-Wasserfällen. Wer gerne abenteuerliche Wege wählt, steigt kurz zur Abzweigung des Gangsteiges ab, wo ein steiler, aber technisch unschwieriger, bestens mit Geländer gesicherter Klettersteig über eine Felsstufe abzweigt und die Brücke oberhalb der Wasserfälle erreicht, wo wir uns am Forstweg links durch einen Tunnel abwärts halten. Alternativ gehen wir vom Wasserfall hinunter bis zur Waldbachbrücke rechts. Hier führt ein Steig steil hinauf über den Gletschergarten mit Gletschertöpfen, Riesenschnecke und Riesenkessel zur Dürrenbachbrücke, wo der Forstweg von oben einmündet.

Im Urzeitwald Gosau gilt es für Kinder, Lehrreiches mit Spaß zu verbinden.

Mit der Bergwerksbahn »Grubenhund« geht es in den Stollen des Salzbergwerks Hallstatt.

# An der Traun in Oberösterreich

## Infos und Adressen

### ANREISE

**Mit dem Auto:** Über die A1 Westautobahn bis Regau, B145 über Gmunden nach Bad Ischl, B166 nach Hallstatt, oder A10 Tauernautobahn bis Golling über Lammertal, Abtenau, Pass Gschütt und Gosau oder A1 Westautobahn. **Mit der Bahn:** ÖBB Westbahn (Salzburg–Wien) bis Attnang-Puchheim, dann Salzkammergutbahn, City Shuttles & Fähre. **Mit dem Bus:** ÖBB Postbus von Salzburg nach Bad Ischl, umsteigen nach Hallstatt

### VERANSTALTUNGEN

**Fronleichnam-Seeprozession auf dem Hallstätter See.** Am 4. 6. 2015 wird die Prozession vom Hallstätter Marktplatz aus mit Blumen geschmückten Booten am See vor Hallstatt abgehalten. Gäste können auf Ausflugsschiffen der Hallstätter Schifffahrt beiwohnen. Auch am Traunsee wird bei Schönwetter von Traunkirchen aus eine Seeprozession an vier Stationen gefeiert.

### BESTE REISEZEIT

Mai bis Ende Oktober (Öffnungszeiten Seilbahnen)

### FÜR REGENTAGE

**Kammerhof Museen Gmunden.** Klo & so (unkonventionelle Sanitärmöbel-Ausstellung), Traunseeschätze (Fossilien), Keramik-Ausstellung. Kammerhofgasse 8, Gmunden, www.gmunden.at

**Salzbergwerk Hallstatt.** Auf den Spuren des 3000-jährigen »Mannes im Salz«, www.salzwelten.at

**Dachstein Eishöhle.** Erreichbar mit Bergbahn, Teilstrecke I Schönbergalm von Obertraun, www.dachstein-salzkammergut.com

**Mammuthöhle.** Erreichbar mit der Bergbahn, Teilstrecke I Schönbergalm von Obertraun, www.dachstein-salzkammergut.com

### ESSEN UND TRINKEN

**Ramsaualm Laudachsee.** Erreichbar mit Grünbergseilbahn von Gmunden

**Konditorei-Cafe Grellinger.** Mehlspeisen! Franz-Joseph-Platz 6, Gmunden

**Cafe Johannesberg.** Riesen Eisbecher! Ortsplatz 13, Traunkirchen

**Gasthof Rettenbachmühle.** Gutbürgerliche Kost. Hinterstein 6, Bad Ischl

**Konditorei Zauner.** Kaiserliche Mehlspeisen. Pfarrgasse 7, Bad Ischl

**Pizzeria Bella Milano.** Neben Talstation der Salzbergbahn. Lahnstraße, Hallstatt

### ÜBERNACHTEN

**Landhotel Gasthof Grünberg.** Drei-Sterne-Hotel mit perfekter Lage am Traunsee. Traunsteinstr. 109, Gmunden

**Villa Seilern Vital Resort.** Vier-Sterne-Hotel mit schönem Wellnessbereich. Tänzlgasse 11, Bad Ischl

**Obertrauner Hof.** Zertifikat für Exzellenz 2014. Obertraun 90, Obertraun

**Camping am See Hinterer.** Mediterranes Flair in alpiner Landschaft, eigener Strand. Winkl 77, Obertraun

**Campingplatz Strand-Camping Traunkirchen.** Familiäres Flair auf 4500 m² mit direktem Seezugang

### WEITERE INFOS

**Ferienregion Traunsee:** www.traunsee.salzkammergut.at

**Tourismusverband Bad Ischl:** www.badischl.at

**Tourismusverband Dachstein Salzkammergut:** (Bad Goisern, Gosau, Hallstatt, Obertraun), www.dachstein-salzkammergut.at

Der Vordere Langbathsee vor der imposanten Kulisse des Höllengebirges

Über eine Brücke gelangt man
zum Schloss Orth im Traunsee.

# 68 Skispaß im Lungau

TOLL FÜR KINDER

**Skischulen.** Die meisten Skischulen gehen sehr flexibel auf Elternwünsche ein. Man kann jeden Tag neu entscheiden, ob und wie lange der Nachwuchs betreut wird.

**Rodeln.** In mehreren der Skigebiete gibt es Rodelbahnen für alle, die die Berge mal anders hinabsausen wollen. Am Fanningberg ist die 8,5 km lange Naturrodelbahn sogar beleuchtet.

**Trainingspisten.** Auf Hängen mit Slalomstangen und Zeitmessanlagen können Nachwuchsrennläufer ihr Können testen.

TOLL FÜR ELTERN

**Nicht-Skifahrer.** In allen Skigebieten kommen auch Nicht-Skifahrer auf ihre Kosten, z. B. auf den beschilderten Wanderwegen oder bei romantischen Pferdeschlittenfahrten.

**Tourengehen.** 22 Routen laden im Lungau zum Tourengehen ein, mit grandiosen Tiefschneeabfahrten. Wer mag, bucht einen Führer dazu.

**Wellness.** Es gibt Hotels mit kleinen, aber feinen Wellnessbereichen zum Entspannen.

Platz an der Sonne: natürlich mit Skiwasser und leckeren Lungauer Spezialitäten

**Auf 1000 bis 2400 Metern über dem Alltag beginnt der Winterspaß – meistens bei azurblauem Himmel, strahlendem Sonnenschein und jeder Menge Schnee. Denn der Lungau ist eine der sonnenreichsten und schneesichersten Regionen Österreichs. Und voll und ganz auf Familien eingestellt!**

## Skiparadies mit Wohlfühlgarantie

Ganz im Südosten des Salzburger Landes liegt das sonnige Becken des Lungau. Gleich **vier Skigebiete** sorgen dort für Pistenspaß in jeder Altersklasse. 150 Pistenkilometer warten in den Gebieten Grosseck-Speiereck, Katschberg-Aineck und Fanningberg auf schneebegeisterte Gäste. **32 Liftanlagen** bringen die Ski- und Snowboardfahrer bequem zu den gut gepflegten und präparierten Abfahrten aller Schwierigkeitsgrade. Der Lungau ist bekannt für seine familienfreundlichen Hänge; dazu gehört auch, dass es eigentlich nie zu voll ist. Lange Wartezeiten am Lift, Gedränge in den Hütten – das ist die Ausnahme. Nur ein Skipass sorgt für freie Fahrt in allen drei Skigebieten. Wer es mondäner mag, der kann mit dem LUNGO-Skipass gleichzeitig den Top-Ski-Ort **Obertauern** mit weiteren 150 Kilometern Abfahrten buchen. Skibusse bringen die Gäste kostenlos und umwelt-

## Infos und Adressen

ANREISE
**Mit der Bahn** bis Bischofshofen oder Radstadt, weiter mit dem Postbus. **Mit dem Auto** über die A8 Richtung Salzburg, A10 Tauernautobahn bis St. Michael (Mautstelle)

BESTE REISEZEIT
Dezember bis April

FÜR REGENTAGE
**Bade-Insel.** Hallenbad mit Sauna, Massagezone, beheiztem Außenbecken, 80-m-Wasserrutsche. Sportzentrumweg 2, Tamsweg, www.badeinsel.at

ESSEN UND TRINKEN
**Restaurant Mesnerhaus.** Mit zwei Gault-Millau-Hauben und einem Michelin-Stern, Kinder herzlich willkommen. Marktplatz 56, Mauterndorf, www.mesnerhaus.at
**Gasthof Blasiwirt.** Regionale (Bio-)Gerichte, kinderfreundlich. Fell 120, St. Michael im Lungau, www.blasiwirt.at

ÜBERNACHTEN
**AlmGut.** Freundliches Vier-Sterne-Hotel mit Familienzimmern, Wellnessbereich. Liftstr. 166, St. Margarethen im Lungau, www.almgut.at
**Familienappartements Örglwirt's Gut.** In Bioholzhäusern, auf Wunsch Verpflegung. Pfarrstr. 18, Mariapfarr im Lungau, www.oerglwirt.com

WEITERE INFOS
www.lungau.at

freundlich an die Talstationen. Für Autos stehen dort große Parkplätze bereit.

Diverse Hütten mitten in der Winteridylle der Skigebiete weitab von Stress und Hektik laden ein zu einer Pause mit Lungauer Spezialitäten, einem Sonnenbad und einem unvergleichlichen Bergpanorama ringsum. Zahlreiche Ski- und Snowboardschulen bieten **Kurse für Kinder ab zwei Jahren**. Mit den lustigen Übungen und Spielen lernt auch Ihr Kind schnell, sicher auf einem oder zwei Brettern zu stehen. Dann kurven die Kleinen in Formation ganz selbstverständlich die Hänge hinab und haben so richtig Spaß, wenn sie kleine »Ausflüge« über den buckligen Pistenrand fahren dürfen. Natürlich können auch Erwachsene alleine oder zu mehreren in der Obhut eines Skilehrers oder einer Skilehrerin ihr Können verbessern – und am Nachmittag den Skitag mit den Kindern bei einem netten Getränk ausklingen lassen.

Grenzenloser Schneespaß im Lungau: Fast scheint die Schwerkraft aufgehoben.

### *Der besondere Tipp*

WILDTIERE, WEIHNACHTSMÄRKTE UND LODERNDE FEUER

Ab 16 Uhr ist der Gasthof Schlögelberger ein attraktives Ausflugsziel. Zu Fuß oder mit dem Schlitten ist er von St. Margarethen aus erreichbar. Dort findet im Wildpark die Tierfütterung statt. Gerade Stadtkinder sind fasziniert vom Rot-, Sika- und Steinwild mit den unterschiedlichen Hörnern und Geweihen in den Freilandgehegen. Meist wartet es schon auf das Futter – eben auch Gewohnheitstiere.

In St. Michael und in Tamsweg bezaubern zur Adventszeit die urigen Weihnachtsmärkte mit ihrer festlichen Atmosphäre: An Ständen aus duftendem Fichtenholz werden Kletzenbrot, Lebkuchen, gebratene Maroni oder herzhafte Würstchen angeboten. Fantasievolle Weihnachtsdekoration, überwiegend aus Naturmaterialien, wartet auf Liebhaber.

Stattliche Reisigtürme werden zu Ostern kurz nach Einbruch der Dunkelheit am Karsamstag entzündet, ihre Flammen lodern hoch in den sternenklaren Nachthimmel. Die Feuer sollen das Wiedererwachen der Natur sowie die Auferstehung Christi feiern.

www.almdorf-lungau.at

# 69 Bei den Stodertaler Zwergen

TOLL FÜR KINDER

**Rubbelwanderweg.** Naturerkundung mit Papier und Kreide an markierten Stationen, Wanderbuch und Karte geben lokale Erläuterung.

**Minigolfwanderweg.** Zwölf Bauernhöfe haben jeweils eine Golfbahn, die es zu erwandern und zu spielen gilt.

**Laterndlwandern.** Heimeliger Spaziergang mit kleinen Laternen in der Dämmerung zum mystischen Hexenplatz

**Erlebnisspielplatz SWUWIZ.** Wald- und Wasserspielplatz im Zwergental mit fantastischen Spielgeräten

**Lama-Trekking.** Die exotische Art eines alpinen Reitausfluges

TOLL FÜR ELTERN

**Brotbacken.** Direkt beim Bauern das traditionelle Handwerk selbst erlernen

**Alpineum.** Mehrfach ausgezeichnetes, modernes Ausstellungshaus mit Präsentationen zur Lokalhistorie und Ski-Abfahrtssimulator

**Sommerrodelbahn.** Über zwei Kilometer talwärts rauschen, dazu 3-D-Bogenschießen und Panoramaturm

**Alle kleinen und großen Augen starren gebannt im schummrigen Schein der Kerzen auf den kauzigen Stockerwirt, der, gewandet im grünen Umhang und mit Filzhut, Märchen und Legenden der Bergmanderl zum Besten gibt. Aus dem überlieferten Aberglauben entstand der Mythos des Stoderix und der Zwerge vom Stodertal.**

## Erfahrungen in der Natur

Ängstlich sind die Mienen der vier Kinder im kleinen weißen Boot nicht, obwohl es verloren auf dem Stausee am Zusammenfluss von Steyr und Teichl treibt. Eher im Gegenteil: Ein einziger Ruf und das Auswerfen einer weißen Boje aktivieren einen schwarzen Neufundländer, der eilends ins Wasser springt, in bewährter Hundetechnik zum schwimmenden Gefährt paddelt und selbiges mittels Boje wieder sicher zum Ufer zurückbringt. Die ungewöhnliche **Seenotrettungsübung** gehört zu den speziell auf die Jüngsten zugeschnittenen **Programmangeboten des Berghofs Sturmgut in Hinterstoder** im österreichischen Pyrhn-Priel. Ein Berner Sennenhund besorgt auf dem idyllischen Anwesen im Nationalpark Kalkalpen das Ziehen der Kinderkutsche. Die Tierwelt eines Bauernhofes und zahlreiche traditionelle Beschäftigungen dort bringen Kinder ganz nah an die Natur.

Blinde-Kuh-Polonaise über den Bauernhof

## Infos und Adressen

ANREISE
**Mit der Bahn** bis Linz, dann Zug oder Mietwagen ins Stodertal

BESTE REISEZEIT
April bis Oktober

ESSEN UND TRINKEN
**Landhotel Stockerwirt.** Regionale, typische Produkte aus biologischer Erzeugung, zu empfehlen das Wildererschnitzel mit Tannenzapfen oder der Eiszwerg auf Höllenspiegel, www.stockerwirt.net

ÜBERNACHTEN
**Mittermair.** Gemütlicher Baby- und Kinderbauernhof mit zahlreichen Tieren und vielen Programmangeboten. Vordertarnbergau 37, Vorderstoder, www.urlaubambauernhof.at/hoefe/mittermair
**Berghof Sturmgut.** Traditioneller Almbauernhof in toller Lage, hauseigene Kinderprogramme vom Hundeboot bis Kinderdisco und Nachtrodeln. Farnau 6, Hinterstoder, www.sturmgut.at
**Familienland Hotel Lindbichler.** Fantastische Panoramalage, Reit- und Wanderangebote, Naturerlebniscard Pyhrn-Priel, Festpreise für Kinder. Vordertarnbergau 31, Vorderstoder, www.lindbichler.at

WEITERE INFOS
www.stodertal.at/zwergerl

Auf dem **Mittermairhof in Vorderstoder** erleben sie die natürliche Umgebung auf ganz besondere Art, nämlich mit verbundenen Augen. In einer Zwergenpolonaise folgen sie dem Bauern durch Stall, über Wiesen und Zäune. Sie fühlen borstiges Ziegenfell, spüren das feuchte Schlabbern einer Haflingerzunge auf der Handfläche und ertasten junge Früchte, den Blütenstand von Wiesenblumen, Gräser, Baumrinde und gemahlenes Viehfutter. Die Größeren dürfen Trecker fahren und beim Heumachen helfen.

In den Bergweilern der Umgebung locken unterschiedliche, stets freundlich lächelnde Zwergenfiguren mit weißem Rauschebart in die **Welt des Stoderix**. Er steht symbolisch für die große Kinderfreundlichkeit der Region und weist auf die diversen Aktivitäten entlang des Weges hin. Dabei gibt es immer wieder atemberaubende Aussichtspunkte und gemütliche Almhütten. Dann ist Zeit für entspannte Einkehr bei Birnensaft oder Most und einen gemütlichen Plausch mit der Sennerin.

Das Formen von Brezeln kann schon eine Herausforderung sein

### Mitmachen!

LANDMATURA
Spielerisch und praktisch erwerben Familien auf dem Weingartnerhof in Schlierbach das Bauernabitur. Mit dem Läuten der Kuhglocke beginnt der ernste, theoretische Teil der landwirtschaftlichen Ausbildung. Lehrer Franz erklärt kurz grundlegende Fakten, bevor die Eleven einige Aufgaben auf ihrem Matura-Zettel lösen, wobei den Jüngeren natürlich Hilfestellung geleistet werden darf. Spannender jedoch ist der Praxisteil, der neben viel Geschick auch Teamarbeit erfordert. Ausstaffiert mit blauer Schürze und zünftigem Strohhut werden Krapfen gebacken, wird mit der Sense hohes Gras gemäht und ein Radlbock über einen Slalomparcours manövriert. Dabei erfährt der mitfahrende Teddy die eine oder andere Bauchlandung. Weitere Aufgaben sind Sägen oder korrektes Melken einer Plastikkuh. Schließlich gilt es Pflanzen- und Getreidearten richtig zu erkennen, Überraschungen inklusive. Nach der Ausgabe der Zeugnisse und bestandener Reifeprüfung lockt ein rustikales Mahl mit Verkostung selbst gefertigten Backwerks.

www.landmatura.at

# 70 Winterwunderland Mühlviertel

TOLL FÜR KINDER

**Fichtl Kids Park.** Zauberteppich, Karussell, Übungswiese zum spielerischen Skifahrenlernen

**Kinderskiroute.** Einfacher Parcours durch den Wald für Kinder und Eltern, viele Überraschungen

**Wellenbahn.** Perfekter Spaß auf buckeliger Piste für schon etwas geübtere Kinder

**Glockenhäusl.** Altes Schulgebäude von 1812, historische Einrichtung, Wohnstätte des Schulmeisters

**Mühlkreisbahnmuseum.** Im alten Bahnhof Rohrbach-Berg, Fahrt mit Gepäckwagen und Draisine

TOLL FÜR ELTERN

**Museum Mechanische Klangfabrik.** Geniale Sammlung mechanischer Musikautomaten vom Barock bis heute, www.mechanischeklangfabrik.at

**Kerzenwelt Donabaur.** Herstellung kunstvoll gearbeiteter, teils handgeschnitzter Kerzen

**Helfenberg.** Neben der Pfarrkirche arbeitet gemächlich der Jahrhundertwebstuhl, weltweit der langsamste seiner Art.

Die Abenddämmerung legt sich stimmungsvoll über Ulrichsberg.

**Nimmt der zottelige Haflinger als Kutschpferd vor dem eleganten Holzschlitten Fahrt auf, dann fliegt nicht nur seine Mähne, dann wirbeln auch feine Eispartikel und Schneeflocken durch die Luft, die, gepaart mit eisigem Wind, die Wangen der großen und kleinen Passagiere des Einspänners blitzschnell erröten lassen.**

## Spielend auf Skiern

Der nördliche Zipfel des Mühlviertels im Länderdreieck zwischen Deutschland, Tschechien und Österreich bietet als sanft hügelige Mittelgebirgsregion um den **Nationalpark Böhmerwald** eine perfekte Winterdestination für Familien mit kleinen Kindern, die ein Winterwunderland klassischen Stils erleben möchten. Selbst die Heiligen Drei Könige machen ihre Runde durch die Dörfer von Julbach bis Ulrichsberg mit dem **rustikalen Holzschlitten**. Nach dem Ausflug wälzt und räkelt sich der brave Vierbeiner zur Belustigung der Kinder und zur eigenen Erfrischung im Schnee.

Bevor es am Abend vom Ferienhof aus zur heimeligen **Fackelwanderung** durch die vom prächtigen Vollmond erleuchtete Romantik des Winterwaldes geht, haben die Kleinen ausgiebig Gelegenheit, in der unmittelbaren Umgebung mit allen Arten von Schlitten das Rodeln, Rutschen und Herumkugeln im weichen Weiß auszuprobieren. Da-

Brav versieht der Haflinger seinen Dienst als Kutschpferd vor dem urigen Holzschlitten.

## Infos und Adressen

ANREISE

**Mit dem Auto** über die A3 bis Passau und weiter über Bundesstraßen in Richtung Böhmerwald

BESTE REISEZEIT

Dezember bis Ende März

ESSEN UND TRINKEN

**Stiftskeller Schlägl.** Uriges Kellergewölbe im Chorherrenstift, alte Weinfässer für kleine Gruppen, eigene Hausbrauerei, spezielle Biermenüs, www.stift-schlaegl.at

**Mühlböck am Böhmerwald.** Stimmungsvolles Restaurant, sensationelle Nachspeisen, www.hotel-muehlboeck.at

ÜBERNACHTEN

**Bauernhof Fischer.** Charmantes kleines Familienhotel im Mühlviertler Stil mit hauseigenem Restaurant, vielfältige Programme für Familien und Wintersport. Bräuerau 5, Julbach, www.urlaubambauern hof.at/fischer

**Hotel Böhmerwaldhof.** Typisches Haus mit historisch authentisch gestalteten Themensuiten, spezielle Kinderarrangements. Kirchengasse 4, Ulrichsberg, www.hotel-boehmerwaldhof.at

WEITERE INFOS

www.muehlviertel.at

nach schmecken die Würstel in der Hütte, dem Ziel des Ausflugs, noch besser. Aufgewärmt durch knisterndes Feuer im Kaminofen gibt es Kartoffelsalat und Limo, während die Älteren nach der Mahlzeit den unvermeidlichen Obstler verkosten.

Eine Loipe wurde direkt am Hof vorbeigespurt und führt, wie überall in der Region perfekt beschildert, auch über den tief verschneiten Golfplatz. Die **Spielloipe SpiLo** am Langlaufzentrum Schöneben erweist sich als idealer Ort, um auf unkomplizierte Weise, ohne Druck, vielleicht mit ein paar blauen Flecken, diesen sanften Wintersport zu erlernen. Ihre Familienfreundlichkeit konnte die **Skiarena Hochficht** mit Kinderland und Indoorspielplatz bereits unter Beweis stellen. Sie eignet sich bestens für kleine und große Anfänger auf Brettern, die vielleicht sogar Zeit finden, die tolle Landschaft zu genießen. Geführte Schneeschuhwanderungen sind eine weitere Möglichkeit, entspannt und ohne Hektik durch die Winteridylle des tief verschneiten Böhmerwaldes zu flanieren.

### *Nicht verpassen*

WATERSPLASH-SPASS IM NASS

Einen der Höhepunkte der Saison der Skiarena am Hochficht bilden die »Snow & Fun«- Veranstaltungen am ersten oder zweiten Wochenende des neuen Jahres. Wettbewerbe für Kinder, Snowboarder und Trickskifahrer und ein buntes Rahmenprogramm locken zahlreiche Zuschauer auf den Berg. Verwegen, manche meinen reichlich verrückt, stürzen die Teilnehmer der Watersplash-Konkurrenz ab dem frühen Abend auf ihren Brettern den Berg hinab, um ein Wasserbassin zu durchpflügen und es möglichst trockenen Fußes am gegenüberliegenden Ende wieder zu verlassen. Nach jedem Durchgang wird der Anlauf verkürzt, bis schließlich auch der Letzte in den eisigen Fluten versinkt. Angesichts beinahe arktischer Temperaturen schaudert das Publikum unisono ein ums andere Mal, wenn die Lokalmatadoren in Shorts und T-Shirt wieder an den Start gehen. Anschließend ringen noch abenteuerliche Eigenbauschlitten und ihre ausgelassenen Besatzungen um die Ehre des besten Watersplashers.

www.hochficht.at

Der Name ist Programm: Abfahrt am Hochficht im Mühlviertel

# 71 Kärnten

TOLL FÜR KINDER

**Minimundus.** Die kleine Welt am Wörthersee mit rund 150 berühmten Sehenswürdigkeiten im Maßstab 1:25

**Erster Kärntner Erlebnispark Pressegger See.** Bietet von originellen Spielgeräten wie Nautic Jet, Sky Dive, Luna Loop bis hin zur Wasserrutsche mit Seezugang alles für einen gelungenen Tag am See

**Walderlebnispark Klopeiner See.** Ein weiterer Spiel- und Erlebnispark, der mit Riesenhüpfkissen, Baumwipfelpfad mit abenteuerlichen Hängebrücken, »Flying Fox Garten« u.v.m. lockt.

TOLL FÜR ELTERN

**Burgenstadt Friesach.** Älteste Stadt Kärntens mit Befestigungsanlagen, wassergefülltem Stadtgraben, Projekt Burgbau Friesach

**Burg Hochosterwitz.** Kärntens imposanteste mittelalterliche Burganlage mit 14 befestigten Toren vor der Hochburg

**Wolayer See.** Bergsee in den Karnischen Alpen

**Österreichs südlichstes Bundesland hat für alle etwas zu bieten: Wasserfälle, Klammen, schroffe und sanfte Gipfel für die Naturliebhaber, Themenparks und Erlebniswelten für die Jüngeren und ein reiches Kulturerbe für kulturell Interessierte. Im Sommer locken die wärmsten Badeseen der Alpen.**

## Outdoorparadies Oberkärnten

Im **Nationalpark Hohe Tauern** steigen die Berge in Westkärnten bis über 3000 Meter Seehöhe. Vom entzückenden Bergsteigerdorf **Heiligenblut** aus gelangt man auf der Großglockner-Hochalpenstraße bis in alpine Regionen zu Füßen des höchsten Berges Österreichs, des **Großglockners** (3798 m). Die Erlebnisfahrt führt direkt ins Reich der Murmeltiere! Weitere Highlights der Hohen Tauern in Kärnten sind das **Sommerskigebiet am Mölltaler Gletscher** bei Innerfragant, die Ankogelbahn und das Seebachtal in Mallnitz sowie die Ausflugsstraße Maltatal Hochalmstraße mit dem **Spiel- und Erlebnispark Fallbachfall** am höchsten Wasserfall Kärntens, der **Wasserarena Gössfälle** und der höchsten Staumauer Österreichs am Kölnbreinspeicher. Gmünd im Liesertal am Ausgang des Maltatales ist zweifellos das schönste Städtchen Oberkärntens mit mittelalterlichen Befestigungsanlagen. Den Besuch kann man auch mit der **Märchenwandermeile** Trebesing und ihrer Hängebrücke über die **Drachenschlucht** verbinden. Die schönsten

Der Speicherteich Rosskofel am Aqua Trail

Schluchterlebnisse im Mölltal bieten die schmale **Raggaschlucht** bei Flattach, die wasserreiche **Groppensteinschlucht** bei Obervellach und im Gailtal die vier Abschnitte lange **Garnitzenklamm** bei Hermagor.

Ähnlich wie die Möll bieten sich die großen Flüsse von Drau und Gail zu **Rafting- und Kajaktouren** an. Eine Attraktion für unsere jungen Entdecker stellt der mit dem Lift erreichbare **Themenberg Turracher Höhe** mit seinem interessanten **Erlebnisrundweg »Almzeit«** dar. Statt einem Abstieg steht eine Talfahrt mit dem **Nocky Flitzer** bevor. Ähnlich begeistert wird der Nachwuchs am Erlebnisberg Nassfeld sein, wo man vorbildliche Erlebnisstationen in landschaftlich großartiger Umrahmung geschaffen hat. Von der Bergstation kann man mit der längsten **Sommerrodelbahn** Kärntens »Pendolino« zu Tal rasen. Zum Baden eignen sich in Oberkärnten die Naturbadeseen **Pressegger See** im Gailtal, der prächtige **Weißensee** (Naturpark) und der **Millstätter See** als zweitgrößter und tiefster See des Landes. Wer auch bei Schlechtwetter nicht auf Badevergnügen verzichten will, fährt zur Familientherme St. Kathrein oder Römertherme in Bad Kleinkirchheim oder zum Hallenbad Drautalperle in Spittal an der Drau

## Die Beckenlagen um Klagenfurt und Villach

Rund um die beiden größten Städte Kärntens treffen die Berge mit dem Flach- und Hügelland zusammen. Südlich erheben sich die Karawanken, westlich liegt der **Naturpark Dobratsch**, einer der besten Aussichtsberge Kärntens, der von der **Villacher Alpenstraße** erschlossen ist. Nördlich befindet sich ein weiterer, gut erschlossener Themenberg als Ausläufer der Gurktaler Alpen, die **Gerlitzen**. Hier kann man Paraglidern beim Start zusehen oder selbst mit dem Mountain Kart **»Pistenflitzer«** nach Temporekorden trachten. In den Beckenlagen befinden sich die großen Badeseen Kärntens, allen voran der schöne **Wörthersee** mit dem Klagenfurter Metnitzstrand, an dem die Kleinen am Sandstrand spielen können.

Darüber wacht der **Pyramidenkogel** mit dem höchsten hölzernen **Aussichtsturm** der Welt. Hat man das imposante Panorama genossen, so kann man sich in der weltweit höchsten, überdachten **Rutsche** den Abstieg sparen! Beliebt sind auch **Keutschacher See**, **Rauschelesee** und vor allem der **Faaker See**, dessen Strandcamping Arneitz mit der **Er-**

Steinmann und Steinfräulein in den Nockbergen

*Mitmachen!*

ERLEBNISBERG NASSFELD

Trotz unübersehbarer Wintersportanlagen ist ein Besuch der Madritschen (1919 m) auch im Sommer ein lohnendes Unterfangen. Den Aufstieg nimmt uns die Millennium-Express-Gondelbahn ab, die man vom Talort Tröpolach oder von der Sonnenalpe Nassfeld aus über den Bummelzug Piccolo-Express erreicht. Rechts von der Gipfelkuppe treten wir nun den Abstieg über den Wassererlebnisweg »Aqua Trail Berg Wasser« an mit Stationen wie Trampolin, Klangbrettern, Wasserstauvorrichtungen etc. bis zum wildromantisch gelegenen Beschneiungsteich mit Markusturm-Rutsche und Schneckenpumpenstation, einem begehbaren Boot und einer venezianischen Gondel. Unweit der Gondel setzt sich der aussichtsreiche Dolce-Vita-Weg fort, um die Runde zu schließen. Immer wieder laden Holzliegen zum Verweilen ein. Mit imposantem Panorama zum Trog- und Rosskofel, zur Montaschgruppe und zum Gartnerkofel kehren wir zur Bergstation zurück, wo die Sommerrodelbahn Pendolino bereits auf die Abfahrt wartet.

Der besondere Tipp

ERLEBNIS NOCKALMSTRASSE

Wir halten in 1835 Metern Seehöhe beim Parkplatz zum Themenpfad »Weg der Elemente« und erreichen nach kurzem Aufstieg die erste der zwölf Stationen, deren Übungen uns in der atemberaubend schönen Zirben-Almlandschaft Kraft spenden sollen. Nach der letzten Station gehen wir zu Nr. 4 zurück, wo unmarkierte Pfade nah dem Bach aufwärts leiten. Wir gelangen zum Naturlehrpfad Windebensee, der am hinteren Seeufer durch eine geheimnisvolle Blocklandschaft führt. Über den steileren Elisabethweg steigen wir zur Schiestlscharte (2024 m) mit der Glockenhütte hinauf. Zwischen Hütte und Kiosk gelangen wir zur Wunschglocke, wo man bis zu den Gletschern der Hochalmspitze blicken kann. Am Retourweg kann man auch bei der Kehre 41 links über freie Wiesen von einem Geländerücken in eine Mulde absteigen. Von einer Bergschulter mit Seeblick erreichen wir eine Almhütte und von dort den Weg der Elemente. Weiter sehenswert: der mystische Silva-Magica-Rundweg (Grundalm) und das Panorama von Eisentalhöhe.

Beim Freibauer Klaus auf Burg Hochosterwitz

Im Walderlebnispark Klopeiner See können sich Kinder toll austoben.

**lebniswelt Arneitz** einen schönen Rummelplatz bietet. **Klagenfurt** und **Villach** warten mit schönen Fußgängerzonen in der Altstadt auf und verlocken mit großen Shoppingcentern wie Südpark, City Arkaden und Atrio. Der größte **Zoo** des Landes liegt an der Drauschleife in **Rosegg** und ist von einer historischen Tiergartenmauer der einstigen Burg Rosegg umfriedet. Aber auch der **Affenberg Landskron** und der **Reptilienzoo Happ** in Klagenfurt zählen zu den großen Sehenswürdigkeiten. Bei Schlechtwetter bietet die **Kärnten Therme** in Villach-Warmbad auf vier Etagen Wellness, Fitness und Badespaß.

## Unterkärnten und Südkärnten

Die von den zumeist weiten Tälern (Lavanttal, Görtschitz-, Metnitz-, Gurk-, Glan-, Drau- und Jauntal) geprägte Region besticht vor allem durch ihr reiches Kulturerbe. Neben der Burgenstadt Friesach und der Herzogstadt St. Veit an der Glan finden wir mit der **Burg Hochosterwitz**, **Burgruine Glanegg**, dem Gurker und Maria Saaler Dom, **Schloss Straßburg** und dem »Schatzhaus Kärntens«, dem **Stift St. Paul im Lavanttal**, bemerkenswerte Bauwerke vergangener Jahrhunderte. Als wärmster Badesee der Alpen erfreut sich der **Klopeiner See** großer Beliebtheit.

# Kärnten

## Infos und Adressen

ANREISE

**Mit dem Auto** von Salzburg über die A10 Tauernautobahn Richtung Villach; von Osten über die A2 Südautobahn Richtung Klagenfurt; über die E66 und Lienz. **Mit der Bahn:** ÖBB, deckt nur 13 % des Verkehrsnetzes ab! **Besser mit dem Bus:** Verkehrsverbund Kärntner Linien

BESTE REISEZEIT

Mai bis September/Oktober. Wintersaison von Dezember bis Februar

FÜR REGENTAGE

**Pankratium Gmünd.** Im »Haus des Staunens« gilt das Motto »mit den Augen hören, mit den Ohren sehen«, Wasserspringschalen, Wasserklangbilder, Klangboot, größte begehbare Geige der Welt, etc.
**Terra Mystica Bad Bleiberg.** Schaubergwerk mit 68 Meter langer Bergmannsrutsche und sieben Multimediashows, www.terra-mystica.at
**Hochobir-Tropfsteinhöhle.** Voranmeldung im Kartenbüro erforderlich (Hauptplatz Bad Eisenkappel), das Programm umfasst Transfer mit Höhlenbus und Führung durch sieben faszinierende Grottenstationen, www.hoehlen.at

ESSEN UND TRINKEN

**Restaurant in der Alten Burg Gmünd.** Speisen mit besonderem Ambiente. Burgwiese 1A, Gmünd
**Pizzeria Fasslstube.** »Kleinste Pizzeria der Welt« mit urigem Ambiente. Oberdorf 2, Weissensee
**Die Rosstratten.** Ausflugsstüberl am Ende der Villacher Alpenstraße, Villach
**Mochoritsch.** Günstiges Ausflugslokal in der Nähe des Turnersees, schneller Service. Ruckersdorf 5, St. Primus

ÜBERNACHTEN

**Chalet Hotel Senger.** Kleines, ausgezeichnetes Vier-Sterne-Hotel, schöne Aussichtslage. Hof 23, Heiligenblut
**Hotel Hochschober.** »Travellers' Choice 2014«-Gewinner. Turracher Höhe 5, Turracher Höhe
**Mountain Resort Feuerberg.** Vier-Sterne-Hotel auf der Gerlitzen mit traumhaftem Wellnessbereich. Zertifikat für Exzellenz 2014. Gerlitzen Str. 87, Bodensdorf
**Kinderhotel Ramsi Erlebniswelt.** Kameritsch 8, Pressegger See
**Komfort Campingpark Burgstaller.** Top bewerteter Campingplatz in Döbriach am Millstätter See

WEITERE INFOS

**Tourismusportal des Landes Kärnten:** www.kaernten.at
**Hotels mit Kinderbetreuung:** www.kinderhotels.com/kaernten-urlaub-familie.html
**Kärnten Card:** Ermöglicht rund 100 freie Eintritte und etwa 60 ermäßigte Eintritte bei Bonuspartnern. Erhältlich für die Dauer von 1, 2 oder 5 Wochen. Manche Vorteilskarten wie Wörthersee Card, Nationalpark Kärnten Card, Millstätter See Inclusive Card, oder +Card Premium für die Region Nassfeld/Pressegger See sind nicht zu kaufen, sondern ausschließlich an Beherbergungsbetriebe gebunden.

Im schönen Naturpark Weißensee liegt der höchste Badesee in Kärnten.

# 72 Steiermark: auf dem Enns-Radweg

TOLL FÜR KINDER

**Radstädter Radgarten.** Hier bestaunt man zehn kuriose Fahrräder, einige mit Eintrag im *Guinnessbuch der Rekorde*.

**Freizeitpark Pichl.** Badesee mit Kinderspielplatz, Spielwiese, Hüpfburg und einem Fußball-, Tennis- und Beachvolleyballplatz

**Abenteuer Park Planai.** Liegt oberhalb von Schladming auf 1800 Metern neben der Planai-Seilbahnbergstation

**Erlebnisbad Schladming.** Die Anlage umfasst ein Hallen- sowie ein Freibad, mit Sauna und 66-m-Rutsche.

**Nationalpark Gesäuse Erlebniszentrum Weidendom.** Hier gibt es einen Picknickplatz, mehrere Themenwege und ein Mikrotheater, www.nationalpark.co.at

TOLL FÜR ELTERN

**Stift Admont.** Neben der Bibliothek beeindruckt das Stiftsmuseum mit verschiedenen Themenschwerpunkten.

**Floßfahrt auf der Enns.** Unterhaltsame Floßfahrt mit Musik, Getränken und »Jause« am Rande des Nationalparks

Der Hintergebirgsradweg ist im unteren Abschnitt eine lohnende Alternativstrecke.

**Der Enns-Radweg verzaubert: Egal, welchen Abschnitt man bereist, die Natur ist schlichtweg überwältigend. Besonders spektakulär ist die Strecke in den Nationalparks Gesäuse und Kalkalpen. Gutes Essen, altes Brauchtum und mehrere Kulturperlen sorgen unterwegs für unvergessliche Momente.**

## Bergansichten

Der Fluss Enns beginnt seinen Lauf in 1750 Metern Höhe am Fuße der **Niederen Tauern**. Voller Vorfreude schwingt sich die ganze Familie in **Flachauwinkel** in den Sattel. Der klare Bergbach legt schnell an Breite zu und geleitet Reisende zielsicher ins Zentrum von **Radstadt**. »Alte Stadt im Gebirge« nennen die rund 5000 Einwohner ihre Heimat treffend. Ringsum stehen markante Gipfel Parade: Im Norden rücken die Berge des bis zu 2995 Meter aufragenden **Dachsteingebirges** zusammen, und im Süden erfasst das Auge die spitzen Grate der **Radstädter Tauern** und der **Schladminger Tauern**. 20 genussvolle Radkilometer östlich dürfen sich Kinder im Bundesland Steiermark auf den Badesee Pichl und den **Abenteuerpark Planai** oberhalb von Schladming freuen. Bei dem Ortsnamen schlagen nicht nur die Herzen der Wintersportfans höher – auch Sommerferiengäste finden hier ihr Mekka. Die **Urlaubsregion Schladming-Dachstein** punktet durch 1000 Kilometer Wander-

wege, 930 Kilometer Rad- und Mountainbike-Routen, fünf ausgewählte E-Bike-Touren und 45 Lauf- und Nordic-Walking-Strecken – was will man mehr?

Neben packenden Naturerlebnissen gibt es entlang des 263 Kilometer langen Enns-Radwegs auch kulturelle Höhepunkte, unter denen das **Stift Admont** den ersten Rang einnimmt. Wer den altehrwürdigen Prachtbau betritt, ist von der größten Klosterbibliothek der Welt überwältigt: Beim Anblick der rund 70 000 Bände, die hier Buchrücken an Buchrücken stehen, ließ sich mancher zum Ausspruch »Das Achte Weltwunder« hinreißen. Mit seinen Kuppeln, den weiß-goldenen Bücherschränken und den 48 Fenstern trägt der in drei Segmente untergliederte Saal die Handschrift des Barockbaumeisters Josef Hueber.

## Die Nationalparks Gesäuse und Kalkalpen

Es bleibt spektakulär, denn der Bergfluss taucht hinter **Admont** in die ausgewaschenen Felswände des **Nationalparks Gesäuse** ein. Hier und da quert das Asphaltband der Straße den Lauf der tosenden Enns, um sich zwischen Wasser und Fels seinen Weg talwärts zu suchen. Jenseits der Katarakte ragen die Gipfel der **Ennstaler Alpen** nahezu senkrecht in die Höhe, geschmückt mit undurchdringlichen Wäldern und sanften Almböden, durchbrochen nur von einzelnen Schotterrinnen und Lawinenstrichen. Bei Großreifling wechselt die Fahrradroute hinüber in das Tal des Spitzenbachs, über dem die dreitürmige **Burg Gallenstein** wacht. Jedes Jahr im August dient das beliebte Ausflugsziel als stilvolle Kulisse des **Festivals St. Gallen**. Dort beginnt die verheißungsvolle Alternativroute des spektakulären **Hintergebirgsradwegs**, der zu den schönsten Radstrecken Österreichs gehört und in den Nationalpark Kalkalpen hineinführt. Der Massentourismus hat diesen bezaubernden Flecken Erde noch nicht für sich vereinnahmt. Wo bis ins Jahr 1971 noch die Waldbahn durch das Hintergebirge schnaufte, rollen heute radelnde Familien fernab des lärmenden Verkehrs über Brücken und in kühle Tunnel. Während der Enns-Radweg auf dem nächsten Teilstück via Reichraming und Losenstein in die Stadt **Steyr** steuert, fallen die Berge ringsum allmählich ab.

## Stadtansichten

Wenige Schritte vom Schloss entfernt, streckt sich die gute Stube Steyrs aus – der mittelalterliche Stadtplatz. Mitten-

Im Stift Admont bekommen Besucher die größte Klosterbibliothek der Welt zu Gesicht.

### *Mitmachen!*

ABENTEUERPARK GRÖBMING

Auf dem vielseitigen Abenteuerspielplatz stimmt einfach alles: Neben dem atemberaubenden Bergpanorama können sich Freunde des Funsports auf einen Flug mit der Zipline Stoderzinken freuen. Hierbei rasen Wagemutige, an vier parallelen Drahtseilen 120 Meter über dem Boden hängend, aus rund 1600 Metern Seehöhe talwärts. Die 2,5 Kilometer lange Strecke ist für Gewichtsklassen von 30 bis 125 Kilogramm ausgelegt und garantiert Nervenkitzel für Groß und Klein. Zur Senkung des Adrenalins bietet die Ferienregion Gröbminger Land jede Menge familiengerechter Entspannung: vom Panoramabad bis zum Heuhupfstadl. Ein Erlebnis ist zudem der in 18 verschiedene Parcours unterteilte Kletterpark. Unvergesslich für Kinder ist eine Übernachtung im hölzernen Tipi-Dorf.

Gröbming, www.abenteuerpark.at

## Der besondere Tipp

MURRADWEG

Wie die Fahrradroute entlang der Enns erschließt der 458 Kilometer lange Murradweg die Mitte Österreichs für radelnde Familien. Los geht es im Nationalpark Hohe Tauern auf 1763 Metern. Das allgegenwärtige Alpenpanorama geleitet einen in die traditionsreiche Bergmannsstadt Leoben und von dort aus nach Bruck an der Mur. In der zum UNESCO-Welterbe zählenden Genuss- und Kulturhauptstadt Graz ballen sich zahlreiche Sehenswürdigkeiten auf engstem Raum. Das Landschaftsbild wechselt zu romantischen Weinbergen, vielseitigen Obstplantagen und Kürbisfeldern, die Zutaten für steirische Gaumenfreuden beisteuern. Im Süden markiert Bad Radkersburg im Thermenland den Auftakt des Abschnitts hinüber nach Slowenien und Kroatien, der flach ist.

www.murradweg.com
www.mura-drava.eu

drin zieht das zwischen 1765 und 1778 erbaute **Rokoko-Rathaus** alle Blicke an. Beeindruckte Besucher entdecken einen Straßenzug weiter die Stadtpfarrkirche, auf deren Turm man bei einer **Nachtwächterführung** klettern kann. Auf den finalen Kilometern der Reise wechselt das Stadtpanorama zu grünen Flussauen und weit einzusehenden Feldern. Schließlich zeichnet sich am Horizont die Silhouette der Stadt **Enns** ab. Der Charme der schmalen Gassen mit ihren Renaissance- und Barockbauten und vor allem der lang gestreckte Stadtplatz ziehen jeden Reisenden sofort in den Bann. Hier ist es Zeit, die einzelnen Reisestationen Revue passieren zu lassen: die majestätischen Gipfel, die schattigen Schluchten und lieblichen Taleinschnitte; den dahineilenden Fluss, dazu die Seen, Bergdörfer sowie Städte – alle verbunden durch den traumhaften Enns-Radweg.

Brücke auf dem Hintergebirgsradweg: Immer schön einer nach dem anderen und den Gegenverkehr abwarten!

In der Stadt Steyr vereinen sich die Flüsse Enns und Steyr.

# Steiermark: auf dem Enns-Radweg

## Infos und Adressen

### ANREISE

**Mit dem Auto** sind es von Berlin nach Flachauwinkl ca. 790 km, von Hamburg ca. 980 km, von Köln ca. 780 km, von München ca. 200 km.
Wer **mit der Bahn** anreist, startet die Reise am Haltepunkt in Radstadt. Der Zielort Enns besitzt einen eigenen Bahnhof.

### TOURVERLAUF

Flachauwinkl – Radstadt – Schladming – Liezen – Admont – St. Gallen – Großraming – Ternberg – Steyr – Enns
Auf der teils welligen und mit grünen Schildern ausgezeichnete Route wechseln sich asphaltierte Radwege mit schwach frequentierten Nebenstraßen ab.

### BESTE REISEZEIT

Mitte Mai bis Mitte Oktober

### FÜR REGENTAGE

**Nationalpark Besucherzentrum Ennstal.** Das Herzstück der in Reichraming beheimateten Ausstellung ist ein Vielfalts-Diorama, das ein Stück Naturwald darstellt.
**Schloss Trautenfels.** Die Museumssammlung umfasst rund 40 000 Objekte.
**Steyrtal-Museumsbahn.** Österreichs älteste 760-mm-Schmalspurbahn verkehrt zwischen Steyr und Grünburg.
**Museum Arbeitswelt Steyr.** Die Ausstellung dokumentiert die Industriegeschichte der Stadt.
**Museum Lauriacum.** Im ehemaligen Rathaus der Stadt Enns untergebracht, thematisiert es die römische Kultur am Donaulimes.

### ESSEN UND TRINKEN

**Leitner Almstub'n.** Das Gasthaus wurde als »Kulinarium Steiermark«-Betrieb ausgezeichnet. Weißenbach 25, Weißenbach an der Enns
**Gasthaus Rieglwirt.** Neben dem Biergarten können sich Kinder auf dem Spielplatz austoben. Höllstr. 47, Garsten, www.rieglwirt.at
**Hensle Hotel.** Frisch zubereitete Speisen aus lokalen Produkten zeichnen diesen Gastbetrieb aus. Markt 43, St. Gallen, www.hensle.at

### ÜBERNACHTEN

**Hotel Wieseneck.** Liegt direkt am Beginn des Radweges und punktet durch einen großzügigen Kinderspielplatz. Flachauwinklstr. 218, Flachau, www.wieseneck.at
**Hotel Kesselgrub.** Unter dem Motto »Leben.Lieben.Lachen.« laden die Gastgeber zu einem Aktiv- und Wohlfühlurlaub ein. Lackengasse 1, Altenmarkt, www.kesselgrub.at
**Bliems Familienhotel.** Glänzt durch den Kinderclub, den Streichelzoo, das Hallenbad sowie die Kinderbetreuung. Haus 26, Haus im Ennstal, www.bliems-familienhotel.at
**Hotel Spirodom Admont.** Moderne Herberge mit Blick auf das Stift und die umliegenden Berge. Eichenweg 616, Admont, www.spirodom.at

### WEITERE INFOS

**Rundumpakete:** Radtouren auf dem Enns-Radweg mit fahrradfreundlichen Übernachtungen, Gepäcktransport, Infomaterial sowie Service-Telefon für Notfällen,
www.ennsradweg.com
**Rücktransport.** Oberkofler Touristik führt einen Rücktransport mitsamt den Fahrrädern durch,
www.reisen-oesterreich.com
www.steiermark.com
www.ennsradweg.com
www.salzburgerland.com
www.oberoesterreich.at

Verschnaufpause auf der Ennsbrücke bei Admont

Schloss Trautenfels am Enns-Radweg, dahinter der zum Dachsteingebirge gehörende Grimming

# Register

# Impressum | Text- und Bildnachweis

Verantwortlich: Susanne Kaufmann
Redaktion: Mareike Weber
Layout: BUCHFLINK Rüdiger Wagner
Korrektorat: Anne Tempcke
Umschlaggestaltung: Leeloo Molnar
Repro: LUDWIG:media
Kartografie: Huber-Kartographie, Heike Block
Herstellung: Bettina Schippel
Printed in Slovenia by Florjancic

★★★★★

**Sind Sie mit diesem Titel zufrieden? Dann würden wir uns über ihre Weiterempfehlung freuen.**
Erzählen Sie es im Freundeskreis, berichten Sie Ihrem Buchhändler, oder bewerten Sie bei Onlinekauf.
Und wenn Sie Kritik, Korrekturen, Aktualisierungen haben, freuen wir uns über Ihre Nachricht an Bruckmann Verlag, Postfach 40 02 09, D-80702 München oder per E-Mail an lektorat@verlagshaus.de

Unser komplettes Programm finden Sie unter www.bruckmann.de

Alle Angaben dieses Werkes wurden von der Redaktion sorgfältig recherchiert und auf den neuesten Stand gebracht sowie vom Verlag geprüft. Für die Richtigkeit der Angaben kann jedoch keine Haftung übernommen werden, weshalb die Nutzung auf eigene Gefahr erfolgt. Insbesondere bei GPS-Daten können Abweichungen nicht ausgeschlossen werden. Sollte dieses Werk Links auf Webseiten Dritter enthalten, so machen wir uns die Inhalte nicht zu eigen und übernehmen für die Inhalte keine Haftung.

In diesem Buch wird aus Gründen der besseren Lesbarkeit das generische Maskulinum verwendet. Weibliche und anderweitige Geschlechteridentitäten werden dabei ausdrücklich mitgemeint, soweit es für die Aussage erforderlich ist.

**Empfehlung der Redaktion** Sie sind auf der Suche nach weiterführender Literatur? Dann empfehlen wir Ihnen den Titel »Natürlich Deutschland« von Regine Heue.

**Textnachweis** Andreas Adelmann: 67, 71; Henning Aubel: 12, 18, 19; Anke Benstem: 17, 63, 65; Thorsten Brönner: 26, 40, 41, 72; Birgit Günther: 6, 7, 10, 11, 16, 20, 27, 28, 33, 34, 38, 46, 49; Carsten Dohme: 4; Ortrun Egelkraut: 13; Udo Haafke: 2, 69, 70; Silke Haas: 1, 5, 44; Michael Hennemann: 21, 23, 45; Andrea Lammert: 62; Maike Langhorst: 15; Christine Lendt: 3, 9, 29; Brigitte Lotz: 24, 36; Britta Mentzel: 25, 48, 50, 51, 52, 59; Michael Pröttel: 53, 54, 55, 56, 57, 58, 60, 61; Katharina Rögner: 30, 31; Elisabeth Rohata: 32; Iris Schaper: 42, 64, 66; Martina Schnober-Sen: 8, 68; Ingo Stock: 22; Eric Van de Perre: 39; Tassilo Wengel: 14, 35, 37, 43; Matthias Wittber: 47

**Bildnachweis** Alle Bilder im Innenteil und auf dem Umschlag stammen von der Bildagentur Look

außer: Andreas Adelmann: S. 210, 211, 212, 213; Bauernhofmuseum Wolfegg/Frank Brauchle S. 191; Thorsten Brönner: S. 100, 101, 102, 103, 150, 151, 152, 153, 156, 157, 214, 215, 218, 219; Carsten Dohme: S. 15; Feriendorf Auenland: S. 140, 141; Udo Haafke: S. 10, 11, 202, 203, 204, 205; Silke Haas: S. 20, 21, 22, 23, 164, 168; Michael Hennemann: S. 78, 79, 82, 83, 170, 172; Nationalpark Bayerischer Wald: 142/143 (Sandra Schrönghammer), 144 (Irene Gianordoli), 146re (Daniela Blöchinger), 147 (Jo Fröhlich); Iris Schaper S. 159; Shutterstock: S. 28 (Zoonar), 29 (ppart), 30 (Christian Mueller), 30 (Sergey Kelin), 31 (ksl), 49 (Mor65_Mauro Piccardi), 136 (Jorg Hackemann), 190 (Frank Gaertner); Steiff/Stephan Liebl: S. 185; Ingo Stock: S. 86, 87; Erik Van de Perre: S. 144, 145, 146, 147; Mareike Weber: S. 100, 176; Tassilo Wengel; S. 54, 55; Wikimedia Commons CC BY-SA 3.0: S. 112 (Bueraumaschine), 113; Zoo Hannover/Christian Wyrwa: S. 61.Umschlagvorderseite: Bildunterschrift für die verwendeten Bilder (oben: Autor, unten: fiktiver weiterer Bildgeber)

Umschlagvorderseite unten: Wanderglück in Österreich (Shutterstock/ FamVeld)
Umschlagvorderseite oben: Strandspaß garantiert, Ahrenshoop an der Ostsee (Shutterstock/ Sina Ettmer Photography)
Umschlagrückseite v.o.n.u.: Bogenschießen im Event Nature in Sundsacker an der Schlei; Kanutouren auf der Ruhr bei Witten (Michael Hennemann); Gut gesichert im Kletterwald St. Englmar (Erik Van de Perre); Mit dem Esel entlang der Schlei (Carsten Dohme);
Seite 2/3: Im Sand am Ostseestrand gibt es, wenn man ganz genau hinsieht, immer etwas zu entdecken.

Die Deutsche Nationalbibliothek verzeichnet diese Publikation in der Deutschen Nationalbibliografie; detaillierte bibliografische Daten sind im Internet über http://dnb.d-nb.de abrufbar.



ISBN: 978-3-7343-1584-8

Originalausgabe mit dem Titel »Schöne Ferien mit Kindern«, ISBN 978-3-7654-8392-9 © 2015